100년 은혜, 세상과 나누리!

100년 은혜, 세상과 나누리!
브루엔 선교사의 한국 생활 40년

40 YEARS IN KOREA

자료 수집 및 정리 **클라라 헤드버그 브루엔**
편역주 **김중순**

제2권

기독교문사

100년 은혜, 세상과 나누리!
브루엔 선교사의 한국 생활 40년 제2권

1판 1쇄 인쇄 2014년 6월 10일
1판 1쇄 발행 2014년 6월 20일

자료 수집 및 정리 클라라 헤드버그 브루엔
편역주 김중순
발행인 한동인
펴낸곳 (주)기독교문사
등 록 제1-c0062호
주 소 서울 종로구 충신동 5-13
　출판부　T. 741-5183　F. 744-1634
　특판부　T. 744-1633　F. 744-1635
　도매부　T. 741-5181, 5　F. 762-2234

직영서점 기독교문사
서울 종로구 종로5가 412-2
T. 2266-2117~9　F. 2266-6397

책값은 뒤표지에 있습니다.
ISBN 978-89-466-1561-8
　　　978-89-466-1562-5(전집)

Web www.kclp.co.kr
Mobile-Web m.kclp.co.kr
e-mail kclp@kclp.co.kr

- 기독교문사는 독자와 함께 기독교 출판문화를 이끌어 가겠습니다.

공급처 기독교문사 도매부　T. 741-5181~3　F. 762-2234

클라라 헤드버그 브루엔(Clara Hedberg Bruen) 여사가
수집 정리한 이 자료들은
한국의 경상북도 지역에서 실시된 초창기의 장로교 선교에 관한 것이다.
특히 1899년에서 1940년까지 헨리 먼로 브루엔 목사가 행한 사역의 보고서이기도 하며,
대구 선교기지의 선구자들인 아담스 부인, 존슨 부인, 브루엔 부인,
그리고 그들을 뒤따른 수많은 한국인 여성들에 대한 기억이다.

이 자료집의 발행은 미국의 장로교역사관(Presbyterian Historical Society)으로부터
선교기지 보고서 사본을 구해 준 나의 아들 헨리(Henry M. Bruen, Jr.) 덕택에 가능했다.
자료를 제공해 준 Mrs. Woodridge O. Johnson, William B. Lyon, A. Bryce Sidebotham,
Benjamin N. Adams, Mrs. Fredrick S. Miller, 그리고 원고를 자세히 읽고 정리해 준
나의 의붓딸 Nan Bruen Klerekoper에게 특별한 감사를 표한다.
타이프세팅과 인쇄를 맡아 준 Lyn Kelley Wik과 Bill Anderson에게도 고맙다는 말을 전한다.

발간사

대구남산교회가 100주년을 맞이하게 되었습니다. 지금까지의 발자취를 뒤돌아보면 모든 것이 하나님의 섭리와 인도와 은혜인 것을 알 수 있습니다. 그러한 대구남산교회의 아름다운 역사에서 잊지 않고 먼저 기억해야 할 분은 교회의 첫 돌을 올려놓은 설립자이며 초대 당회장인 브루엔 선교사(Rev. H. M. Bruen, 傅海利)입니다.

브루엔 선교사는 1899년, 신학교를 졸업하고 목사 안수를 받은 그 해에 선교사로 한국에 파송되어 대구에 오게 되었습니다. 첫 사역지가 한국이고, 이후 40년이란 세월을 한국에서 보내게 됩니다. 그러므로 브루엔 선교사의 삶은 한국에서의 삶이요, 그의 인생의 발자취도 대부분 한국에 찍혀 있다고 하겠습니다.

그러므로 100주년을 맞이하는 대구남산교회가 브루엔 선교사의 40년 동안의 한국 생활에 관한 자료를 정리하고 번역하여 책으로 출간하는 것은 매우 뜻깊은 일입니다. 이것은 대구남산교회뿐 아니라 브루엔 선교사가 수고하며 땀을 흘렸던 대구 경북 지역의 선교 역사, 나아가 한국에서의 선교 역사를 위한 빛나는 결실입니다.

　이제 우리는 브루엔 선교사가 한국에 첫발을 디딘 그때로 돌아가 영혼을 사랑하는 마음으로 복음을 전하는 발걸음을 내디뎌야 합니다. 브루엔 선교사의 한국에서 보낸 선교의 여정을 따라가며 이 땅의 복음화를 위한 삶을 살아야 합니다. 브루엔 선교사가 이곳에서 보낸 오랜 세월을 기억하며 복음의 기쁜 소식을 기다리는 북한을 위해 기도해야 합니다. 브루엔 선교사가 첫 돌을 올려놓은 이후 100주년을 맞이하는 대구남산교회가 복음 선교의 사명을 다해야 합니다.

　이 책을 출간하기 위하여 대구남산교회 100주년 사업위원회의 지원과 김중순 교수의 수고가 있었습니다. 성심을 다한 수고에 감사드립니다. 또한 대구남산교회 모든 교인들이 아낌없이 마음을 모았습니다. 정성스런 마음과 후원을 감사드립니다. 그리고 우리 모두가 알고 있습니다. 이 모든 일에 하나님의 세밀한 손길과 도우심이 있었다는 것을…. 참된 일꾼인 브루엔 선교사를 통하여 오늘의 대구남산교회와 선교한국을 세워 주신 하나님께 감사와 영광을 올려 드립니다.

2014년 3월
대구남산교회 담임목사 **지은생**

일러두기

　참다운 번역은 원작의 가치에 대한 이해에서 생겨난 존경과 감동이라고 할 수 있다. 그러나 그것은 번역에 임하는 태도를 두고 하는 말이지 번역 자체가 그런 태도만으로 이루어지는 것은 아니다. 번역은 근원적으로 불가능한 일이다. 그래서 아예 '번역은 반역'이라고도 한다. 아이러니하게도 번역으로 인해 작품의 흠이 늘어나고 아름다움이 훼손되는 줄 뻔히 알면서도 우리는 필요에 의해서 또 그런 실수를 저지를 수밖에 없다.
　재주가 부족하여 저지르는 오류는 어쩔 수 없는 일이지만, 그것을 부끄러워하고 괴로워하면 번역에 손댈 수가 없다. 모르는 것은 배워 가며 공부하기로 하면 번역하는 과정에서 새롭게 배우게 된다. 왜 이렇게 몰랐던가 싶은 것도 많고, 세상에 이런 일도 있었구나 싶은 놀라움 속에서 배우게 된다. 그래서 누구에겐가 빨리 말해 주고 싶고, 그래서 번역하지 않을 수 없다. 그것은 고통이 즐거움이 되는 과정이기도 하다. 1권을 허겁지겁 마무리하며 놓친 부분들에 대한 변명이다.

1권에 대한 다양한 반응에 즐거웠다. 각기의 영역에서 새로운 연구의 실마리가 된다며 많은 분들이 반겨 주었기 때문이다. 특히 야구와 관련된 이야기가 그랬다. 사실 따지고 보면 브루엔 선교사가 대구에서 야구를 소개했다는 이야기는 이미 이래저래 알려진 이야기였다. 그런데 그것이 한반도 최초라는 실마리와 연결되지 못했던 것이다. 피아노가 한반도 최초로 유입된 곳이 역시 대구였다는 사실도 마찬가지이다. 이런 사건들이 따로 존재할 때는 그 의미를 파악하기 어렵기 때문에 별로 새로운 이야기가 아니다. 그러나 '근대'라는 시대정신과 만나게 되면 이런 에피소드는 커다란 내러티브를 형성하게 된다.

다시 2권을 시작한다. 독자들도 느끼겠지만 점점 갈수록 각주가 많아진다. 이 책 자체가 특별한 사관(史觀)을 갖는 것이 아니라 그저 사건과 사실의 나열에 지나지 않기 때문에 어쩔 수 없는 일이다. 번역에만 머무르지 않고 해설 작업에 관여하다 보니 일이 이렇게 커지고 말았다. 괜히 주제넘게 나섰다는 후회도 하게 되지만, 이번에는 어떤 이야기가 숨어 있을까 하는 호기심이 작업을 계속할 수 있는 용기가 되었다.

앨리스 루스벨트의 대구 방문, 그리고 그것이 '가쓰라-태프트 밀약', '을사늑약'과 어떻게 연결되어 있는지를 알게 되면 이 책을 그냥 덮을 수는 없을 것이다. '헤이그 밀사사건'이 바로 이 '을사늑약'에서 비참한 꼴을 당한 고종의 결단이었다는 사실에까지 이르면 이것은 그야말로 한 편의 추리소설이 된다.

그런가 하면 1907년에 일어난 '평양 대부흥운동'은 한반도의 모든 백성에게 엄청난 충격이었다. 대구가 그 충격을 흡수하는 방식은 지나치리만큼 이성적이다. 그렇다고 해서 그 영적(靈的) 체험을 거부하지 아니하고 침착하게 받아들이며 내면화하는 과정은 놀랍기만 하다. 이 과정이야말로 기독교가 한반도에 종교로서 토착화하는 과정이라고 할 수 있다. 그것은 소위 '105인사건'으로 알려진 '데라우치 암살 미수사건'과 관련하여 민족적 각성(覺醒)과 자존감(自尊感) 회복의 계기가 되었던 것이다. 이러한 격랑의 세월 속에서도 그들은 여전히 의료사역의 기초를 다지고 교육을 통한 인재 양성의 결실을 맺고 있었다.

원문에 해당하는 *CHB*는 각 꼭지들의 배열이 특별한 원칙 없이 이루어졌거나 때로는 생략 혹은 첨가가 함부로 이루어진 부분이 있음을 밝힌 바 있다. 따라서 번역과 주해의 역할뿐만 아니라 편집의 역할까지 감당을 해야 했다. 그렇게 된 과정에서 독자들이 유의할 필요가 있는 몇 가지 사항들을 간단히 제시한다.

① 각 꼭지마다 붙는 제목과 순서들은 편역자가 임의로 바꾸었다. 이는 제목을 통해 내용을 짐작할 수 있도록 하고, 가능한 한 연대기적인 순서를 지키기 위함이다.
② 그 대신 각 꼭지의 끝에 반드시 원문의 출처를 표기하였다.
③ 원문의 내용 가운데 클라라의 가필이라고 생각되는 부분은 글자의 색을 달리하여 구분했다.
④ 생략된 부분을 다른 자료에서 찾아낸 경우에도 그것을 되살려 원래의 자리에 배치하고 출처와 함께 글자의 색을 달리하여 구분했다.
⑤ 로마자로 표기된 한글의 경우, 특히 인명이나 지명 같은 고유명사의 표기가 분명치 않은 경우는 원문을 그대로 두었다.

1권보다 더 흥미롭고 읽기가 수월하기를 바라지만 독자들의 진심 어린 질정이 나에게는 더 나은 글쓰기를 위한 에너지가 된다는 사실을 기억해 주셨으면 좋겠다.

번역과 해제와 편집을 맡은 이 김중순

| 목차 |

발간사 | 6
일러두기 | 8

제1장 정착 : 1905~1906

1. 첫딸을 낳고 [106-107] | 18
2. 교회당 이전에 관하여 [107] | 22
3. 의료사역의 진전 [108-109] | 24
4. 미국 공주의 방문 [110-111] | 30
5. 순회전도 [111-112] | 33
6. 프린스턴 졸업 동기생들에게 [41-42] | 36

제2장 씨 뿌리기 : 1906

1. 우리를 기다리는 영혼들 [118-122] | 46
2. 병원과 학교와 복음사역 [122-125] | 56
3. 거지 아이들 [192-193] | 64
4. 여성 사역 관련 [112-113] | 67
5. 여자 동계 사경회 [113] | 69
6. 교인의 자격 [113] | 71
7. 존슨 박사의 순회전도 [114-118] | 72
8. 미국에서 온 어느 방문자의 보고 [125-126] | 83
9. 회상 [179-190] | 85

제3장 대구에도 성령이 : 1907

1. 목욕을 할 수 있는 은혜 [128-130] | 112
2. 소학교 운영 [127] | 119
3. 통성기도에 관하여 [130-132] | 121
4. 바느질 봉사회 [135-136] | 127
5. 대구의 부흥운동 [134-135] | 130
6. 고향 가는 길 [137] | 132
7. 성령의 임재 [133] | 134
8. 교회의 재건 [134] | 137
9. 동부 지방 순회 [137] | 140
10. 의료사역 [138] | 141
11. 교회 조직 [138] | 143
12. 헤이그 국제평화회의 [138-139] | 145
13. 머리카락을 바치다 [139-141] | 147

제4장 저무는 나라 : 1908~1910

1. 연회(年會)와 성경학교 [141] | 154
2. 영수들의 노래 솜씨와 만능 선교사 [145-147] | 155
3. 의학 교육 [147] | 160
4. 침술과 의료사역 [142-144] | 163
5. 왕의 행차 [126-127] | 167
6. 당신의 멋진 자녀들 [158] | 171
7. 피보호국 [149-150] | 174

8. 행복하지 않은 한국인들 [150-153] | 178
9. 아담스 부인 세상을 떠나다 [148] | 184
10. 안동의 양반들 [163-164] | 186
11. 안동에서 겪은 수난 [148] | 189
12. 소텔의 죽음 [153] | 191
13. 계성학교의 교과 과정 [148] | 192
14. 대구와 안동의 연계 [141] | 193
15. 대구 경북 기독교인들의 어머니 [155-157] | 195
16. 예수님을 향한 백만 영혼 [162-163] | 201

제5장 첫 번째 열매 : 1910~1911

1. 12일간의 순회전도 [159-161] | 204
2. 대구기지의 일꾼들 [164-165] | 209
3. 1910년에 생긴 일들 [159] | 212
4. 제일교회의 새로운 예배당 [165] | 214
5. 관할구역의 배정 [165-167] | 215
6. 활발해진 여성 사역 [167-168] | 218
7. 벨비데르 출신 선교사의 극동 이야기 [173-175] | 221
8. 계성학교의 첫 졸업생 12명 [170] | 226
9. 꽃의 나라를 여행하던 중에 [175-176] | 228
10. 도쿄 한인 유학생들을 위한 사역 [176-177] | 231
11. 성주에서 [177-178] | 233
12. 데라우치 암살 음모사건 [177] | 236
13. 김천일 목사 [168-169] | 238

14. 존슨 부인의 이야기 [170-171] | 240
15. 어드만 부인의 이야기 [171-173] | 243

제6장 자립의 주춧돌 : 1911~1913

1. 제자리걸음 [205-208] | 248
2. 흉년의 고통 속에서 [211-212] | 257
3. 의학 교육의 좌절 [202-203] | 260
4. 한국의 토지제도 [203] | 262
5. 신명의 첫 졸업생들 [204] | 264
6. 하와이 이민자들 [204] | 266
7. 부지 매입에 관하여 [210-211] | 268
8. 등기 완료 [212-213] | 271
9. 어머니와 아이는 잘 있음 [213] | 273
10. 홍승한 목사를 중심으로 [209-210] | 275
11. 54개의 교회 [214-216] | 277
12. 대구 여성들을 위한 퍼즐 맞추기 [217-218] | 284

제7장 날짜 미상의 에피소드들

1. 산적의 몸값 [153-154] | 288
2. 한국 장로교회 [208] | 292
3. 게일 박사와 한국 [162] | 294
4. 을사늑약 [191-192] | 296
5. 105인사건의 항소심 [194-196] | 299

6. 한국에서의 기독교 박해 [197-202] | 304
7. 대구의 오 목사 이야기 [196-197] | 315
8. 한국의 주일학교 [193-194] | 318

찾아보기 | 322

제1장 정착 : 1905~1906

1. 첫딸을 낳고

브루엔, 대구에서 1905년 3월 31일
해외선교부 브라운 총무에게

친애하는 브라운 박사님께

마지막 편지를 드린 후 시간이 꽤나 흘렀습니다. 지금은 며칠간 집에서 쉬고 있는데, 부산기지와 호주 선교사들이 함께 개최하는 조사 양성반이 곧 열릴 것입니다. 사이드보담(Sidebotham), 아담슨(Adamson), 그리고 엥글(Engle)이 함께 참여할 것으로 예상됩니다. 임원회에서 추가로 지원해 준 4,000엔과 휴가를 떠난 선교사들을 위한 추가 지원금을 받고 보니 박사님께서 저희의 일에 큰 관심을 가지고 계시고 중요하게 여기신다는 확신을 가질 수 있었습니다.(확신이 필요했던 건 아니지만 지원금은 필요했습니다.) 추가 지원금은 마치 긴 가뭄 끝에 내리는 단비처럼 느껴졌습니다.

미혼녀 두 명이 추가로 임명되었다는 사실 또한 매우 반가운 소식이었습니다. 더구나 그중 한 명이 대구로 임명받아 이제 카슨(Carson) 양의 일을 함께 할 수 있게 되어 큰 다행입니다. 카슨 양은 이미 여력이 없을 정도로 많은 업무를 맡고 있습니다. 그녀는 방문객들을 접대하는 일 외에도 아담스 부인, 그리고 가끔은 브루엔 부인도 찾아갑니다. 브루엔 부인이 병에 걸린 이후로는 주간에 소녀반을 도맡아 가르치고 있습니다. 저는 지방 순회를 떠날 때마다 여자 선생님을 추가로 보내 달라는 부탁을 받습니다. 지원자가 준비되는 대로 보내 주신다면 우리가 보살피겠습니다. 카슨 양은 우리에게 매우 큰 도움이 되었고, 이제 한 식구처럼 되었습니다. 그녀가 이곳에 있기 때문에 제가 출장을 나가 있어도 저의 아내가 즐거운 생활을 누릴 수 있게 되었습니다.

 1900년 가을부터 요청해 왔던 우물이 이제 만들어질 것 같다는 소식을 존슨 박사로부터 듣게 되어 반가웠습니다. 우리의 두 홀아비들[1]은 임시로 병원에서 거주하고 있습니다. 존슨 박사가 의료 기구를 가지고 돌아오거나 널(Null) 박사의 언어 실력이 향상되어 총괄적인 업무를 진행시킬 수 있을 때까지만입니다. 따라서 주택 문제가 빨리 해결되어야 하는데 걱정입니다. 필요한 금액 전부는 지원이 불가능하더라도 한옥에다 당장 필요한 공간이라도 덧붙여 짓는다면 나중에 손님방으로도 사용할 수 있을 것입니다. 이제는 새로 철도가 생겨서 방문객의 수가 증가할 것으로 예상되기 때문에 주택 확보는 더더욱 불가피한 상황이 되어 가고 있습니다.

 당장 필요한 토지를 구입해 놓을 돈이 있으면 좋겠지만, 조만간 돈이 들어오겠지요. 일본인들은 현재 이곳을 변화시키고 있습니다. 은행과 우체국과 가게들을 여기저기 만들고, 북문과 동문 바깥에는 넓고 곧게 뻗은 도로를 건설했습니다. 그 자리에 있던 한국인 마을은 완전히 무

---

1) 역주-바렛과 맥파랜드를 말한다.

너뜨려 버렸고, 지금은 또 다른 곳에서 도로를 건설하기 위해 읍성의 일부를 허물고 있습니다.[2]

아담스는 지방으로 순회를 떠났고, 바렛은 방금 돌아와서 여행에 대한 보고서를 작성하고 있습니다. 맥파랜드(McFarland)와 나는 지난주에 순회를 가서 대여섯 개의 새로운 기도처[3]를 방문하고 왔습니다. 나는 46명의 학습자들을 받았고, 주일에는 30~80명이나 모이는 새로운 교회도 세 군데나 찾아낼 수 있었습니다.

하루는 산길을 지나는 중이었습니다. 산 중턱에 있는 커다란 바위에 걸터앉은 한 무리의 한국인들을 본 맥파랜드가 저들이 혹시 산적이 아닌지 제게 물었습니다. 그런데 산길의 끄트머리에 이르러 간단한 점심을 먹기 위해 자리를 잡았을 때 우리는 놀라움을 감출 수 없었습니다. 아까 보았던 그 사내들이 일어나 언덕 비탈을 오르며 땔감을 모으면서, "주의 말씀 받은 그날"(O happy day that fixed my choice)이라는 찬송을 부르는 게 아니겠습니까? 참으로 산들도 함께 노래하는 듯했습니다.

지난 주일에는 예배를 시작하기 전부터 교회가 사람들로 넘쳐났습니다. 그래서 안마당에도 돗자리를 깔아 공간을 확보하고 자그마치 250명에게 말씀을 전했습니다. 이 마을에 들른 것은 주일 오후 한 번과 지난 가을 어느 저녁밖에는 없었습니다. 우리가 지방에서 진행하는 선교 활동은 이처럼 바쁜 가운데 있습니다. 언젠가는 대구에서도 지금 평양

---

2) 역주-대구 읍성은 일반적으로 조선의 외교권이 피탈된 뒤인 광무 6년(1906) 10월, 당시 경상북도 관찰사 서리 겸 대구 군수였던 친일파 박중양(朴重陽) 등에 의해 불법 철거되었다고 알려져 있지만 이 자료에 의하면 일제는 이미 1905년 초부터 서서히 읍성을 무너뜨리기 시작했음을 알 수 있다.

3) 역주-이하 원문의 meeting 혹은 group을 미자립 형태의 모임으로 이해하고 '기도처'로 번역했다.

에서 일어나고 있는 것과 같은 부흥의 역사가 일어나기를 희망합니다.

브루엔 부인을 비롯한 이곳 부서의 직원들 모두 건강히 잘 지내고 있습니다. 2월 1일 태어난 우리 딸은 자기 증조할머니의 이름을 따 안나 밀러(Anna Miller)[4] 라고 이름을 지었는데 우리에게 많은 기쁨과 위로를 주고 있습니다. 할머니는 이번 달에 82번째 생신을 맞으셨고, 지금도 좋은 일에 많은 힘을 쓰고 계시는 분입니다.

당신의 동료들에게도 안부 전해 주시기 바라며
진심을 담아 올립니다.
헨리 브루엔
[CHB, 106-107쪽]

---

4) 역주-주로 애칭인 '난'(Nan)으로 불렸다.

2. 교회당 이전에 관하여

브루엔, 대구에서 1905년 4월 21일
해외선교부 브라운 총무에게

친애하는 브라운 박사님께

지난번 우리 선교기지 모임에서는 오래전에 결정했던 문제에 관한 이야기를 나누었습니다. 제가 그 결과를 당신에게 보고드리도록 결정이 되었기에 몇 말씀 드리는 바입니다. 다음과 같이 의견을 모았사오니 허락해 주시면 감사하겠습니다. 그것은 현재 남문 쪽 도로변에 있는 예배당을 매각하고 그 수익금으로 시장 근처의 도서 매장을 구입하자는 것입니다. 다시 말하면 현재 읍성의 남문 안쪽에 위치해 있는 예배당을 서문 밖으로 이전하자는 것입니다.

그 이유는 다음과 같습니다. 현재의 건물은 봄가을에 각각 3주 내지 6주간 열리는 약령시 때 도서 매장으로 활용하면서 도로변 채플로 활용하는 데는 적절합니다. 그 나머지 기간에는 그 건물을 세를 놓았습니다. 최근 몇 년간 돌아가는 상황을 보면 이 약령시는 차츰 위축되어 가고 있습니다. 변하고 있는 경제 상황도 그렇지만, 일본인들이 점점 많이 유입되어 이곳저곳에 가게를 열기 때문입니다. 동시에 우리로서는 그동안 큰 시장 근처에 도서 매장이 있었으면 하고 바라고 있었습니다. 그렇게 되면 우리는 지금처럼 한 해에 두 번 말씀을 전하는 것이 아니라 시골에서 5일장[5]에 모여드는 수천 명의 사람들에게 닷새마다 말씀을 전할 수 있을 것입니다.

부디 임원회에서 가능한 한 빨리 조치를 취해서 결과를 알려 주시면 고맙겠습니다. 일본인들은 시장 근처의 가게들을 매주 사들이고 있는 형편입니다.

그럼 전 이만 부산 선교기지와 호주 선교사들이 공동으로 개최하는 조사(助事) 교육 프로그램을 진행하러 떠나겠습니다.

진심을 담아
헨리 브루엔
[CHB, 107쪽]

---

[5] 역주-당시 장터였던 서문시장은 서문 밖, 즉 오늘날 섬유회관 빌딩 근처에 자리하고 있었다.

3. 의료사역의 진전

널 박사, 1905년 6월 12일
해외선교부 브라운 총무에게

친애하는 브라운 박사님께

이번에는 제가 이곳 선교기지에 대해 말씀드리게 되었습니다. 저는 주로 의료사역에 대해 보고드리고자 합니다. 아무래도 제가 좀 더 많이 아는 분야이니까요. 아마도 이곳 선교기지 보고를 다른 데서도 받으셨겠지만, 그분들은 이 분야에 대해 별로 아는 것이 없으니 아무래도 의료사역에 대해서는 별로 듣지 못하셨을 것입니다.

우리는 주로 오후에 환자를 진료합니다. 오전에는 가능하면 한국어 공부를 위해 시간을 비워 놓습니다. 환자를 진료하기 전에 우리는 먼저 예배를 드립니다. 그리고 조사는 하루 종일 대기실에 있으면서 기다리는 사람들에게 전도를 합니다. 우리가 환자들을 전부 보살필 형편이 안 되니 어떤 사람들은 며칠씩 기다리곤 합니다. 물론 병원은 아직 시설이 제대로 갖추어져 있지 않습니다. 존슨 박사가 올 때 장비들을 가져오길 바라지만 말입니다. 작년에 사용하던 작은 방마저 올해는 쓸 수 없게 되었지만 바렛과 맥파랜드는 그곳을 숙소로 사용하고 있습니다. 결국 진료실 하나에서 환자를 보고 있는 셈입니다. 일은 2시에 시작해서 7시까지 계속됩니다. 그래도 많은 환자들이 그냥 집으로 돌아갑니다. 일이 너무 많은데 줄일 수도 없습니다. 우리는 쉴 수도 없고 여유도 없으니 건강에도 문제가 됩니다.

나는 아내와 함께 아기를 데리고 몇 주 동안 지방 순회를 하고 돌아왔습니다. 경주는 한국의 옛 수도인데 아담스의 선교 근거지이기도 합니다. 사역은 진전이 대단히 느렸습니다. 거기서 우리의 계획대로 의료사역을 수행하는 데 몇 주나 걸렸습니다. 이렇게 함으로써 우리는 사람들과 좀 더 친근해질 수 있었고, 그것은 그 시골 마을이 복음에 문을 여는 계기가 되었습니다. 그곳은 대구에서 산길로 60마일쯤 떨어진 곳이었습니다.

아내는 네 사람이 메는 가마를 타고 갔습니다. 우리를 보겠다고 온 동네 사람들이 다 모여들었습니다. 그들 대다수가 외국인 여인과 아기를 보는 것이 처음이었기 때문에 사람들은 아예 우리를 구경거리로 삼아 엄청나게 모여들었습니다. 우리는 어쩔 수 없이 두 사람을 고용해서 사람들을 헤쳐 나갈 수 있도록 길을 트게 했습니다. 사람들은 우리에게 최대한의 존경을 표했지만, 우리는 일을 할 수 없을 정도였습니다. 아내와 나는 늦은 시간까지 환자들을 살폈습니다. 데리고 간 조사 두 명은 계속해서 설교를 했고, 한 여인은 제 아내가 여성들을 대상으로 노래를 하고 책을 팔 때 돕기도 했습니다. 결국 고용했던 두 사람이 감당할 수 없을 만큼 많은 사람들이 몰려와서 우리는 마당의 대문을 잠가 버리고 말았습니다.

처음에는 가난한 하층민들이 찾아왔으나 나중에는 신분이 높은 사람들도 점점 찾아오기 시작했습니다. 적어도 우리가 분규에 휘말리기 전까지는. 나는 그 지역에서 가장 높은 관리를 비롯해서 여러 고위층으로부터 초대도 받았습니다. 사람들 가운데는 우리가 의사이기 때문에 병을 치료받기 위해서 찾아오는 사람도 많았지만, 어떤 사람들은 외국인 부인과 아기를 구경하기 위해서 오는 사람도 있었습니다. 물론 이들을 방에는 못 들어오게 하고 멀리서만 보도록 했습니다. 그리고 때로는 우리가 데려간 개를 보겠다고 찾아온 사람도 있었습니다. 사실 훈련받은 미국산 개는 그들에게 대단한 구경거리였습니다. 그 사람들은 한결같이 복음을 듣고 자리를 떴습니다. 어떤 사람들은 두 번씩 찾아와 새로운 교리를 배우고자 했고, 개중에는 믿기 시작한 사람들도 있었습니다. 물론 결과에 대해서는 아직 이야기할 수 없습니다. 우리 팀은 나와 아내, 오늘로서 꼭 4개월째 되는 우리 아기, 그리고 우리를 돕는 5명의 한국인으로 구성되어 있습니다. 그러나 우리를 만나러 와서 약을 받아 가거나 복음을 듣고 간 사람들이 몇 명인지는 알 수가 없습니다. 수백 명은 족히 될 것입니다.

아담스는 조사 양성반이 끝난 후 봄철 내내 지방에 있었고, 경주에서 70명이 모이는 사경회를 진행했습니다. 지난 9월에 열린 연회 이후 그는 125명의 학습자를 맞았습니다. 곳곳에 새로운 모임들이 생겨났습니다. 나는 지난 두 달 동안 그분을 만나지 못했기 때문에 더 자세한 사역 내용에 대해서는 말씀드릴 수가 없습니다. 이번 봄에 Chak Sei[6] 기도처는 15명에서 27명으로, 영천 화천(Hwa Chun) 기도처는 8명에서 18명으로, 영천 병천(Pyeng Chun) 기도처는 5명에서 21명으로 성장했습니다. 제

---

6) 역주-오늘날 어느 곳을 지칭하는지 확인할 수가 없다.

가 아는 것만 해도 이 정도입니다.

아담스 부인은 하루나 이틀씩 지방 순회를 자주 떠납니다. 가장 길었던 것이 부인 사경회를 인도하기 위해 경주를 닷새 동안 다녀온 것입니다. 모두 23명이 참석했는데 그녀와 남편 아담스가 인도한 이 기도처에서 처음으로 여러 명이 믿겠다고 약속을 했습니다.

브루엔은 대부분의 시간을 지방에서 보냈습니다. 그의 사역은 괄목할 만한 성장을 보였습니다. 지난 연회 이후 4백여 명의 학습자를 받았습니다. 열흘 여정에서 90명의 학습자를 받고 5명에게 세례를 베풀었으며, 두 번의 순회 여행에서는 몇 달 전에 방문했던 곳에서 4개의 교회가 설립되는 것을 보았습니다. 그 외에도 새로운 교회가 건립되었다는 것을 들었지만, 그 가운데 대부분은 한 번도 외국인 선교사의 방문이 없었던 곳입니다. 거기서 멀지 않은 어떤 곳에는 주일마다 15명이 모여 성경 공부를 하고 찬송을 드리는 기도처도 있었습니다. 그는 또 어느 지방에 교회학교를 설립했는데, 교회가 교사를 초빙하여 급여를 책임지기로 약속했습니다. 다른 두 군데에서도 교회학교가 시작되고 있습니다. 5개의 교회에서 김재수[7] 조사가 그 지역의 순회사역을 감당할 수 있도록 지원을 약속했습니다. 그 사람이 이 지역에서 가장 적절한 분입니다.

권서(勸書)인 주호(Chu Ho)[8]도 돌아왔습니다. 그 사람도 여러 기도처가 생겨났다는 보고를 했는데, 그 가운데 두 기도처에는 한 번도 외국인 선교사의 방문이 없었지만 자체 교회당을 가지고 있고, 또 다른 모임은 건물을 마련하는 중이라고 합니다. 또 다른 조사도 돌아와서 지금까지

---

7) 역주-CHB에는 Kim Cha Su로 되어 있으나 김재수를 지칭하는 것으로 보인다.
8) 역주-제1권의 192쪽에 등장했던 인물로 보인다.

외국인 방문이 한 번도 없었지만 예배당 건물을 갖춘 세 군데의 새로운 교회에 대해 보고를 했으며, 또 어떤 곳에서는 24명의 사람들이 모이기도 한다고 했습니다.

브루엔 부인은 남편과 함께 두 번의 여행을 마치고 방금 돌아왔습니다. 그녀는 설교를 잘하는 재주를 가진 사람입니다. 특히 한국인 부인들을 잘 가르칩니다. 물론 갓난아기도 데리고서 말입니다.

바렛은 주로 한국어 공부를 하면서 주일에는 가끔씩 지방 순회를 하기도 합니다. 6월에는 장기 여행을 계획하고 있다고 합니다.

카슨 부인과 맥파랜드는 계속해서 한국어 공부에 집중하면서 각각 단기 순회전도를 여러 차례 다녀왔습니다. 저도 올해는 매우 바쁩니다. 의료사역 외에 주일학교를 가르치는 일에도 참여하고 있기 때문입니다.

요약

대구 선교기지는 번창하고 있습니다. 올해 대구교회의 참석 인원은 두 배로 늘어났습니다. 현재 주일에 출석하는 사람들의 수가 자그마치 300명이나 됩니다. 브루엔은 약 400명의 학습자를 받았으며, 지난 연회 이래로 16~20명에게 세례를 베풀었습니다. 아담스도 125명의 학습자를 거느리고 있으며, 11명에게 세례를 베풀었습니다. 바렛은 15명의 학습자에 3명에게 세례를 베풀었습니다. 이곳에서는 의료사역도 증가했습니다. 통계적으로 정리하기에는 어려움이 있지만 매우 좋은 전망을 보이고 있습니다. 이곳에서 주님께서는 큰 영광을 받으시리라 믿어 의심치 않습니다.

이만 줄이겠습니다.

널(M. M. Null) 드림

[*CHB*, 108-109쪽]

4. 미국 공주의 방문

브루엔, 대구에서 1905년 10월경[9]

1905년에 시어도어 루스벨트[10]의 장녀인 앨리스 루스벨트 양이 상원의원들과 함께 중국으로 여행을 떠났습니다. 돌아오는 길에 한국도 방문했는데, 여기서 그녀는 왕족으로서의 존경과 온갖 예우를 받았습니다. 한국인들에게 그녀는 '미국 공주'로 알려졌습니다.

그들은 서울에서 기차를 타고 남쪽으로 향했습니다. 선로가 홍수로 뒤덮여 대구에서 더 이상 갈 수 없게 되자 그들 일행은 대구 선교기지로 안내되어 선교사들의 집에서 하룻밤을 보내게 되었습니다. 루스벨트 양과 하녀는 우리 집에 머물렀으며, 각자 집에서 준비한 음식을 가져와서 저녁식사를 대접했습니다. 모두 즐거운 저녁식사를 한 듯 보였습니다.

아내가 특별한 케이크를 만들었습니다. 디저트로 나와서 제가 먼저

---

9) 역주-1905년 10월경에 브루엔이 쓴 글로 추정. 앨리스의 한국 방문에 대해서는 제5권에서 자세히 다룬다.
10) 역주-그는 당시 미국의 26대 대통령이었다. 32대 대통령 프랭클린 루스벨트와는 다른 사람이다.

맛을 보았는데 너무 짜서 기겁을 했습니다. 아내를 쳐다봤더니 그녀 또한 맛을 보고 똑같은 표정을 지었습니다. 루스벨트 양은 케이크를 즐기는 듯 보였지만 나머지 손님들 중 몇 명은 그렇지 않았습니다. 아내가 상황을 파악하기 위해 재빨리 주방으로 나갔습니다. 알고 보니 케이크를 만들 곳에 요리사가 소금을 놓아 두었는데 아내가 그것을 설탕인 줄 알고 케이크 반죽에 뿌렸던 것입니다. 루스벨트 양은 어찌나 쾌활한 성격인지 한 조각 더 달라고 했습니다.

선교사들의 아이들은 중국 서태후가 루스벨트 양에게 선물한 개에 관심을 가졌습니다. 아담스의 아들 벤이 엉뚱하게도 자기 개를 데리고 나와 그녀에게 보여 주었습니다. 그녀가 벤에게 개의 이름이 무엇이냐고 묻자 "테디"라고 대답하였습니다.[11] 긴 정적이 흘렀고, 이 일은 그렇게 조용히 넘어갔습니다.

루스벨트 양은 전날 가마 안에 웅크리고 앉아서 이동했던 것이 매우 불편했던 모양입니다. 다시 기차역으로 떠날 시간이 되었을 때 많은 사람들이 그녀를 다시 보기 위해서 모여들었습니다. 그녀는 다시 가마를 타지 않기 위해 하녀를 대신 타도록 했습니다. 그리고 아담스의 장남인 에드워드에게 기차역까지 뒷골목으로 안내를 해 달라고 부탁했습니다. 덕택에 그녀의 일행은 별 사건 사고 없이 떠날 수 있었습니다.

소문에 의하면 루스벨트 양이 한국의 양반들이 쓰는 어두운 색상의 뿔테 안경을 마음에 들어 하여 미국으로 사가지고 가서 자랑을 했다고 합니다.

루스벨트 양이 떠난 지 3일이 지난 1905년 9월 8일,[12] 맥파랜드가 자

---

11) 역주-테디(Teddy)는 앨리스의 아버지인 루스벨트 대통령의 애칭이었다.

기 아내 매리 스튜어트 맥파랜드와 함께 돌아왔습니다. 정식 간호사 자격을 가진 크리스틴 카메론(Christine Cameron) 양도 그들과 함께 왔습니다.

[*CHB*, 110-111쪽]

12) 역주-앨리스 루스벨트는 1905년 9월 19일에 제물포에 도착했고, 열흘쯤 서울에서 머문 후 29일 출발하여 10월 2일 부산에서 배를 타고 떠났기 때문에 그녀의 대구 방문은 9월 29일쯤이었고, 떠난 것은 30일이다. 따라서 이 날짜도 착각인 듯하다.

5. 순회전도

아담스, 대구에서 1905년 11월 30일
해외선교부 브라운 총무에게

친애하는 브라운 박사님께

연회를 마치고 돌아와서 두 차례 지방으로 순회전도를 다녀왔습니다. 한 번은 동쪽, 한 번은 서쪽으로 다녀왔습니다. 서쪽으로 갔을 때는 안동에서 출발하여 선산, 개령[13]과 상주에 거주하는 그룹들을 만났습니다. 안동에는 세 명의 성실한 청년과 한 여성이 있었습니다. 하루는 그 가운데 남성 한 사람이 와서는 책을 구입하고 돌아갔습니다. 좋은 출발이었습니다. Moropsil[14]에는 약 30명 정도 되는 성도들로 구성된 기도처가 있었습니다. 그들은 대여섯 개의 공간을 갖춘 교회를 짓기 시작했는데, 어제야 지붕을 올렸다는 소식을 들었습니다. 나는 그곳에서 13명의 학습자들을 받아들였습니다. 그들의 영수는 몇 년 전 서울로 가서 몇 개월 동안 언더우드 박사의 가르침을 받고 온 성실하고 실

---

13) 역주-김천시 개령면.
14) 역주-어떤 지역인지 분명치 않다.

력 있는 남자입니다. 며칠 동안 저의 조사와 앞서 언급했던 영수와 함께 이웃한 마을들을 방문했고, 그 결과 복음을 전할 기회가 아직 많이 있음을 알 수 있었습니다. 하지만 어떤 사람들은 이 기도처에서 동학도가 새로 일어나는 게 아닐까 두려워하고 있었습니다. 교회를 불태워 버리겠다는 협박도 있었지만 제 생각엔 이제 지나간 듯합니다.

개령 읍내에서는 전직 학교 선생님에게 세례를 베풀어 영수로 삼았고, 22명의 학습자를 받았습니다. 그중 17명은 이곳 사람들이었고, 나머지는 Pyen Chon[15]과 강 건너편에서 왔습니다. 이 마을 사람들은 거의 기독교인이며, 집집마다 찬송 부르는 소리를 들을 수 있었습니다. 그들은 한 부잣집에서 모임을 가지다가 교회로 사용할 건물을 구입하였지만, 한 달쯤 지나자 참가자들이 너무 많아져서 교회 건물을 높이 올리고 확장시켜야 했습니다. 일요일에는 구경꾼 8명을 포함해 약 200명이 모였습니다. 새로 지은 여성용 방이 넘칠 정도로 여성들이 너무 많아 남자 성도들의 방까지 넘어와야 했습니다. 상주로 향하는 길에서는 이제 막 시작한 단계에 있지만 가능성이 보이는 두 기도처를 만날 수 있었습니다. 상주 사동에서도 학습자 두 명을 얻었습니다.

집에서 며칠을 쉬고 난 후 동쪽으로 순회를 시작했습니다. 대구에서 240리나 떨어진 바닷가에 있는 경주 하사까지 갔는데, 마지막 80리는 이틀이나 걸리는 길이었습니다. 거기에는 급성장하여 약 60~70명의 교인들이 모이는 기도처가 있다고 들었습니다. 우리가 도착하기 전에 이 기도처는 주일마다 모여 성경 읽는 일에 익숙해져 있었고, 돈을 모아 포도주를 구입해 나누기도 하였습니다. 떠나기 전에 학습자 두 명

---

15) 역주-어떤 지역인지 분명치 않다.

을 받게 되었습니다. 경주 읍내에서는 3명의 학습자를 받았습니다. 그 중 두 명은 여성이었는데 둘 다 참으로 성실한 설교자들이었습니다.

경주에서 30리 떨어진 한실이라는 곳에서 또 하나의 새로운 기도처에 대한 보고를 들었습니다. 찾아가 본 결과 이미 열 명이 모여 교회도 확보해 두었습니다. 여기서 산을 넘어 경주 우라촌(Oo Ra Chon)으로 갔더니 10~15명 정도 크기의 기도처가 있었는데, 그중 네 명을 학습자로 받았습니다. 이 기도처의 영수는 아주 성실한 설교자였습니다. 영천 조곡으로 넘어가면서 나는 남성 세 사람에게 세례를 베풀었습니다.

전반적으로 동쪽과 서쪽을 다니며 행한 사역을 통해 큰 용기를 얻었습니다. 일이 너무 많아 동쪽과 서쪽을 순회하면서 그중 북쪽 경계에 있는 기도처들은 만나러 가지 못했지만, 바렛이 북쪽을 순회하기로 자원했습니다. 동쪽에서 일어나고 있는 깨우침은 기본적으로 수년간 계속해서 씨앗을 뿌린 결과라고 할 수 있습니다. 관심을 가진 자들은 책을 구입해서 읽었으며, 그것을 한쪽에 쌓아 두면 누군가가 다시 시작하게 됩니다. 경주 지역에 가톨릭 교회의 바람이 크게 불기 시작하자 우리에게서 책을 구매했던 사람들이 다시 책을 꺼내 들고 로마 가톨릭 교회의 가르침과 비교하면서 공부에 열의를 더했습니다.

제임스 아담스
[*CHB*, 111-112쪽]

6. 프린스턴 졸업 동기생들에게[16]

브루엔, 대구에서 1905년 겨울

세상에 흩어져 있는 나의 친애하는 1896년 졸업 동기생들에게

미국에 있을 때 나는 3년 동안 익숙한 일로 세월을 보냈습니다. 타이거즈 팀이 뉴욕에 오면 풋볼 경기를 보러 가고, 때로는 그 오랜 역사의 도시가 여전히 잘 있나 보려고 그곳으로 달려가기도 했습니다. 이런 세월을 보내다가 나는 극동으로 향했고, 지금 이곳에 있습니다.

그리고 지난 6년간은 방문자용 기숙사를 마련하기 위해 돈을 모았습니다. 그 기숙사는 세계를 하나로 만든 곳이자 저 자신을 두 배로 키운 곳입니다. 도중에 아내와 함께 유럽과 수에즈 운하를 경유하는 신혼여행을 하고 돌아온 나는 다시 차를 몰

---

16) 역주-아래의 내용에 1905년 9월 말 앨리스 루스벨트의 대구 방문, 그리고 대구의 철도 개통이 언급된 것으로 보아 이 글은 1905년 겨울에 기록된 것으로 짐작된다. 갈색으로 표시된 문단은 CHB에서 생략된 내용이다. 그것을 『사보담의 100년의 약속』에서 확인하여 재구성했다. 그러나 영어 원문은 확인할 수 없어 문장이 매끄럽지 못한 부분은 다듬고, 번역의 오류로 생각되는 부분 혹은 설명이 필요한 부분은 역주로 보완했다.

아 숙소로 향했습니다. 1905년 2월 1일에는 안나 밀러 브루엔[17]이 한국에 도착했습니다.

이번 여행에서는 마치 기원후 20세기 뉴욕에서 기원전 20세기의 부계사회로 갑자기 시간이 거꾸로 돌아간 듯한 경험을 했습니다. 마치 립 밴 윙클(Rip van Winkle)[18]이 그랬듯이 말입니다. 그리고 기원전 20세기의 과거였던 것이 오늘 서구 문명의 가장 큰 아픔이 되어 이곳에서 신음하고 있는 듯합니다. 1899년 9월 이곳에 도착했을 때 나는 밀려오는 동방 문제의 밀물 한 귀퉁이에 놓여 있다는 것을 알아차렸습니다. 그러나 거기에는 황해 서쪽 해변을 강타하고 있던 거대한 파도에도 흔들리지 않고 있는 한 오래된 왕국이 있었습니다. 잠시 동안 이 '고요한 아침의 나라'는 그 파도를 견디어 내는 듯 보였습니다.

제물포 항만에 도착했을 때에는 서구 문명의 전위부대이자 당연히 선구자라고 할 수 있는 미국의 '철마'(鐵馬)가 수도 서울을 향해 25마일의 거리를 겨우 달리고 있다는 것을 알았습니다. 시애틀에서 데려온 친구인 충실한 영국산 사냥개 마크와 함께 기차에 올라탔을 때였습니다. 화물칸 문 안쪽에 '시애틀 윌밍턴'이라 쓰인 것을 보면서 나는 그와 함께 그리운 고향에 대한 향수를 나눌 수 있었습니다.

한강을 가로지르는 큰 철교가 아직 미완성인지라 우리는 철로에 대

---

17) 역주-첫딸이 태어났음을 말한다.
18) 역주-W. 어빙의 단편집 『스케치북』(1819-1820)에 들어 있는 단편소설의 주인공 립은 술을 마시고 20년간 잠들어 있다가 깨어나 완전히 바뀐 세상을 경험하게 된다. 딸 해리엇이 쓴 부모님의 신혼여행 관련 글(1권 5.11)에서도 등장한다.

기하고 있던 뚜껑 없는 스쿠너 차로 갈아탔습니다. 어느새 웃통을 벗어 젖힌 짐꾼들이 나타나 뒤에서 힘차게 밀어 준 덕분에 우리는 쉽게 움직일 수 있었습니다. 강둑에 이르러 뗏목 같은 것으로, 다시 나룻배로 옮겨 타고 노를 저어 건너편으로 갔습니다. 그곳에서 우리는 또 다른 교통수단인 인력거를 만나 그것을 타고 서울까지 마지막 남은 3마일을 달렸습니다. 우리는 거기서 열흘간 머문 후에 남쪽 지방인 부산으로 배를 타고 돌아왔고, 그때부터 100마일을 조랑말을 타고 내륙 지방인 대구를 향해 3일을 갔습니다. 남문 아래를 지나면서 나는 머지않아 내가 혼자 살게 될 작은 토담집 앞에 이르러 조랑말에서 내렸습니다.

2월에는 누군가가 항구로 가서 시카고의 몽고메리 백화점(Montgomery Ward)[19]에서 보내온 코끼리만한 큰 박스들을 손으로 가지고 다닐 수 있는 크기의 작은 박스로 다시 포장을 해야 했습니다. 그때가 바로 워싱턴 탄생일 하루 전이었습니다.[20] 나는 프린스턴의 세미놀 지역 출신인 사이드보담과 함께 한국 소년 하나를 데리고 10마일쯤 떨어진 낙동강으로 향했습니다.[21] 짐꾼 한 사람은 접이식 캔버스보트를 짊어졌고, 또 한 사람은 식료품과 침구를 짊어졌습니다.

어두움이 다가오자 우리는 하룻밤 묵을 만한 공간을 찾았습니다만 적당한 곳이 없었습니다. 결국 겨울이라 강변으로 끌어올려져 있는 낡

---

19) 역주-이 회사는 1872년 최초로 우편판매를 시작하며 미국의 소매시장을 이끌고 나갔다. 선교사들의 보고서에 자주 등장하는 것으로 보아 그들의 상품 구입이 주로 여기서 이루어졌음을 알 수 있다.

20) 역주-조지 워싱턴의 생일이 2월 22일이므로, 이때는 1900년 2월 21일인 셈이다.

21) 역주-대구에서 다시 부산의 항구로 가기 위해 화원의 사문진 나루터로 가는 장면이다.

은 배 한 척을 단단히 고정시키기로 했습니다. 배 위에 오르니 우선은 안심이 되었습니다. 바닥은 완전히 건조했고, 배의 반절 정도는 지붕이 있어서 우리를 어느 정도 보호해 줄 수 있을 것 같았습니다.

그러나 나는 곧 불안해졌습니다. 건조하고 매끈해 보이는 바닥에서 발을 내딛었다가 미끄러져서 간신히 빠져나올 수 있었기 때문입니다. 얼음이 언 곳에 먼지가 덮여 있었던 것입니다. 우리는 지붕을 조금 뜯어내어 뱃머리에 붙이고 소년과 함께 그 사이에 몸을 웅크리고 쑤셔 넣었습니다. 그럭저럭 밤을 견뎌 냈습니다. 이른 아침 우리는 뻣뻣해진 팔다리를 주무르며 얼어붙은 강변에 발을 디뎠습니다. 우리 캔버스보트를 살펴보니 보트 안으로 물이 조금 샜는지 밤사이에 얼어붙어 있었습니다. 그래서 배를 완전히 뒤집어 얼음을 깬 뒤 배 안을 정리하여 물건들을 다시 싣고 출발했습니다. 그러나 500야드쯤 가서야 보트에 물이 심하게 새고 있음을 알게 되었습니다.

우리는 상륙해서 짐을 꺼내고 수리를 했습니다. 뱃머리 부분이 손을 쓸 수 없을 만큼 찢어져 있었습니다. 우리는 수리 공구를 꺼내 큰 바늘과 캔버스 천 조각으로 그곳을 꿰맸습니다. 그러나 동이 트기 전이라 일하기에 너무 추웠고, 손가락이 얼어붙어 실을 당길 수가 없었습니다. 일이 어느 정도 마무리되었다 싶었는데 이번에는 한 사람이 다리에 쥐가 났습니다. 급하게 발을 번쩍 들어 올리다가 실에 엉켜 또 한 군데를 찢고 말았습니다. 우리는 인내심을 발휘하여 그것을 다시 꿰맸고, 거기에 기름을 듬뿍 바른 후에 드디어 출발했습니다.

그러나 강이 얼어 두 번이나 우리의 길을 막았습니다. 우선 길을 트기 위해 50야드 정도의 물길을 만든 뒤 솟아올라 있는 바위까지 도달했습니다. 얼음 위로 나가려고 했지만 낮에 내리쬐는 햇볕에 녹아 버려

꺼질 듯했습니다. 우리는 하는 수 없이 들어왔던 물길을 따라 그 사이 다시 얼어 버린 얼음을 깨뜨리며 되돌아 나갔습니다. 겨우 강변까지 탈출하는 데 성공했지만 얼음이 녹은 데까지 300야드쯤 보트를 짊어지고 가야 했습니다. 드디어 넷째 날이 되어서야 우리는 도착할 수 있었습니다. 소 한 마리를 구해서 짐을 싣고 5마일 정도의 언덕길을 따라 부산에 도착했습니다. 다행히 더 이상의 모험은 없었습니다. 일을 끝내고 돌아올 때는 조랑말을 타고 육로를 이용했습니다.

[CHB, 41-42쪽]

지난 가을까지만 해도 우리는 대부분의 영역에서 세상과 단절되어 있는 사람들이었습니다. 두 명의 프랑스 성직자[22]가 있긴 했지만 우리는 대구의 유일한 백인들이나 마찬가지였습니다. 이전까지도 대구에는 백인들이 거의 한 명도 없었습니다.
1년 전인 작년 8월에 나는 의자에 앉아 공부를 하고 있다가 갑자기 저를 꿈에서 깨우는 듯한 소리를 듣고 발걸음을 옮겼습니다. 그 소리는 이상하게 들렸지만 한편으론 매우 익숙한 소리이기도 했습니다. 이 소리가 어떻게 여기서 가능한 것일까? 이곳이 지금 한국이 아니란 말인가? 벽과 문들이 즐비하지만 거처도 없는 거지와 나환자들이 있는 이곳 대구에서 저 소리가 가능한 것인가? 지금도 생각나지만 내가 처음 올 당시 레베카는 우물가에 물을 뜨러 가는 중이었던 것 같았고, 루스는 뒤켠 농부들이 서 있는 논에서 이삭줍기를 하고 그들과 점심을 나눠 먹고 있는 것 같았던 이곳에서 말입니다.

---

22) 역주-가톨릭 성직자를 말한다.

기차의 기적 소리가 또 한 번 울렸을 때 오래전 무덤에 묻힌 상투 튼 한국 사람들조차도 틀림없이 몸을 돌려 뒤돌아보았을 것입니다. 그것은 지난 백 년간 전개되어 온 동양에 대한 탐구가 황해라는 장애물을 지나 이 고요한 아침의 나라를 휩쓸고 있음을 의미하는 것이었습니다. 소위 미카도의 왕국[23]을 떠나 새로운 터전을 찾는 데 오랜 세월이 걸린 셈입니다.

제물포항에서 두 척의 러시아 항해선이 침몰한 것을 시작으로 전쟁이 시작되었습니다.[24] 한국은 과거에도 여러 차례 그러했듯이 두 적대 세력 간의 전장(戰場)이 된 것이나 다름없었습니다. 일본군은 신속하고도 치밀하게 움직였으며, 전장은 북쪽으로 계속 확대되었습니다. 몇 주도 되지 않아 러시아군은 압록강을 거쳐 후퇴했습니다. 우리가 있는 이곳 남부 지방에서는 러시아군을 전혀 볼 수가 없었습니다. 그리고 제물포 전투가 있은 후 일본군은 남부 지방에 주둔하지 않았습니다. 소수의 일본 군인들만 눈에 띄었습니다. 서울-부산 간 철도가 맹렬히, 그리고 급하게 건설되고 있는 모습에서 전쟁의 기미가 느껴질 뿐이었습니다.

철도가 개통되면서 우리는 우리가 세상 한복판에 있음을 다시금 느끼고 있습니다. 왜냐하면 세계 각지의 여행자들과 친구들이 그 철도를 이용해서 우리를 찾아오고 있기 때문입니다. 이번 가을에는 영광스럽게도 루스벨트 양을 접대할 기회가 있었는데 그분을 모시고 밤새 파티를 열었습니다. 주지사인 그분[25]이 한국을 떠나실 때에는 대구 사람들이 그분께 감사를 표했습니다. 다른 유명인사에 대해서도 말씀드리면, H. B. 브라이언 씨가 세계 여행 중에 지금 이곳 한국에 와 계신다고 들었습니다.

---

23) 역주-천황제를 가진 일본을 지칭한다.
24) 역주-일본이 1904년 2월 8일 여순항에 있는 러시아 극동함대를, 2월 9일에는 제물포항에 있는 두 척의 전함을 공격함으로써 러일전쟁이 시작되었다.
25) 역주-앨리스 루스벨트는 주지사가 아니라 대통령의 딸이었다. 『사보담의 100년의 약속』의 번역 오류로 짐작된다.

한편 철도가 부설되면서 일본 사람들이 한국으로 몰려오고 있습니다. 그들은 성경 교실에 참가시키기에는 그다지 바람직한 사람들이 아니며, 특히 하급 노동자 출신일 경우 더욱 그렇습니다.[26] 한국 사람들은 일본 사람들로 인해 너무 많은 고통을 당하고 있습니다. 마치 버섯이 자라나듯 일본 상점들이 폭발적으로 늘어나고 있습니다. 대구에도 주요 상가를 일본 상점들이 차지하고 있습니다. 서울의 경우에는 일본 사람들이 고압적인 방식으로 건물과 땅을 접수하고 있어서 상당한 혼란이 벌어지고 있습니다. 이제 한국은 일본의 보호국 신세에 처해 있습니다. 외국 공사관들은 문을 닫았으며, 한국의 모든 외교 업무는 일본을 통해 처리될 수밖에 없는 상황입니다. 이러한 상황이 우리가 하는 일에 영향을 미치게 될지는 두고 봐야 할 것 같습니다.

제가 이곳에서 하고 있는 일에 대해서 말씀드리면, 지금까지는 그 결과가 매우 고무적입니다. 6년 전에 처음 왔을 때는 인구가 백만에 크게 세 개 구역으로 구성된 이곳 대구[27]에 기독교 신자 수가 수십 명의 절반도 채 되지 않았습니다만 지금은 그 수가 2천 명이 넘습니다. 나는 현재 40개 마을에 흩어져 살고 있는 1,200명 이상의 기독교 신자들을 대상으로 사역을 펼치고 있는데 제가 하는 일의 양이 매년 두 배씩 늘어나고 있습니다.

나는 보통 1년에 두 차례 여기저기를 방문하고 있습니다. 제가 이곳 대구에서 세세하게 일을 해 나갈 수 있는 것은 저의 한 동료가 고군분투하며 제 일을 계속 도와주고 있기 때문입니다. 한편 기독교 신자들이 닭, 계란, 과일 등을 보내 주기는 합니다만 나는 항상 총을 가지고 다니면서 사냥을 하고 있으며, 사냥감으로 늘 신선한 먹거리를 마련하고 있습니다. 거의 1년 내내 오리, 거위, 백조, 비둘기, 메추라

---

26) 역주-당시 철도 부설과 연관되어 많은 일본인들이 대구를 찾아왔지만 그들은 대부분 하층 노동계급이었음을 알 수 있다.

27) 역주-대구를 포함한 경상도 전역을 말한 것으로 짐작이 된다.

기, 꿩 등을 볼 수가 있습니다. 한편 대구의 여러 곳에 기독교 신자인 외국 청년들이 머무르고 있는데 네드 터너, 짐 코지란, 찰리 패튼, 벅 에이터스, 메기 파더, 존 어드만, 빌 램피 등이 그들입니다. 이들 중 네드와 짐과는 가끔 연락을 주고받습니다.

'1896년과 옛 Nassau[28]에서의 영광'을 생각하며

추신 : 일본 사람들이 대구 시내를 관통하여 두 개의 넓은 신작로를 닦고 있습니다. 이 유서 깊은 도시는 이미 곳곳이 서로 단절되어 있으며, 일본 사람들은 그들만을 위한 장벽을 세워 두고 있습니다. 장벽 안뿐만 아니라 장벽 바깥에도 많은 일본 사람들이 있습니다. 즐거운 크리스마스가 되시기 바랍니다. 한편 이곳 한국에 프린스턴 신학교 동창회가 조직돼 있다는 것을 알고 계실 것입니다. 지난번 동창회 모임에서 만찬행사에 관한 통지를 받았습니다. 참고 바랍니다.[29]

H. B. 브루엔

---

28) 역주-프린스턴 신학대학이 위치한 지역의 이름이다.
29) 갈색으로 표시된 문단은 *CHB*에서 생략된 내용이다. 그것을 『사보담의 100년의 약속』에서 확인하여 재구성하였다.

제2장 씨 뿌리기 : 1906

1. 우리를 기다리는 영혼들

브루엔, 1905-1906년

지난 한 해는 그전에 해 오던 프로그램을 지속적으로, 그리고 실질적이면서도 즐겁게 진행을 해 왔고, 양 떼를 먹이는 데 최선을 다했던 해입니다.

연회에서 돌아오자마자 나는 옷만 갈아입은 채 준비물을 챙겨 넣고 가족의 품에서 잠시 충전을 한 후에 곧바로 지방으로 떠났습니다. 지난 몇 달 동안 여러 개의 큰 기도처 가운데 네 군데에서는 김재수 씨가 인도하는 예배를 기다리고 있었습니다. 그는 아담스가 대구에 처음 올 때 데려왔던 사람으로, 지금은 아담스의 고참 조사입니다. 가슴에 종양이 있어서 15년 동안이나 고생했는데 수술 때문에 걱정이 이만저만이 아니었습니다. 결국 세브란스 기념병원에서 수술을 하기는 했지만 가슴 깊은 곳까지 병이 전이되어 완치하기는 어려웠습니다. 그러는 동안에 봄이 되었고, 그는 지방으로 옮겨 다섯 군데의 기도처로부터 전적으로 지원을 받으며 사역을 시작하게 되었습니다.

성주(星州)를 순회하는 일은 지금까지 김호준(Kim Ho Chun) 씨의 보살핌 덕택에 아주 많이 성장했는데, 마침 하을풍[30] (Elpung Wha) 씨의 설교가 매우 안정적이었던 덕분에 순회는 둘로 분리되었습니다. 하을풍 씨는 성주 지역 대부분과 지례의 기도처를 담당하고, 김호준 씨는 주로 그의 고향인 남부 지역에 집중하게 되었습니다. 그리고 다음 연회가 끝나면 이 구역을 대구, 청도, 고령, 현풍 지역과 함께 맥파랜드 씨에게 넘기려 하고 있습니다.

저는 장기 강좌나 사경회에 초대를 받으면 6개 혹은 그 이상의 기도처를 방문해야 했습니다. 토요일과 월요일에 약간의 도움을 받아 주일까지 가르치고 나면 체력이 바닥납니다. 그런 방식으로 해서 나는 내 구역의 가을 순회를 완수할 수 있었습니다. 잠시 후에 곧 여성 동계 사경회가 시작되었을 때는 나는 집에 머무르며 아이들을 돌보았고, 아내가 신경을 쓰지 않고 수업을 도울 수 있도록 집안 살림을 했습니다. 그리고 다시 남성 동계 사경회가 시작되었을 때도 나는 휴식을 취하며 일부만 담당했습니다.

이 기간 동안 선산을 중심으로 하는 순회는 그 범위가 넓어져서 현지인 조사 김재수 씨가 5개의 기도처를 떠맡았음에도 김재수 씨와 이성구[31] 씨가 순회를 감당하기에는 불가능해졌습니다. 그래서 앞서 말한 5개의 기도처는 실제적으로는 2군데만 순회를 해야 했습니다. 그래서 나는 과거에 잠시 권서로 고용된 적이 있었고, 바렛의 조수로 일한 적도 있는 김문일 씨를 채용하여 팀을 보강했습니다.

대구에서는 독신 여성이 전임 선교사로 오기 전에는 한 번도 독신 여성이 와서 예배를 제대로 주관한 적이 없습니다. 몇몇 기도처에 필드

---

30) 역주-하을풍 혹은 하일풍으로 읽힐 수 있다.
31) 역주-원문에는 Sung Ku로 나와 있지만 다음 쪽에 나오는 이성구(E Sung Ku)와 동일인물로 생각된다.

박사(Dr. Field)가 방문했을 뿐, 서부 지역 순회는 이루어진 적이 없고, 주일 예배도 기껏해야 여기저기서 온 몇몇 기혼 여성들이 주관을 했습니다. 그래서 4월에는 저와 제 아내가 카메론 양(Miss Cameron)과 함께 송내에서 사경회를 열었습니다. 그곳에는 그래도 가장 괜찮은 교회당이 있고 학교 건물이나 사랑방도 따로 있었기 때문입니다. 뿐만 아니라 아주 조용한 시골 마을은 사경회를 개최하기에 아주 적합합니다. 초대의 글은 송내교회가 지역의 20교회에 발송을 했습니다.

약속한 날 우리는 철도로 90리를 달렸고, 30리를 가마와 자전거를 타고 와서 도착했습니다. 도착하자마자 현관과 2개의 방을 이어 주는 남성 전용 사랑방으로 안내를 받았습니다. 그곳은 주방과 가족들이 주거하는 곳과 완전히 분리되어 있었고, 부엌까지 달려 있었습니다.

사경회는 두 개의 반으로 나누어 진행되었는데 하나는 가장 하급반으로, 읽지 못하는 사람들을 위해 마련되었습니다. 모두 합해 14개의 교회로부터 101명이 등록했으며, 3분의 2는 하급반, 3분의 1은 상급반으로 편성되어 조사가 도와주었습니다. 오후에는 카메론의 인도 하에 찬양을 했으며, 여성들이 주관하는 저녁반에는 많은 참석자가 있었습니다. 특히 널(Null)이 영어로 써 준 것을 바탕으로 준비를 한 "올바른 건강 돌보기"라는 강연은 선생님들에게 상당한 관심을 끌었고, 그들을 가르치는 형식으로 진행이 되었습니다.

1. 남성반

얼마 후 선산 읍내 교회에서 25개 정도의 교회로 보내진 초대장을 보고 110명의 사람들이 며칠간 수업을 받기 위해 모였습니다. 이 사람들은 25개의 그룹을 대표하는 사람들이었습니다. 오랫동안 조사 노릇을 했던 김재수 씨와 나는 여기서 종일 일을 했고, 김상규 씨와 김문일 씨는 그 일을 도왔습니다. 매일 오후 3시에는 결혼, 안식일 지키는 것, 조사의 지원, 학교 설립, 교회 운영 등을 주제로 회의를 개최했습니다. 토론을 통해 법과 규정을 제정하고, 이를 바탕으로 새로이 조직된 그룹에 대해서는 원칙을 알려 주어 규정에 어긋난 일이 생겨나지 않도록 했습니다. 회의 결과는 사본을 만들어 교회당에 게시토록 했습니다. 그리하여 새로운 교인들이 교회에 대해 가질 만한 의문에 대해 즉각적인 해답이 주어지도록 한 것입니다.

며칠 지나지 않아 성주 읍내에서도 비슷한 수업이 진행되었습니다. 여기서도 그전과 마찬가지로 나와 김재수 씨가 대부분의 일을 주관하였고, 김호준(Kim Ho Chim)[32] 씨와 이영화(E. Yung Wha) 씨가 이성구(E Sung Ku) 씨와 김문일(Kim Mun Il) 씨가 하던 일을 맡았습니다. 이 수업에는 많이 참석하지도 않았고, 대표성이 있는 모임도 아니었는데 20개의 교회에서 65명이나 참석을 했습니다. 수업은 지난번과 같은 방식으로 진행되었고, 회의는 우리가 그동안 반드시 필요하다고 느낀 영수와 제직들을 위한 반을 개설하려는 것이 목적이었습니다.

이 두 수업에는 3개의 남쪽, 그리고 3~4개의 북쪽 기도처들을 제외하고는 모두가 참여했습니다. 이때부터 나는 7월 1일까지 순회를 계속했습니다. 그러고는 대구와 부산 선교기지의 조사와 권서들을 위해 마련된 수업을 맡아 진행하기 위해 돌아갔습니다. 나는 가능한 한 지속적

---

32) 역주-Kim Ho Chun의 오타로 보인다.

으로 순회를 했지만, 정규 참석자가 100명이 넘는 기도처 여섯 개를 달성하지 못한 것이 아쉽기만 합니다. 물론 이번 가을에는 내가 가장 먼저 여기부터 방문할 작정입니다.

2. 지방 사역의 문제

지방 사역에 있어서 가장 큰 문제는 서로 20리나 떨어져 있는 기도처들을 통합하는 일입니다. 내가 통합해야 할 곳은 네 군데가 있습니다.

첫 번째는 서로 10리 정도 떨어져 있는 Moropsil, Tongmi, 그리고 대평동 기도처의 합병 문제입니다. 이 문제는 Taigim 기도처의 영수가 저지른 일이기 때문에 어떤 형태라도 조처가 필요한 상황이었습니다. 그것은 그가 교회를 잘못 운영하여 불필요하게 파산에 이르게 했기 때문입니다. 그는 먼저 치리를 받은 후에 출교당했습니다.

오래전부터 조사로 일하다가 지금은 Moropsil에서 살고 있는 사람이 몇 달 동안 중간 지점에 연합 교회를 세우기 위해 크게 애를 썼습니다. 거기는 적어도 300명 이상의 교인들이 모일 수 있는 곳입니다. 하지만 대평동 기도처는 참여를 거부하겠다며 고집을 부려 결국 나는 나머지 두 교회라도 화해를 시켜 더 나은 연합 교회가 설립될 때까지 모교회인 Moropsil 교회로 모이라고 했습니다. 나는 일본으로 떠나기 전에 교인들에게 말해 줄 수 있는 것이 있어서 행복했습니다. 새로운 교회 건물을 우리가 원하던 중간 지역인 약목에 구입한 것입니다. 그곳은 상당한 규모의 시장이 서는 곳으로, 10마일 정도나 되는 들판의 한가운데이고, 기차역도 있는 곳입니다. 첫 집회에 70명가량이 모였고, 매우 희망적으로 생각되었습니다.

두 번째 통합 계획은 사동, 성주, 그리고 읍내 기도처를 통합하는 것인데 사동 기도처가 읍내로부터 5리쯤 떨어져 있었습니다. 그런데 읍내 기도처에서의 일이 시작되기 몇 년 전부터 통합은 계획되었던 일입니다. 사동교회가 팔려 일이 긍정적으로 진행되었고, 그것이 아니라 할지라도 연합이 이루어지는 데는 아무런 문제가 없었습니다.

세 번째 통합 계획은 성주, 유성, 마구실, 그리고 동안리의 연합입니다. 마구실과 동안리는 성주교회와 유성교회에서 분리되어 나왔지만 서로 10리나 떨어져 있습니다. 나는 조사에게 편지를 보내 분리를 반대한다는 특별한 메시지를 전했지만, 내가 유성교회를 방문해서 내 생각을 직접 말할 때까지도 그 메시지는 제대로 전달되지 않았습니다. 그 대신 대부분의 초신자들이 참석했고, 스스로 회계 담당자의 장부를 감사한 뒤 교회 건물은 팔기로 결정했습니다. 그리고 모두가 모(母)교회에 출석하기로 합의했습니다. 그 조사는 진지하고 열성적인 설교자입니다. 그러나 '아볼로와 바울이 말씀을 전하지만 성장케 하시는 분은 하나님'이라는 사실을 알지 못하는 사람입니다.

네 번째 통합은 상주에서 세 그룹을 합치는 것이었습니다. 먼저 읍내에서 7리가 떨어져 있는 교회부터 설득해야 했습니다. 읍내에 교회를 세울 경우 다른 교회와 합하도록 하는 일이었습니다. 내가 그곳에 처음 방문했을 때 그들은 이미 담장을 상당히 높이 쌓은 상태였고, 지붕을 잇기 위해 서까래용 나무와 짚을 옮기고 있던 중이었습니다. 그러나 문제의 본질을 이해한 그들은 통합에 동의했습니다. 10리가 떨어진 곳에 있는 다른 교회도 방문했습니다. 작은 기도처이지만 그들도 교회를 짓기 시작하고 있었습니다. 그런데 거기서 10리 떨어진 곳에서 또 다른 교회가 건축을 시작했는데 그곳은 읍내 교회에서 40리가 떨어졌지만 읍내 교회가 인정하는 교회였습니다. 나는 이들 두 중간 사이즈의 기도처들을 한꺼번에 불러 모아 통합을 이끌어 낸 뒤 위원회를 조직하여 현재의 건물을 매각하고 서로 합의한 장소에 새로운 교회를 세우도록 유도했습니다. 상주 지역은 인구가 많은 곳이었고, 합의를 한 장소는 읍내에서나 Kim Kei에서나 마찬가지로 20리 정도의 거리였습니다. 그러나 유감스럽게도 이들은 합의한 장소가 아닌 다른 곳에 교회를 세우고 있어 내가 다시 중지 명령을 내릴 참입니다.

적절한 장소를 찾아서 가운데 지역에 조금 큰 교회를 세운다는 것이 얼마나 어려운 일인지 짐작하실 것입니다. 한 해 동안 결국 세 군데 지역에 교회가 설립되었는데, Konjung, 지례(Chirai), 그리고 상주입니다. 그리고 문경과 함창을 방문했더니 거기서도 건축이 시작되었더군요. 이 두 곳은 나의 관할이기는 하지만 기도처의 조직이 없는 유일한 곳입니다.

상황이 이러한데 북서 지역에서는 가짜 선지자 사건이 발생하여 골치가 아픕니다. 두 사람이 찾아왔는데 이들은 밀러(F. S. Miller)의 권서라고 했습니다. 그중 한 사람은 자기가 샤프(E. Rex Sharp)의 조사라고 했습니다. 뒷조사를 해 보았더니 이들 두 사람은 밀러의 교회에서 출교당한 사람들이었습니다. 그중 한 사람은 성향이 밝혀지지는 않았지만 인정받는 영수였던 것 같습니다. 이들은 많은 상인들을 모아 놓고 재판관 노릇을 하고 뇌물도 받았으며, 금품을 갈취하고 폭력을 휘두르면서 강도짓도 서슴지 않았다고 합니다. 또한 급여와 교회 사무를 위해서라며 돈을 걷기도 했고, 목사를 위해서라며 달걀 하나까지도 챙겼다고 합니다.

3. 학교 문제

기독 청소년들을 위한 교육의 필요성이 대두되자 그 임무는 성경학교의 2년 교육 프로그램이 감당하게 되었습니다. 교회 성장과 더불어 소학교의 학생 수도 늘었습니다.(서부 지역 순회를 통해 6명이 26명이 되었음) 이제는 이들에게 성경학교만으로는 충분치 않아 상급학교가 필요하게 되었으므로 이번 봄에는 중학교를 설립하지 않을 수 없게 되었습니다.

전임 관찰사는 분명하지 않은 여러 가지 이유로 학교의 관계자들에게 압력을 가했습니다. 그리고는 아마도 그것이 목적이었겠지만 세금을 내라고 강요를 하고 상당한 액수의 돈을 요구하기도 했습니다. 이는 교회학교의 문을 닫으라는 말과 마찬가지였습니다. 만약 우리가 교회학교에 지원을 한다면 새로운 학교세를 내야 한다는 것입니다. 그러나 우리는 기독교인들도 비기독교인들과 같은 액수의 세금을 내고 있으므로 그 액수만큼 기독교 학교를 위해 돌려 달라고 주장했습니다. 이에 대해 관찰사는 동의를 했지만 나중에 와서 다시 아무 설명도 없이 자기 마음대로 철회를 하고 말았습니다. 그리고는 판사들로 하여금 오히려 기독교인들에게 세금을 징수하여 공립학교를 지원하도록 명령을 내렸습니다.

결국 관찰사의 명령이 이중과세를 피하려는 의도라고는 했지만, 사람들을 체포하고 구타하고 투옥하고 피를 흘리게 하는 결과를 가져오고 말았습니다. 고위 관리들의 이러한 태도를 보고 하급 관리들도 날뛰기 시작했고, 이를 악용하여 예수 믿는 자들을 대상으로 도적질과 구타와 온갖 무례를 저지르기 시작했습니다. 그 다음 단계는 이미 우리 교회가 운영하고 있는 학교에 다니고 있는 청소년들을 공립학교로 옮기도록 꼬드기는 것이었습니다. 아직 공립학교가 설립되지 않은 경우도 있었는데 말입니다. 어떤 학부모는 그것을 거절하다가 잡혀가서 매를 맞기도 했습니다. 우리 기독교인들을 심각한 시험에 들게 하는 일이었습니다. 그러나 한편으로는 그런 투쟁을 통해 쭉정이를 걸러 내고 알곡을 찾아내면서 우리 학교가 훨씬 개별적이고 독립적으로 발전할 수 있는 계기가 되기도 했습니다.

서부 지방 순회	지난해	올 해
교인 수	1,200	2,600
기도처 수	26	36
교회 건물 수	25	43
학교 수	3	26
세례자	54	124
입교자	504	931
조사(助事) 지원금	10엔	314엔
현지 헌금 총액	592.14엔	5,995.05엔

위의 비교표를 보면 교인 수가 작년에 비해 두 배나 증가했다는 것을 알 수 있습니다. 교회 건물 수도 두 배가량 늘었으며, 소학교는 3개에서 26개로 늘었고, 학생 수도 약 20명에서 163명으로 늘었으며(학생 수는 도표에 나와 있지 않다.), 세례자 수는 가장 많이 늘었고, 올해에는 지난해 명부에 기록된 총 인원수보다 더 많은 사람이 세례를 받았습니다. 마찬가지로 입교자 수도 거의 두 배가 되었는데, 이 숫자도 지난해 명부에 기록된 전체 인원과 비슷한 숫자입니다. 뿐만 아니라 현지의 헌금 액수도 600엔에서 6,000엔까지 뛰어올랐습니다. 이러한 사실은 매우 고

무적인 것으로, 교회가 급성장하여 자립할 수 있을 만큼 되었음을 말해줍니다. 올 한 해는 두 사람의 조사에게 지불된 수고비도 완전히 현지 교회의 순회 활동을 통해 마련되었습니다.

[*CHB*, 118-122쪽]

2. 병원과 학교와 복음사역

브루엔, 대구에서 1906년 5월 3일
해외선교부 브라운 총무에게

친애하는 브라운 박사님께

널(Null) 박사로부터 병원을 허문다는 소식을 들으셨을 것입니다. 우리는 물론 그 반대가 되기를 바랐지요. 무너뜨리지 않고 다시 일으켜 세우기를 바라고 또 바라고, 노력하고 또 노력했습니다. 그러나 선교 현장에서 가장 경험이 많다는 사람들이 익명으로 아주 분명한 결정을 내린 후라 이제 우리는 참으로 애통한 처지에 놓이게 되었습니다. 그래서 이제는 우리가 건축을 해야만 할 상황임을 당신께 상기시켜 드리는 일이 제게 주어진 것입니다.

병원은 1903년 봄과 여름에 걸쳐 세워졌습니다. 존슨 박사는 건강을 회복하기 위해 일본까지 다녀오면서 무진 노력을 했습니다. 약하기는 여전히 마찬가지입니다. 나중에 그의 아버지와 여동생이 와서 그를 중국으로 데려가 치료를 하고, 상태가 많이 좋아져서 돌아오긴 했습니다. 하지만 다섯 번이나 죽을 고비를 넘길 만큼 위험한 상태에 이르렀고, 건강이 바닥에 이르러 결국 1903년 가을에 미국으로 돌아가야만 했습니다. 그토록 염원하며 기다렸던 병원 건축기금을 받았지만 미국으로 곧 돌아가야만 할 형편이었던 그는 그해 봄과 여름 동안 병원 건축 과정을 감독하며 보냈습니다.

그때 마침 아담스는 미국에서 휴가 중이었고, 그는 모든 일을 나에게 위임한 상태였습니다. 물론 나 자신이 할 일은 따로 있었지요. 비난을 피하고 싶은 생각은 없습니다만, 존슨과 함께 건축위원으로 임명을 받기는 했어도 아담스의 일까지 떠맡은 상태에서 내가 할 수 있는 일은 별로 없었습니다. 존슨과 함께 장부를 몇 번 들여다보는 것과 집에서 가끔 조언을 하는 것이 전부였습니다. G씨는 제3의 공간에서 목재의 사양(仕樣)을 비롯하여 설계도를 그렸습니다. 선교부는 G씨와 직접 연락을 취했고, 대구로 모셔 와서 병원 건설의 감독을 맡기고자 했습니다. 그때만 해도 이곳에는 기찻길이 없었으니 그는 서울에서 진행되는 건축 과정을 그냥 두고 이곳으로 올 수는 없다고 했습니다.

이 계획이 무산되자 존슨은 어쩔 수 없이 부산에 있는 일본인 건축가와 계약을 했습니다. 그 일본인 건축가는 지붕과 바닥에 목재를 설치하는 일을 했는데 직접 와서 목재 틀을 짜기로 했습니다. 하지만 그 사람도 부산의 일이 너무 많아 자기를 대신해서 부산에 있는 일등급 목수를 보내 주기로 했습니다. 목재는 도착했지만 일본인 목수는 오지 않았습니다. 전보를 보냈더니 답이 왔습니다. 약속했던 목수가 아파서 가지 못했으며, 다른 목수도 찾기가 어렵다는 것이었습니다. 일본어로 된 설계도면을 해독하기 위해 이곳에서라도 일본인 목수를 구해 보려고 애를 썼지만 허사였습니다. 날씨는 장마철에 접어들었고, 담이 세워졌습니다. 서울에서 온 중국인 기술자들이 기초를 놓고 벽을 쌓았으며, 미장을 마무리했습니다. 지붕을 빼고는 거의 완성되었으니 이제 더 이상 기다릴 수만은 없었습니다.

존슨 박사가 나섰습니다. 열악한 조건이지만 최선을 다하기로 하고 한국인 목수들과 함께 일본어로 쓰인 표시에 따라 지붕틀을 짜 맞추기로 했습니다. 여러 날 동안 이런저런 시도 끝에 끼워 맞추기에 성공하여 지붕을 얹고, 중국인 기술자들은 나머지 작업을 완성했습니다. 병원 운영비와 관련하여 선교 부분에 대한 커다란 저항에 부딪혀 존슨 박사는 자재비를 최소화시킬 수밖에 없었습니다. 그러니 건축의 마감이 날림이 될 수밖에 없었습니다. 수리비가 일등급 자재를 사용한 건축비보다 더 많이 들어갔습니다. 처음에는 건강이 무너진 데다 위에 설명한 상황들을 처리하느라 여름 내내 씨름하던 존슨 박사는 이 힘든 상황을 견디지 못하고 그냥 미국으로 떠날 수밖에 없었습니다. 건축이 미완성된 상태였기 때문에 그 후에 바렛이 마무리 감독을 했고, 널 박사도 병원이 환자를 받을 수 있게 될 때까지 오랜 시간을 기다려야 했습니다.

H. M. 브루엔

1. 교육

한국인들의 교육에 대한 열망은 빠른 속도로 성장했고, 규모가 크건 작건 교회마다 소년소녀들을 위한 소학교를 운영했습니다. 올해에 우리는 지방 사역을 통해 49개의 소학교가 433명의 장학생들을 가르치도록 했습니다. 이곳 대구에서는 우리가 크고 멋진 남자 중학교를 세우고 두 분의 선생님을 모셨습니다. 그리고 중간 크기의 여자 소학교도 세웠는데 지난해부터 브루엔 여사가 책임을 맡고 있습니다.

대구와 부산 선교부에 있는 선교사들은 이제 기독교인 자녀들을 위한 중학교 교육을 시작할 때가 왔음을 인식하고, 대구에서는 아담스가 학교 설립을 추진하도록 지명했습니다. 4년제 과정인 계성학교에는 27명의 남자 아이들이 재학생으로 등록했으며, 1906년 5월 1일에 제일교회 가까이에서 개교했습니다.[33] 학교의 이름 '계성'은 '영적 시작' (Spiritual Beginning)이라는 뜻입니다.

아담스는 한 달을 가르쳤고, 그 다음에는 사이드보담이 부산에서 올라와 6주간을 가르쳤습니다. 그리고 여름 방학을 한 다음 10월에 아담스의 책임 하에 다시 열리게 되었습니다.

2. 양성 과정

제직 및 보통반

지도자와 일반인들을 위한 양성 과정이 12월에 열렸습니다. 첫 번째로 열린 곳이 이곳이니 여러 측면에서 우리의 사역에 새로운 전기를 맞이한 셈입니다. 우리 지역에 있는 모든 교회의 지도자들이 다 참석하여 모두 135명이나 되었습니다. 사경회와 주제별 수업이 열렸고, 교회

---

33) 역주-계성학교에서는 현재 10월 15일을 개교기념일로 지키고 있으므로 개교일에 대해서는 좀 더 논의가 필요해 보인다.

행정과 규약에 관련된 문제들도 제기되었으며, 크리스천의 사회적이고 개인적인 삶에 대해서도 논의를 했습니다. 이 모임은 교회 지도자들의 의무에 대해 많은 영감을 주었고, 학교 조직에 대해서도 자극이 되었습니다. 조사들에 대해서는 교회로부터의 후원이 있었습니다.

조사(助事)반

조사반은 지난 가을 추수감사절에 열려 며칠간 계속되었습니다. 강의는 4년 조사 과정의 일부분이었습니다. 이번 여름, 6월의 끝 즈음에는 2개 지방에 있는 모든 장로들과 권서들을 위한 과정도 열렸습니다. 수업은 1년간 공부했던 것들을 평가하는 것으로 시작되었으며, 낙제한 사람은 통과한 사람들이 더 높은 교육을 받을 동안에 복습을 하는 것으로 진행되었습니다.

올해는 많은 농촌 교실이 열렸습니다. 일반 과정이 끝나자마자 순회에 참가한 조사들은 그 기간 동안 각기 자기 구역에서 개최되는 사경회를 도왔습니다. 이런 방식으로 선교사들의 발길이 닿지 못하는 곳에서도 많은 교실을 열 수가 있었고, 시골에 사는 교인들이 멀어서 수업에 참석하지 못하는 경우에는 가까이서 열리는 교실에 참석할 수 있었습니다.

정기 연회 때부터 나는[34] 내 관할구역에 있는 기도처 네 군데를 모두 방문하였습니다. 그 기간 동안 나는 61명에게 세례를 베풀었고, 장로

---

[34] 브루엔. 역주-이 글의 필자가 구태여 브루엔임을 밝힌 이유는 편집 과정에서 뒤섞임이 있었음을 짐작케 한다. 특히 이 글의 마지막에 등장하는 '존슨 부인'과 구별하기 위함으로 생각된다.

로 선출된 김재수 씨는 그가 목회를 하는 기도처의 새 신자들을 받을 권한이 있었기 때문에 그와 함께 343명의 새 신자를 받았습니다. 6개의 새로운 기도처는 나의 관리 하에 이제 30개의 기도처로 발전했습니다. 20개의 소학교도 여전히 운영되고 있고, 학생 수도 지난번 보고했을 때보다 훨씬 많아졌습니다. 그리고 적어도 두 개의 새로운 학교 건물이 세워졌습니다. 새로운 기도처가 생겼다는 소식도 여럿이 보고되었지만 어떤 곳은 아직 조사들조차 방문하지 못했던 곳입니다. 몇몇 남자들은 여기서 250리나 떨어진 곳에서 왔는데, 25명이나 되는 예수 믿는 자들이 방문을 기다리고 있다고 보고했습니다. 조사들은 최근에 경상도, 전라도, 충청도 경계에 있는 새로운 기도처를 방문했으며, 좋은 시작이었다고 보고를 했습니다.

 내가 서너 개의 작은 미조직 모임을 하나의 큰 기도처로 합치기 위해 정말 많은 노력을 기울인 한두 장소가 있는데, 아직 완수하지는 못했지만 부분적으로나마 성공했습니다. 지금 별도의 조사가 거의 필요가 없을 정도가 되었기 때문에 나는 이번 남자 사경회가 끝나면 그를 다른 곳으로 투입할 작정입니다. 12월에는 부산 선교기지의 요청도 있었고, 다른 여러 기지와의 약속 때문에 남쪽 지방으로 내려가 사이드보담 씨가 하는 지도자 양성반을 도왔습니다. 우리는 130명이나 참석한 지도자 양성반의 결과로 굉장한 화합이 있으리라 기대합니다. 그것은 선별할 수 있는 시간이기도 했고, 지금부터는 지속적인 성장이 있으리라 기대합니다.

 나는 교회 건물을 가지고 시작한 다른 작은 기도 모임을 찾았는데, 거기서 10리가 떨어진 곳에 또 다른 모임이 교회 건물을 가지고 있었습니다. 거기서 다시 10리를 더 가면 읍내에서 40리 떨어진 곳에도 이미 활동 중인 기도처가 있었습니다. 나는 이 두 개의 중간 크기의 기도처를 같이 불러 모아 통합을 이끌어 낸 뒤 위원회를 조직하여 현재의 건물을 매각하고 서로 합의한 장소에 새로운 교회를 세우도록 유도했습니다. 상주 지역은 인구가 많은 곳이었고, 합의를 한 장소는 읍내에서나 Kim Kei에서나 마찬가지로 20리 정도의 거리였습니다. 그러나 유감스럽게도 이들은 합의한 장소가 아닌 다른 곳에 교회를 세우고 있어서 내가 다시 중지 명령을 내릴 수밖에 없었습니다. 적절한 장소를 찾아서 중간 지역에 조금 큰 교회를 세운다는 것이 얼마나 어려운 일인지 짐작하실 것입니다.

주목해야 할 점은 교인 수가 두 배나 증가했다는 사실입니다. 교회 건물 수도 두 배가량 늘었으며, 소학교는 3개에서 26개로 늘었고, 학생 수도 약 20명에서 163명으로 늘었습니다. 세례자 수는 가장 많이 늘어 올해에는 지난해 명부에 기록된 총 인원수보다 더 많은 사람이 세례를 받았습니다. 마찬가지로 입교자 수도 거의 두 배가 되었는데, 이 숫자도 지난해 명부에 기록된 전체 인원과 비슷한 숫자입니다. 이러한 사실은 매우 고무적인 것으로, 교회가 급성장하여 자립할 수 있을 만큼 되었음을 말해 줍니다. 올 한 해는 두 사람의 조사에게 지불된 수고비도 완전히 현지 교회의 순회 활동을 통해 마련되었습니다.[35]

일본인들의 점령은 추악했습니다. 한 세대 내내 한국인들을 일본의 노예로 취급하며 개인적이고 정치적이고 경제적인 착취를 행하고 있기 때문입니다. 일본인들은 한국인들의 무장을 해제시키기 위해 부엌칼을 세 가구에 하나만 사용할 수 있도록 허용했습니다. 그것마저 두

---

35) 역주-이 부분의 보고 내용은 *CHB*, 122쪽, 즉 번역서 2권 2장 "1. 우리를 기다리는 영혼들"의 마지막 내용과 그대로 일치한다.

려웠던지 무장도 하지 않은 희생자들을 상대로 인구 100명마다 한 명 꼴로 경찰을 두어 감시를 했습니다.

존슨 부인[36]
[*CHB*, 122-125쪽]

---

36) 역주-존슨 부인 이름은 이 글의 필자가 누구인지 헷갈리게 한다. 그러나 내용적으로 보아 이는 브루엔의 글이며, 각주 34)에서도 브루엔임을 밝히고 있다. 또한 존슨 내외는 1903년에 미국으로 갔다가 1906년 여름에 다시 한국으로 돌아왔으므로 존슨 부인의 이름은 편집 과정의 오류로 생각된다.

3. 거지 아이들

브루엔, 대구에서 미상년도[37] 6월 27일

다음은 6월 27일 헨리 먼로 브루엔 목사가 대구 선교기지의 젊은이들을 위한 사업에 쓰도록 15달러를 보낸 뉴욕의 청년들에게 보낸 편지의 일부이다.

뉴욕의 친구들에게

그 돈이 쓰일 곳이 몇 군데가 있습니다. 하나는 55,000명 인구의 도시에 자리 잡고 있는 계성학교를 위한 것입니다. 최근까지 학생들을 다 수용할 만큼 학교 공간을 충분히 확보하지 못해 학생들 중 몇 명을 내보내야 했습니다. 왜냐하면 올해 학교 사업을 위해 쓸 돈이 없었기 때문입니다. 이제껏 우리가 비용의 반을, 그리고 한국 신도들이 나머지 반을 부담해 왔는데, 이제는 여러분들이 보낸 돈을 학교 교실을 확장하는 데 쓸 수 있을 것 같습니다. 주일학교에는 남학생들이 참여하

---

37) 역주-원문에는 연도 표시가 없지만, 남자 학교는 이미 시작되었고 여자 학교는 아직 시작되기 전이라는 본문의 언급으로 보아 1906년으로 짐작된다.

여 이끌어 가는 남학생반과 기도 모임이 있습니다. 그들은 또 매 주일에 성경 구절을 암송하기도 합니다.

아직 여학교가 없는데 좋은 선생님이 나타난다면 여학교를 위해 돈을 쓸 것입니다. 이 목적을 위해 사용할 공간은 확보되어 있습니다. 그 외에도 교회에는 많은 젊은이들과 소년들이 있기 때문에 우리는 그들 중 한 아이라도 나쁜 길로 빠지지 않도록 무언가 해야 한다고 생각합니다. 그런 아이와 대화해 보면 집안이 예수를 믿지 않고, 저녁에는 갈 만한 장소가 없다고 합니다. 일본인들이 이곳에 목욕탕, 놀이방, 찻집을 만들었는데 모두 분위기가 좋지 않은 곳입니다. 그래서 우리는 청년 동호회 같은 모임을 조직하고, 몇 군데 작은 목욕탕, 도서관, 독서실 등을 마련할 생각입니다. 이런 청년들을 길에 방치하지 않고 적은 돈으로 목욕이라도 할 수 있게끔 하기 위해서입니다. 기독교인이 아닌 젊은이들은 여름에 몇 번을 제외하고는 목욕하는 것을 거의 생각하지도 못합니다.

또한 겨울밤에는 굴뚝에서 잠들어야 하는 고아 거지 아이들도 많이 있습니다. 굴뚝은 방의 한쪽 귀퉁이에서 방바닥 아래를 통과해 다른 귀퉁이에 이어져 있고, 불 때는 곳은 밖에 있습니다.[38] 미국에서는 굴뚝 청소를 한다는 말은 있어도 여기처럼 굴뚝에서 잠을 잔다는 이야기는 없습니다. 여러분이라면 어떻게 하루 종일 구걸을 하고 밤에는 굴뚝에 기어들어 가 잠을 청할 수 있겠습니까? 굴뚝이 그리 크지 않기 때문에 아이들은 굴뚝 안에 몸의 반밖에 넣지 못합니다. 간혹 밤에 날씨가 추워지면 주인은 굴뚝에 어린아이가 있다는 것도 모른 채 불을 지피기도

---

38) 역주-온돌 아궁이에 대한 설명이다.

합니다. 그러면 그 어린 부랑자 아이는 불에 타 죽게 됩니다. 아이들이 타 죽는 더 흔한 이유는 불이 채 꺼지기도 전에 너무 일찍 굴뚝에 들어가기 때문입니다. 아이들은 거의 벌거벗은 채로 굴뚝에 들어가는데, 감각을 잃을 정도로 너무 춥기 때문에 자신들이 타고 있다는 것도 알지 못하는 것입니다.

지난해 겨울에 우리는 아이들이 잠을 잘 수 있는 공간을 열어 놓았는데 어떤 때는 30명 가까운 아이들이 왔습니다. 몇몇은 5세에서 10세 정도의 어린 아이들이었습니다. 많은 아이들이 이곳에 오기 전에 겨울 동안 입은 화상으로 죽었습니다. 이 아이들을 위해 무언가 한다는 것은 무척 어려운 일입니다. 왜냐하면 그들이 하루 종일 밖에서 구걸을 하고 밤에 이곳에 돌아왔을 때 그 냄새가 사람을 쓰러뜨릴 정도이기 때문입니다. 우리는 그 아이들에게 모두 새 옷을 입힐 수도 없거니와 만일 새 옷을 입히면 그 아이들은 제대로 구걸을 할 수가 없을 것입니다. 아무도 그들에게 무언가 주지 않을 것이기 때문입니다. 물론 한국에는 한국인이 운영하는 고아원이나 소년원 같은 것은 없습니다.

다음에 이 돈이 실제로 어떻게 쓰였는지 말해 드리겠습니다. 젊은이들을 위한 공간을 고치는 것이 가장 필요한 일이 될 것 같고, 가장 좋은 결과가 기대되는 일인 것 같습니다.

[CHB, 192-193쪽]

4. 여성 사역 관련

아담스 부인, 대구에서 1906년

늘 그랬던 것처럼 올해도 교인들의 수가 두 배로 늘었지만 놀랄 만한 발전을 보인 것이라고는 할 수 없습니다. 하지만 이 일에 있어서 얻는 큰 기쁨은 하나님을 사랑하고 성령 충만한 삶을 지속적으로 키워 가며 더욱더 거룩한 삶을 갈망할 수 있기 때문입니다. 이것은 지난 겨울 우리 시내의 여성들 사이에서 특히나 두드러졌던 일입니다. 저는 매주 주일학교 일과는 별개로 두 개의 여성 사경회를 이끌어 왔습니다. 그래서 교회에 있는 대다수의 여성들과 직접적으로 연락을 취할 수 있게 되었습니다.

저는 그중 몇 명의 자택을 방문하기도 했습니다. 특히 병이 나거나 어려운 일이 생길 때면 가끔 우리 집으로 초대해 대접하기도 하였습니다. 지난 겨울에 남자 사경회가 진행되고 있을 때는 분명 성령께서 우리와 함께하고 계셨습니다.

교회에 성도들이 넘쳐났기 때문에 여성들을 위한 주일 예배가 여성 공부방에서 따로 열렸고, 예배는 곧 신앙고백과 기도로 진행되었습니다. 보수를 받는 전도여성은 한 명뿐인데 그녀는 심방하는 일에 모든 시간을 투자하면서 성실히 일하고 있습니다.

[CHB, 112-113쪽]

5. 여자 동계 사경회

대구기지 보고서에서 발췌, 1906년

올해는 대구 시내 교회에서 아담스 부인이 매주 두 번씩, 정기적인 주일 공부반과는 별개로 사경회를 진행했습니다.

12월에는 바렛 부인이 거리에서 보통 만날 수 없는 젊은 여성들을 위한 공부반을 조직했습니다. 이 여성들이 가르침을 간절히 바라고 있으므로 야간반도 만들어지면 좋겠습니다. 그전에 시작된 젊은 여성들을 위한 사역은 올 한 해 동안 브루엔 부인이 책임을 맡았었는데, 이들은 한국인 선생이 자신들을 위한 주간 학교를 열어서 맡아 줄 수 있는 방법이 생기기를 진심으로 기도하고 있습니다. 그리고 집으로 직접 방문해 주기를 원하고 있습니다. 그래서 널 부인과 카메론 양이 병든 사람들을 찾아 열심히 심방을 다녔습니다. 결핍과 고통이 어느 정도 해결되면 이들 사이에는 동정심과 깊은 자매간의 정이 빠른 속도로 형성되었습니다.

선교단지 내 우리 집과 가까운 곳에 기숙사가 마련되었습니다. 여기에서는 장보러 오는 여성들, 그리고 구경하러 오는 여성들이 모여 생명의 말씀을 듣습니다. 매주 새로운 개종자들이 생기고, 그녀들의 얼굴은 기쁨으로 상기되어 언제나 이런 말을 하곤 합니다. "부인, 부디 더 가르쳐 주세요."

[*CHB*, 113쪽]

6. 교인의 자격

한국에서는 교인이 되려면 다음과 같은 규약을 따라야 합니다.

1. 최소 6개월 이상 학습 기간을 거칠 것
   1) 조상 숭배를 하지 않을 것
   2) 정기적으로 예배에 참석할 것
   3) 성경 읽는 법을 배울 것
2. 세례를 받고자 하는 후보자는 반드시 한 사람을 전도하여 자기 신앙을 증명할 것

후보자는 물론 자신의 생활 또한 올바르게 바꾸어야 합니다. 필요하다면—금연, 금주하며 도박을 하지 않고—혼인관계도 합법적으로 해야 합니다. 또한 매일 성경을 읽고 가정예배를 정기적으로 드려야 하므로 글을 배우는 것은 기본적인 요구사항입니다. 읽는 법을 제대로 배우지 못한 노인일지라도, 그들은 부지런히 읽는 법을 배워 소리 나는 대로 자기 이름 적는 법을 배웠습니다. 물론 몇몇 노인들은 예외였습니다.

[CHB, 113쪽]

7. 존슨 박사의 순회전도

존슨, 대구에서 1906년 12월 3일

여러분은 아마도 제가 브루엔 목사와 함께 그가 감독하고 있는 몇몇 기도처를 방문했을 때 써 둔 메모의 내용을 듣게 된다면 흥미를 가지게 될 것입니다. 그 기도처들은 대구의 북서쪽에 위치하고 있었으며, 그 중 몇몇은 최근에 일본이 완성한 기찻길을 따라 있었습니다. 부산에서 서울, 그리고 압록강변에 있는 의주까지 연결이 되는 것입니다. 그리고 거기서 중국의 목단까지 이어지게 되면 여행자들은 이제 부산에서 베를린과 파리까지 직행으로 갈 수가 있습니다. 브루엔과 나는 미주리 주의 St. Charles에서 제작한 기차를 타고 2시간 동안 달려 김천의 장터에 도착했습니다.

가장 먼저 눈에 띈 것은 도시가 중심으로 삼고 있는 언덕 옆쪽에 새로이 들어서고 있는 건물이었습니다. 그 건물은 크고 널찍했습니다. 그리고 바쁘게 움직이는 한국인 목수들이 보였습니다. 흰 바탕에 붉은 십자가가 그려진 한국 기독교회의 깃발이 봄바람에 펄럭이고 있어서 그들 중에는 혈기 왕성한 사람이 있을 것 같은 느낌이 들었습니다. 우리는 그곳에서 책임자인 오 씨를 만나게 되었습니다. 그는 60세가량

된 사내였는데 과거에 술고래였고 도박꾼이기도 했지만 지금은 여관과 주막을 운영하고 있었습니다. 그는 변화된 이후에 자신이 가진 범상치 않은 에너지를 김천에 복음을 전하는 데 사용했습니다.

우리는 몇 명의 신도들을 만나고 나서 김천에서 5마일 정도 떨어진 함산(Ham San)[39]에서 밤을 보내기로 마음을 먹었기 때문에 오 씨에게 내가 타고 갈 말을 구해 달라고 부탁했습니다. 브루엔은 자전거를 끌고 왔습니다. 오 씨는 말을 구해 주었지만 마부를 구하지 못했습니다. 시간은 이미 늦었으나 우리는 가야 했습니다. 그래서 그는 "별수 없군요. 제가 5마일 정도는 마부가 되어 드리죠"라고 하면서 두루마기를 조여 매고는 대나무 막대기를 꺾어 들고 내가 올라탈 수 있도록 조랑말의 고삐를 잡아당겨 주었습니다.

요즈음 한국에서 말을 끄는 일은 매우 천박한 일로 여겨져 무시당하기 일쑤입니다. 그런데 오 씨가 그의 나이와 신분에도 불구하고 나의 말을 이끌어 준다는 것은 그가 예수를 믿고 나서 얼마나 변했는지를 증명해 주는 것이기도 합니다. 또한 선교사를 얼마나 깍듯이 대하는지도 알 수 있는 대목입니다.

하지만 우리는 얼마 가지 않아서 우리보다 먼저 출발해서 앞서 가고 있던 나의 의학생 Sam Biggs를 따라잡을 수 있었습니다. 그리고 그에게 오 씨를 돌려보내라고 부탁을 했습니다. 어둠이 서서히 내려앉는 시간이었는데 오 씨는 우리의 책이나 침구류 등 짐을 지켜야 한다며 한사코 말을 듣지 않았습니다.

---

[39] 역주-이 장(章)에는 특별히 인명과 지명이 많이 등장한다. 그러나 로마자 표기가 분명치 않아 그대로 우리말로 옮기기 어려운 경우는 원문을 그대로 두거나 괄호 안에 두었다.

오후 7시가 되어 우리는 함산에 도착했고, 이제 곧 열정이 넘치는 교인들이 모이게 될 교회당으로 바로 갔습니다. 교인들은 우리 뒤에 짐이 따라온다는 것을 알고는 여섯 명이 등불을 켜 들고 오 씨와 함께 뒤따라오던 세 명을 만날 때까지 마중을 나갔습니다. 그들은 짐을 받아 어깨에 메고 안으로 들여놓기 시작했습니다. 브루엔은 이런 일이 매우 일상적이고 평범한 일이라고 말했습니다.

저녁을 먹고 난 후 먼저 교회의 서기 기록에 대해서 검토했습니다. 시골 교인들이 모이는 모든 기도처는 정식 교회가 되기 위해서는 우선 영수라고 불리는 지도자 한 사람과 집사 한 사람으로 구성된 당회가 필요했습니다. 영수는 교인들의 출석을 꼼꼼히 기록한 출석부를 관리하고, 선교사나 조사가 교회를 방문할 때마다 그들이 누군지, 규칙적으로 오는지 안 오는지를 기록합니다. 집사는 회계 담당이고, 교회 재정에 관한 서류를 보관합니다. 함산의 교회 기록부는 충분히 만족스러웠고, 우리는 짧은 기도회를 마치고 가져온 접이식 침대를 펴서 휴식을 취했습니다.

다음날 아침 예배가 끝난 후에 교회에 등록하기 원하는 사람들을 심사하여 그중 네 명에게 세례를 베풀었습니다. 그러고 나서 짧게 성경 공부를 한 후에 작별을 했고, 다음 모임을 위해 오성(O Sung)으로 출발했습니다. 짐 꾸러미 네 개는 교인 일꾼들이 옮겼는데, 산세가 험하고 거친 길이라 그들이 아니었으면 우리는 옮기지 못했을 것입니다. 나는 무거운 박스 하나를 짊어지고 가는 이 씨라는 이름의 젊은 교인에게 물었습니다. "어떻게 이럴 수가 있나요? 당신은 전문 짐꾼도 아닌데, 힘이 들지 않나요?" 그가 답했습니다. "일꾼은 없는데 목사님의 짐은 무조건 옮겨야 하니 다른 방법이 없잖아요?" 우리는 오성에 도착하기 전에 아주 가파른 산비탈을 넘었지만 젊은 이 씨는 땀을 많이 흘리고 숨을 헐떡이면서도 자세를 잃지 않았습니다.

그렇게 가는 도중에 한 나이 든 남자가 20세쯤 되어 보이는 그의 아들과 함께 달려 나왔습니다. 그는 고개 숙여 인사하면서, "편안하게 오셨습니까?"라고 물었습니다. "네." "저도 예수 믿는 사람이니 걱정 마시고 집 안으로 들어와서 잠깐 쉬어 가세요." "아니요, 바빠서 그건 힘들 것 같네요." "물론 바쁜 건 알지만 제 아들 다리라도 좀 봐 주십시오."

그래서 우리는 모두 길가에 앉았고, 아들은 넓적다리를 내보였는데 크게 곪은 자리가 둥근 동전 크기의 여러 흉터로 둘러싸여 있었습니다. 만져도 아무 느낌이 없는 10센트짜리 동전 크기의 점이 1년 전부터 나타나기 시작했다고 합니다. 그것을 나병이라 생각하고 한의사를 찾아갔더니 그저 일반적인 조처만 하고 그것을 잘라내 주위를 깨끗하게 닦아 낸 다음 제법 큰 구멍을 내 놓았다고 했습니다. 그러고는 균을 완전히 제거해야 한다며 몇 달 사이에 수차례에 걸쳐 깊게 패인 상처에다 쑥과 황, 그리고 마른 약초들을 발라 주었다는 것입니다. 치료 중인 이 곪은 자리에는 많은 흉터가 나 있었습니다. 한국인들은 흉터 조직에 대해서 완벽히 알지 못하기 때문에 나병을 너무 두려워해서 종종 문제가 없는 깨끗한 피부까지 제거하곤 합니다. 그래서 나는 그 젊은이에게 말했습니다. "먼저 곪은 데를 완전히 치료한 다음에 정말 나병인지 아닌지 확인해 봐야 합니다."

오성에서 입교시험을 볼 때 나는 브루엔의 평가하는 일을 도왔습니다. 세례 받기를 원하고, 입교를 허락받기를 원하는 사람들에게 주어지는 질문들은 다음과 같았습니다. "당신은 자신이 과거에 저지른 죄를 용서받았다는 사실을 어떻게 아십니까? 만약 당신이 예수를 믿는다면 왜 그분은 당신이 장차 죄를 저지르지 않도록 하지 못하는 겁니까? 만약 당신이 앞으로 죄를 짓는다면 어떻게 하겠습니까? 성령은 얼마나 중요합니까? 인간이 정말 정숙히 혼자서 방에 앉아 있어도 죄를 짓게 될까요? 만약 그렇다면 어떻게 가능하겠습니까? 예수님의 중요한 일화들 중 몇 가지를 말해 보세요. 그가 행한 가장 큰 이적은 무엇입니까?" 세례를 받으려면 이것을 모두 통과해야 합니다. 그리고 모든 지원자들은 주기도문, 사도신경, 십계명, 그리고 신약성경의 순서를 모두 외울 수 있어야 합니다. 또한 예수님께서 분명히 말씀하신 위대한 원칙과 관련되는 여섯 가지 중요한 기도문도 읽어야 합니다.

예수를 믿고 얼마간 교회에 출석했지만 만약 그의 가족이 아직 아무도 교회에 다니지 않는다면 세례는 보통 연기됩니다. 그가 진정으로 예수를 믿는 자라면 자기 친척들도 설득시킬 수 있어야 하기 때문입니다. 나는 오성에서 어떤 젊은 남자에게 그의 가족에 대해 물어본 적이 있습니다. 그때 그가 대답하기를, "예, 나의 아버지께서는 예수를 믿기는 하지만, 내가 아버지를 대신해서 교회에도 참석하고 신앙생활도 할 수 있다고 생각하십니다"라고 했습니다. 나는 그에게 아버지가 이것을 제대로 이해할 수 있도록 깨우쳐 드리라고 말했습니다.

교회의 이웃집에는 38세의 남자가 살고 있는데 6개월 전에 두 다리를 잃었습니다. 마비는 점차 다리, 몸, 팔까지 퍼졌고, 이제 목소리까지 잃어 가고 있었습니다. 아무런 도움을 받을 수가 없는, 의학적으로 매우 희귀한 경우였습니다. 나는 처방을 내리고, 그 진행 과정을 추적할 수 있는 조처를 취했습니다. 이곳에는 너무나 많은 환자들이 있습니다.

우리는 오가리(O-ga-re)[40] 까지 또 다른 가파른 산을 넘었습니다. 브루엔이 자전거를 끌고 올라가는 것은 힘이 들었지만, 그가 설교할 때 사람을 모으는 데는 참으로 유용한 것이어서 놔두고 올 수가 없었습니다. 평지에서 브루엔이 자전거를 타면 남자들과 소년들이 그것을 구경하기 위해 하던 일을 멈추고 논밭을 건너 저 멀리서도 모여들었습니다. 모인 이들에게 복음을 전할 때 사람들은 조용하고 공손하게 경청했으며, 그때 전단지도 나누어 주었습니다. 오가리의 기도처는 그리 썩 잘되는 것은 아니었습니다.

 가장 큰 문제는 주일을 지키는 것이었는데, 그것은 한국 교회에서 중요한 쟁점이었습니다. 저도 "만약 한국인이 주일을 지킨다면 예수를 믿는 사람이고, 그렇지 못하면 믿는 게 아니다"라고 하겠습니다. 여기에는 예외가 있을 수 없어 분명하고 확실한 규범이었습니다. 이곳 집사의 회계 감사 결과는 모든 것이 정확했지만 단 한 가지, 출석부가 없었습니다. 우리가 추측하기로는 결석이 많아서 계획적으로 없애버린 것 같았습니다. 영수는 바쁜 추수 기간이라 몇몇 남자들은 주일에도 일을 해야 하고, 여성들은 명주실을 뽑아 실타래 감는 일을 계속하지 않으면 끝을 낼 수가 없다고 했습니다. 주일이라고 해서 하던 일을 그대로 두고 올 수 없는 형편이라는 것입니다. 이 동네는 명주실을 짜서 먹고사는 지역인 데다 여성들 가운데는 교인이 몇 명 되지 않았습니다. 따라서 그들이 이웃과의 관계를 제대로 유지하기 위해서는 함께 일하다가 주일이라고 해서 일을 멈출 수가 없었던 것입니다.

 시골 생활에서 예수 믿는 사람으로서의 삶이 일반적으로 느슨하기는 하지만 늘 그렇듯 오가리에서 안식일을 지키지 않는 것은 보통이었습

---

40) 역주-오늘날 구미시 선산읍 무을면 오가리로 짐작된다.

니다. 그럼에도 몇몇은 세례 받을 준비가 되어 있었습니다. 테스트를 위해 한 소년과 면담을 시작했습니다. "네가 잘못했을 때는 어떻게 해야 될까?"라고 물으니 그 소년은 이렇게 답을 했습니다. "저는 가서 깃대 앞에 무릎 꿇고 찬양하고 기도하겠습니다." 시골 교회 앞에는 항상 깃발이 휘날리기 때문에 눈에 두드러집니다. 그래서 브루엔은 다른 몇 군데에서도 본 적이 있는 이런 비슷한 깃발이 과연 필요한 것인지 의아해한 적이 있었다고 합니다. 오가리에서 설교를 세 번 했는데, 주제는 안식일을 지켜야 한다는 것이었습니다. 그곳에 아주 신앙이 좋은 한 사람이 있었지만 세례를 베풀지 못했습니다. 그에게는 두 명의 아내가 있었기 때문입니다.

　오가리에서 우리는 아름다운 언덕을 뒤로한 채 월아골(War-a-kol)로 가기 위해서 6마일 정도의 계곡을 걸었습니다. 그곳은 마을이 둘로 나누어져서 조금 떨어져 있었습니다. 그중 교회가 위치해 있는 한 곳은 한 집을 제외하고는 전부 예수를 믿었습니다. 많은 무리의 아이들이 "부(傅) 목사님!"이라고 외치며 반가이 뛰쳐나오는 걸 보니 기쁘기 그지없었습니다. 아이들은 브루엔을 그렇게 불렀습니다.

　교회는 새 건물이었는데 길이는 66피트 정도였고 널찍했습니다. 내가 방문하는 기도처마다 그들 스스로 돈을 모아 교회를 세웠다는 사실을 기억할 필요가 있습니다. 그들은 건물을 짓는다며 선교사들에게 도움을 요청한 적이 거의 없었습니다. 모든 작은 기도처마다 우선적으로 생각하는 것이 교회 건립이었습니다. 그날 밤 나는 소년소녀들과 청년들에게 성가를 가르쳤는데, 얼마나 빨리 배우는지 놀라지 않을 수 없었습니다.

　다음날 아침, 다른 마을에 있는 아픈 여성을 심방하기 위해 말 한 필을 구해서 타고 갔습니다. 그녀의 병세는 심각했습니다. 그런데 그 마을에서 예수 믿는 사람들은 그녀와 그녀의 남편, 그리고 그의 친구 한 명밖에 없었기 때문에 그들이 사람들로부터 많은 박해를 당했다는 사실을 알 수 있었습니다. 나는 그녀를 위해 할 수 있는 모든 것을 다 해 주었습니다.

다시 월아골로 돌아오니 반신 불구자와 맹인 등 수많은 환자들이 치료받기 위해 기다리고 있었습니다. 그래서 우리는 이들을 보살핀 후에 지체 높은 양반 출신의 젊은 남성이 영수로 있는 Sun Sau 마을로 갔습니다. 그의 어머니는 좋은 옷을 곱게 차려입었는데 얼굴도 매력적이고 지적인 모습이었습니다. 그리고 제일 먼저 인사를 건네왔습니다. "오시는 데 불편하지 않으셨어요?" 그녀는 참으로 신실한 사람이어서 주변의 여성들 모임을 방문하여 설교를 하고 가르치느라 많은 시간을 봉사했습니다.

기도처가 조직되어 있는 곳에서는 언제나 그렇게 하듯이 우리는 Sun Sau 마을의 교회에서 잠을 잤습니다. 몇 년 전만 해도 여관에서 잠을 잤는데, 빈대들이 득실거리는 환경과 대조가 될 만큼 깨끗한 곳이었습니다. Sun Sau 마을의 젊은 영수인 노 씨에게는 18세 된 동생이 있었는데, 부모님께서는 이 총각의 결혼 문제로 많은 걱정을 하고 계셨습니다. 믿는 사람과 결혼을 시켜야 할지, 아니면 믿지 않는 자와 결혼시켜야 할지 걱정을 하고 계셨던 것입니다. 자기에게 맞는 여성은 비신앙인이고, 신앙인 중에서는 적합한 사람이 없다는 것입니다. 이 젊은이는 세례를 신청해 둔 상태였습니다. "우리 아들이 믿지 않는 여자와 결혼을 하더라도 목사님께서는 세례를 주실 건가요?" 이것은 미국에서는 아무런 문제가 되지 않겠지만 여기서는 매우 골치 아픈 질문입니다. 이 경우에 젊은 남자의 부모님은 신앙인 여성을 찾아야 하고, 세례는 미루어질 수밖에 없습니다.

Sun Sau에서 평촌으로 오는 길에 동행하던 전도사에게 "김 군, 당신 부모님은 예수를 믿는가요?"라고 물었더니 그는 "그럼요, 제 가족들은 모두 주일을 지킨답니다"라고 대답했습니다. 김 군의 집은 평촌에 있었으며, 우리는 그곳의 멋진 교회에서 주일을 보냈습니다. 저녁에는 8세에서 18세 사이의 아이들이 20명 정도 모여들어 새로운 찬송가를 배웠습니다. 아이들은 신념으로 가득 차 있었고, 명석함과 총명함으로 번뜩였습니다.

주일 아침이 되자 아이들은 밥을 가득 담은 놋그릇을 도시락으로 삼아 교회로 가지고 왔습니다. 자기 봇짐 속에다 놋수저까지 쑤셔 넣은 채 말입니다. 어떤 아이들은 중참까지 챙겨서 왔습니다. 그 아이는 교회에서 멀리 떨어진 곳에 살고 있었는데 주일학교가 2시에 시작되기 때문입니다. 저녁을 먹고 주일학교가 끝난 다음에는 교회 앞 넓은 마당에서 운동을 했습니다. 다른 기도처와 마찬가지로 여기에도 평행봉이 있는데, 중고등학교나 대학에서 하는 것처럼 똑같은 솜씨를 부리는 것을 보니 놀라웠습니다. 나의 조사는 군대식 훈련법을 알고 있어서 여러 방식으로 그들을 가르쳤습니다.

저녁식사가 끝나고 우리는 또 다른 찬양예배를 드렸습니다. 예수를 믿는 사람들은 찬양을 매우 좋아해서 가끔씩 성경보다 찬송가를 먼저 구입하기를 원하는 사람도 있습니다.

여기에도 많은 환자들이 있었는데 몇 명은 나병을 앓고 있었고, 그들 중 2명은 예수를 믿는 사람이었습니다. 평촌에서 Moropsil까지는 강변의 넓은 평야를 가로질러 가야 했는데 그곳에는 엄청난 야생 오리 무리와 기러기 떼가 서식하고 있었습니다. 불행히도 나는 총을 가지고 있지 않았습니다.

우리는 박 씨라는 성씨의 아주 큰 부잣집이 있다는 마을을 지나왔습니다. 불과 지난 몇 년 사이에 그 집은 세 차례나 강도가 들어와 모든 것을 빼앗아 갔고, 돈까지 다 털렸습니다. 한국에서는 이런 도적들을 막기 위한 목적이라 해도 총을 소지하는 것이 금지되어 있기 때문에 강도들에게는 매번 축복이 아닐 수 없습니다. 그리고 산골에 사는 사람들은 길이 없어서 걸어 다닐 수밖에 없고, 바퀴 달린 운행 기구는 아예 들어갈 수도 없어서 사람이 많이 사는 큰 지역과는 소통이 거의 불가능합니다. 그러니 위험에 빠졌을 때 지방 대도시의 군병으로부터 도움을 받을 수도 없습니다.

최근 제법 큰 시장이 열리는 Chun Sun에는 15명의 떼강도가 몰려와 큰 여관에 자리를 잡고 마음대로 먹고 마시며 도박까지 하더니 물건들을 멋대로 챙겨서 도망을 가 버렸습니다. 그들은 아예 한 마을을 점령해서 며칠이고 지내다가 군병들이 온다는 소식을 듣고서야 도망을 갑니다.

Moropsil의 교회는 늘어난 신자들을 수용하기 위해 교회를 넓혔습니다. 주일 아침 평균 출석자는 대략 170명 정도인데 이 마을에서 처음으로 예수 믿는 자가 생긴 이래 불과 5년 만의 일입니다. 이곳 출신의 조사는 이 교회와 이웃의 세 군데 기도처로부터 전적으로 후원을 받고 있습니다. 나는 그의 집에서 대접을 받았으며, 오후 내내 많은 환자를 보고 처방을 했습니다.

Moropsil에서 다시 5마일쯤 걸어가면 기찻길에 이르는데, 우리는 기차를 타고 대구로 돌아왔습니다. 열흘 동안 일곱 개의 모임을 방문하고 총 750명이나 되는 교인들을 만난 셈입니다. 5년 전만 해도 그곳에는 믿는 이가 한 명도 없었습니다. 그래서 나는 여행을 하면서 자주 이런 생각을 하게 됩니다. '이것이야말로 진정 주님의 섭리이며, 너무나 놀라운 일이 아닌가!'

(타이핑)
우드브리지 존슨 박사
[CHB, 114-118쪽]

8. 미국에서 온 어느 방문자의 보고

필자 미상, 대구에서 1906년

이보다 더 바쁜 선교사들을 나는 본 적이 없습니다. 그들 중 대다수는 주로 지방 사역에 집중하고 있었으며, 한 주일 내내 이 마을 저 마을을 순회 방문하고 있었습니다. 대구에서 나는 선교사들이 운영하는 소학교를 방문했는데, 화사하게 옷을 차려입은 청소년들이 한옥에 빼곡히 들어앉아 북적대고 있었습니다. 아이들은 목이 터져라 소리 지르며 책을 읽고 있었고, 배운 대로 꼼지락거리며 열심히 바느질도 하고 있었습니다. 또 다른 자그마한 한옥에서는 아담스가 젊은 남성 25명을 모아 놓고 중등반을 가르치고 있었습니다. 그들은 대부분 머리를 동전처럼 말아 올려 상투를 틀었는데, 그것은 결혼을 했다는 뜻입니다. 한국에는 선교사들의 이런 교육을 제외하고는 사실상 현대식 교육이란 없었습니다. 선교사들은 교육에 대한 희망과 기회를 나라 전체에 확산시키고 있으며, 사람들은 교육이야말로 나라의 정체성을 지켜 낼 수 있는 수단이 될 것이라고 말합니다.

교회라고 해야 단순한 가옥에 불과한데 확장을 거듭해서 주일 예배 때는 500명 이상의 사람들이 몰려들 수 있을 정도가 되었습니다. 미국식으로 하자면 100명 정도 수용할 수 있는 크기이지만 한국인들은 다리를 꼬고 바닥에 앉기 때문에 훨씬 많은 사람들이 조밀하게 끼어 앉을 수 있었습니다. 여성과 남성의 자리는 커튼으로 분리합니다. 다른 모든 한국의 교회와 마찬가지로 이 특별한 교회도 역시 자립하고 있습니다. 선교기금은 이 교회를 위해 사용되지 않고, 그 대신 의료사업이나 교육이나 복음사역을 위해서만 사용됩니다.

[*CHB*, 125-126쪽]

9. 회상

브루엔,[41] 대구에서 1906년

    1897년 12월 어느 달 밝은 밤, 이상한 행렬이 바람이 을씨년스럽게 부는 자그마한 언덕길을 따라 대구를 향해 들어가고 있었습니다. 대구는 65,000명의 인구가 사는 자그마한 도시입니다. 그 행렬의 짐꾼들은 등에 짐을 짊어지고 양손에는 상자나 커다란 가방을 들었으며, 어떤 이는 외국인 주인이 사용하는 의자를 들고 가고 있었습니다. 그리고 양복에 하얀 헬멧을 쓴 남자가 나귀를 타고 있었습니다. 첫 번째 선교사 가족은 이렇게 대구에 도착한 것입니다.
    그것은 10,000마일 여정의 끝이었습니다. 꿈은 아니었을까? 마치 만화경을 들여다본 듯한 일본의 풍경을 우리가 언제 스쳐 지나왔는지 알 수가 없습니다. 숲이며 사찰, 예쁜 상점들, 색깔들, 그리고 그런 분위기를 가득 머금고 있는 따뜻하고 깜찍한 동양의 아름다움. 그리고 자그마하고 냄새나는 증기선을 타고 한국의 아름다운 부산항을 향했을 때 갑작스레 찾아온 고요. 잊지 못할 생생했던 하룻밤의 기억이었습니다.

---

41) 역주-내용으로 보아 이 글의 필자는 브루엔으로 짐작된다.

그 황량한 언덕은 우리를 환영해 주고 있다기보다 어떤 가능성을 시사해 주고 있었습니다. 선교사들과 함께 그곳에서 며칠간의 휴식으로 재충전을 하고, 사흘에 걸쳐 육로를 따라 대구로 향했습니다. 남자들은 나귀를 타고, 여자들은 가마를 탔습니다.

첫날은 강둑길을 따라 걸었습니다. 사방이 모두 가파른 산으로 둘러싸여 있었고, 가끔은 강의 지류로 형성된 평원으로 길이 지나기도 했습니다. 해 질 녘까지만 해도 모든 것이 매력적이고 흥미로웠습니다. 가마꾼들이 좁고 지저분한 동네 길을 서둘러 지나더니 갑자기 어떤 집 대문으로 꺾어 들어가 이상한 냄새가 나는 안뜰의 가운데에 가마를 내려놓을 때까지만 해도 그랬습니다. 그들은 곧 사납게 짖어대는 개들과 동그란 눈의 벌거벗은 어린아이들, 그리고 이가 다 빠졌으나 호기심에 찬 늙은 할머니들에게 둘러싸였습니다. 이 일을 처음 겪는 사람은 이렇게 이상한 일이 일어나는 데에 놀라워했습니다. 하지만 좀 더 경험이 있는 이가 차분히 짐을 내리기 시작하고 이곳이 그날 밤에 묵을 숙소라고 밝히자 그 놀라움은 공포로 변했습니다. 그날 밤의 경험들은 악몽이라기에는 너무나 사실적이었고, 사실이라기에는 너무 꿈같았습니다. 그런 분위기에서 잠자리에 드니 머리맡에 있는 방문 앞에서 쓸쓸하게 울부짖고 있는 똥개, 바닥에서 1피트도 안 떨어진 침대 아래를 기어 다니는 쥐새끼들, 천장에서 무언가 계속해서 똑똑거리며 떨어지는 소리가 상상이라고 하기에는 너무 근질근질한 느낌을 만들어 내고 있었습니다. 단련된 사람조차도 이런 악조건 속에서 밤새 뒤척이며 이렇게 말했습니다.

"도저히 잠을 잘 수가 없군."

둘째 날 우리는 산길을 지나 좁은 계곡으로 난 길을 따라 올라갔습니다. 내려올 때는 얼마나 길이 가파른지 마부 아이들이 조랑말의 꼬리를 뒤에서 잡아당겨야 할 정도였습니다. 시내를 건너고 마을의 굽은 골목길을 누비며 지나갔습니다.

셋째 날에 높은 산길의 꼭대기까지 올라갔을 때에는 그 아래 갈색의 땅에서 아지랑이가 일어나는 가운데에 아름다운 평원을 볼 수 있었습니다. 그곳이 대구였습니다. 하지만 내가 마치 므두셀라인 것처럼 느끼게 된 것은 그 완벽한 날씨와 사랑스러운 풍경의 매력 때문이 아니었습니다. 그렇다면 무엇이었을까요? 레베카가 우물 쪽에서 다가오고 있었고,[42] 탈곡 마당 저 건너편에서 겨울 밀을 심던 보아스는 추수하는 사람들 사이에서 이삭을 줍고 있는 룻과 함께 있었습니다.[43] 어디 그뿐입니까? 성벽으로 둘러싸인 읍성, 그리고 그곳으로 들어가는 거대한 남문(南門)은 분명 다윗이 압살롬과의 전쟁 소식을 듣기 위해 올라갔던 바로 그 장소가 틀림없었습니다.[44]

그 과거가 지금으로부터 단지 10,000마일쯤 먼 곳에 떨어져 있는 공간의 시간이 아니었습니다. 뉴욕과 지금의 20세기는 2000년이라는 시간 이전으로 되돌려진 것이었습니다. 동양 세계는 분명 시간의 아버지를 속이고 있었습니다. 저쪽에서 하인에게 기대고 있는 노인 어른은 아브라함이 확실합니다. 나를 소개해야 하나? 정신을 차렸을 때 나는 어느새 내가 진짜 벽을 향해 달려왔다는 것을 알았습니다. 마치 사가랴가 그의 아들의 이름을 말하려고 했지만 벙어리가 되어 하지 못했던

---

42) 역주-구약성서 창세기 24장의 내용이다.
43) 역주-구약성서 룻기 2장의 이야기이다.
44) 역주-구약성서 사무엘하 18장의 이야기이다.
45) 역주-신약성서 누가복음 1:20의 이야기이다.

것처럼.[45] 하지만 우리 모두의 그 자애로운 어머니 되신 이는 매일매일 벌어진 틈을 메우고, 징표들을 해석했으며, 우리로 하여금 그 오래되고 오래된 장벽을 점차 측정할 수 있게 했습니다. 선교사와 그가 선택한 일 사이의 장벽 말입니다. 3년 동안 선교사들은 한국인들과 함께 토담으로 둘러싸인 그 지역의 초가집에서 살았습니다.

1. 지원군

선교사업은 1897년에 아담스 목사 부부와 존슨 부부가 시작했습니다. 1899년에는 H. M. 브루엔 목사가 도착했고, 한 달 뒤 사이드보담 목사 부부가 뒤이어 지금의 부산 기지에 도착했습니다. 1901년에는 W. M. 바렛 목사가 우리와 합류했고, 1902년 5월, 브루엔이 몇 달간 결혼을 위해 떠났다가 신부를 데리고 다시 돌아왔습니다. 그러는 사이 죽음이 바로 문 앞에까지 찾아오기도 했습니다. 존슨 의사는 매일 아침마다 와서 오후 2시까지 기다리면서 외국인 의사에게 진료를 받으려고 하는 사람들을 돌보느라 무리를 했습니다. 철조망 울타리를 쳐 놓아도 소용이 없었습니다. 그런데도 그 의사 선생은 자기 집을 짓느라 설계사, 계약업자, 건축가 역할까지 맡아 했습니다. 성벽 바로 아래에서 바글바글 무리지어 사는 현지 사람들과 함께 살 수는 없는 노릇이었습니다.

그는 아직 완전히 회복하지 못한 상태였는데 이번에는 또다시 발진티푸스가 발병했습니다. 그래서 그는 건강을 회복하기 위해 중국과 일본에서 몇 번이나 요양을 했지만 소용이 없어서 결국 고향으로 돌아가 집에서 3년째 요양을 하고 있습니다. 이제 그와 그의 가족이 우리에게 다시 돌아온다니(1906년 8월) 무척 기쁩니다. 그들의 집은 내외가 다 외과 의사인 널 부부가 사용했습니다. 사역 현장에 처음인 이들 선교사들은 언어부터 배울 필요가 있습니다. 그렇지 않으면 누군가가 치료를 해 달라고 하기 전에는 길에서 의사 스스로가 자신이 누군지를 밝히는 일이 불가능합니다. 그들은 포기하지 않고 끈기 있게 해냈습니다.

선교사 집 정원사의 육촌 조카는 그를 마치 한 가족으로 느끼게 할 만큼 귀여움을 독차지했습니다. 1904년에 엘리자베스 카슨이 대구에 와서 그해 가을에 바렛 선생과 결혼을 했습니다. 함께 왔던 맥파랜드 선생은 신부를 데리러 미국으로 갔다가 다음 해 여름에 돌아왔습니다. 그들이 돌아올 때 숙련된 간호사인 크리스틴 카메론 양도 함께 왔습니다.

이 선교기지의 2세들은 에드워드, 벤자민, 그리고 도로시 아담스; 메리 파커, 우드브리지, 룻과 뉴턴 존슨; 안나 밀러 브루엔, 로버트 팔머 널, 룻 더글라스 맥파랜드 등입니다.

2. 부지 확보

대구에서 초대 선교사가 소유했던 부동산은 지금 평양학원(숭실)의 교장으로 있는 베어드가 1896년에 매입한 것입니다. 중일전쟁 직후에 많은 사람들이 산속으로 피난을 갔는데 그때 부동산 값이 무척 싸졌습니다. '외국인 여성'에 대한 지나친 호기심 때문에 아담스 부인은 바깥에

나올 수가 없을 정도였습니다. 선교단지 내로 주거가 제한되어 버린 데다 선교사업에 대한 압박을 견디지 못하고 그녀는 1899년 1년간 고향으로 돌아가 버렸습니다. 1,750,000명의 도민 모두가 지체 없이 일이 이루어지기를 원했지만 외과 의사인 W. O. 존슨은 아직까지도 진료소를 열지 못하고 있었습니다. 그 대지 부근에 이미 매입된 작은 건물 하나가 확보되어 설비는 이루어진 상태인데 이 방에서 아주 특이한 치료가 이루어진 적이 있습니다.

하루는 어떤 남자가 입을 새로 만들어 달라고 찾아왔습니다. 입 주위에 종기가 생겨 입을 열 수 없을 지경이었기 때문에 겨우 동전 크기만 한 구멍으로 하루에 세 번씩 젓가락으로 밥을 떠 넣어 주어야만 했습니다. 의사는 이 사내를 잘생긴 미남자로 만들기 위해서는 곡선으로 잘라내야 한다고 했습니다. 삐딱하게 입을 만들어 내면 구경거리가 될 판이었습니다. 비록 인공적으로 새로운 인류의 종(種)을 다시 창조할 수는 없었지만 말입니다.

아담스 부인이 돌아오기 전까지는 존슨 박사가 부지를 도심 바깥에 구입하자고 주장했습니다. 그런데 결국 확 트인 시골 풍경을 마주하고 있는 언덕 위에 부지가 마련되었고, 1900~1906년에 그곳에 4채의 주택과 한 개의 병원이 세워졌습니다. 목재가 대단히 부족한 데다 너무 비싸 우리는 벽돌집에 기와지붕을 얹기로 하고 이를 직접 굽기로 결정했습니다. 벽돌 벽 바로 위에 얹을 지붕용 목재는 사서 자른 후에 몇 마일 떨어진 강변에 쌓아 놓았습니다. 봄비가 올 때 우리는 이것을 대구에서 5마일 떨어진, 작은 강이 본류로 들어가는 지점[46]까지 옮겼습니다.

---

46) 역주-낙동강과 금호강이 만나는 지점으로, 당시의 강창나루터를 말한다.

이곳에서 그 통나무들을 끌고 올라온 것입니다. 산이 거의 황량한 한국 같은 땅에서 비가 많이 온다는 것은 엄청난 홍수를 의미합니다. 모든 예방조치를 다 취했지만 목재의 3분의 1 정도는 바다로 흘러가 버렸습니다. 이 모든 것은 큰 목재 시장도 없고, 서 있는 나무를 75마일 정도 떨어진 산에서 직접 구입해야 했기 때문에 생긴 어쩔 수 없는 일이었습니다.

한국식 매매는 어찌나 더딘지 이러한 거래를 하는 데에 6개월가량 걸렸습니다. 드디어 집 두 채를 짓는 데 필요한 지붕용 목재를 충분하게 확보하고 나서 서울에서 중국인들을 육로로 불러서 벽돌 만드는 일과 석고 세공을 하도록 했습니다. 시카고의 몽고메리 백화점에서 구입한 문짝과 철물들, 일본에서 구입한 포틀랜드산 바닥재, 그리고 부산에서 구입한 일본산 창문들을 마련하느라 집 짓는 일이 매우 힘들었습니다. 선교사는 이 모든 과정에서 건축가로, 하청업자로, 대목수로, 그리고 전체 감독관으로 역할을 해야 했습니다.

새 집이 완성되고, 일리노이 주에 있는 Stark Bros. 회사로부터 온 어린 묘목들을 가지고 미국식 과수원이 시작되었습니다. 조심스레 관리한 결과로 좋은 과수원을 이룬 것 같습니다. 과수원은 선교사들이 크게 절약할 수 있는 계기가 되었고 위안도 되었으며, 한국인들에게는 현지 과일의 질을 향상시키는 데 고무적인 효과를 얻기도 했습니다.

3. 전도활동

대구 선교기지에 할당된 영역은 한국의 13개 지역 가운데 하나였습니다. 길이는 약 160마일이고, 너비는 139마일이며, 인구는 1,750,000명입니다. 그 크기는 뉴저지의 5분의 4 정도에 해당합니다. 1897년에는 이 지역에 기독교인이 단 한 명밖에 없었습니다. 그때부터 해마다 성장을 이룬 결과는 다음 통계표에서 한눈에 볼 수 있습니다.

연도 구분	1899	1900	1901	1902	1903	1904	1905	1906
기도처	1	1	9	9	23	33	42	59
방문자	2	4	7	12	33	59	114	235
학습자	5	10	21	41	80	213	714	1,318
교인	25	40	100	177	471	965	1,917	3,876
헌금	$2.66	$13.65	$23.21	$32.56	$98.80	$218.40	$465.69	$812.47

한국에서의 선교활동에 있어서 가장 고무적인 일은 현지인들이 스스로 사람들을 불러 모으는 방식이었습니다. 현지인들의 헌금이 올해 거의 두 배가량 증가했다는 것을 볼 수 있을 것입니다. 일본 감리교 감독은 현지인들은 교회 건물을 확보하는 데 우리가 한 번도 도움을 준 적이 없고, 이들 가운데 4분의 3 정도가 교회를 시작한 지 1년이 안 돼서 건물을 마련한다는 이야기를 전해 듣고는 깜짝 놀랐습니다.

두 번째로 재미있는 일은 한국인 기독교인들이 스스로 펼치는 전도사업입니다. 최근 다른 나라에서 온 선교사가 "한국인들 사이에서 기독교가 급속하게 퍼지는 것을 어떻게 설명할 수 있습니까?"라는 질문을 제기했을 때 나는 즉각 이렇게 대답했습니다. "그것은 예수를 믿게 되면 그들은 바로 그날로부터 각자가 설교자가 되기 때문입니다." 아담스 목사는 이와 관련하여 다음과 같은 이야기를 해 준 적이 있습니다.

나는 우리 지역 외곽의 어느 바람 부는 산골짜기에 사는 한 어린 소년을 알고 있습니다. 두세 시간 정도 걸려 6마일 정도 뻗은 험난한 산길을 계속 가면 한 자그마한 기도처를 만나게 됩니다. 그들이 예수를 믿게 된 계기는 이러합니다.

먼저 믿게 된 한 호기심 많은 아이가 교회에 다니는 친구들을 만나기 위해 일요일마다 산길을 오갔습니다. 그러다 겨울이 왔고, 그 산길은 빙판이 되어 그 아이의 자그마한 두 다리로 오가기에는 하루가 너무 짧았습니다. 게다가 산길은 언제 호랑이나 범이 나타날지 알 수 없을 만큼 위험했기에 아이는 이제 그만 포기하고 싶었습니다.

마침 제가 그 다음 전도여행 중에 그 길을 지나게 되어 그의 집에서 하룻밤을 보내게 되었습니다. 그리고 그곳에는 14명 정도의 신자들이 모이는 기도처가 있다는 사실을 알게 되었습니다. 이것은 실제로 이 어린 소년이 그의 가족과 이웃들에게 끊임없이 복음 이야기를 해 준 덕분에 만들어진 것이었습니다. 작년까지만 해도 그 동네 사람들은 마을 굿에 동원되었고, 기부금도 강요받았습니다. 이런 압박을 버티고 협박까지도 견뎌 내면서 그들은 이를 단호하게 거부했습니다.

몇 군데 시골 교회의 모습은 마치 우리의 할아버지 할머니들이 주일이면 하루 종일 교회에서 시간을 보내는 것과 비슷합니다. 오전 내내 예배를 드리면서 자리에 앉아 있다가 점심때는 교회 마당에서 식사를 하고, 오후에는 주일학교까지 참여하는 모습 말입니다. 이것은 한국 교회에서 관습처럼 되어 가고 있습니다. 사람들이 흩어져 살고, 교회까지는 보통 3~10마일을 걸어와야 하는 형편이기 때문입니다. 사람들은 뚜껑이 있는 작은 놋그릇에 밥을 담아 작은 망태기에 넣고 숟가락을 그 위에다 묶고 교회 안뜰의 나뭇가지 끝에 달아 마치 크리스마스 트리를 장식한 것처럼 했습니다. 이것은 전 교인이 참여하는 주일학교 집회의 규칙처럼 되었고, 교회학교는 우리 본토보다 더 잘 운영되고 있습니다.

그들은 교회 건물을 짓는 일뿐만 아니라 선교사들의 지시에 따라 한 달에 한 번씩 교회를 방문하여 설교하는 조사들의 목회비까지 책임을 지고 있습니다. 더 나아가서 평일에 여는 소학교를 개설하여 교사들의 임금까지도 지불하고 있습니다.(아래의 "5. 교육 분야" 참조) 권서 한 분이 이전에 한 번도 가 본 적이 없는 구역을 최근에 들른 적이 있습니다. 마을 근처의 높이 자란 나무 아래에 대여섯 명이 모여 앉아 성경 구절을 읽으며 칠성님께 절을 하고 있는 것을 보았습니다. 그들은 진리를 찾고 있었던 것입니다. 지난 몇 년 동안 성경책은 수요가 많아 공급이 모자라는 형편입니다. 그 선교사는 지방을 순회할 때 비싼 물건들은 안전하지만, 오히려 한국어판 성경은 금세 없어진다는 사실을 알게 되었습니다. 그래서 이제 출판 일도 해야 할 것 같습니다.

4. 자전거 설교

지방에서 열리는 남자 사경회의 마지막 수업 날이었습니다. 장날이기도 했기 때문에 50명의 학생들은 수업이 끝나고 설교 실습을 해 보기로 했습니다. 그들은 쪽복음을 가득 챙겨 출발했고, 선교사는 자전거를 타고 그 뒤를 따라갔습니다. 그들은 시장 바닥을 이리저리 돌아다니다가 여기저기서 몰려든 사람들을 향해 이야기를 시작했습니다. 갑자기 사람들이 너무 많이 몰려들어 그들은 쓰레기 더미로 올라갔고, 선교사도 자전거를 끌고 그 위로 올라가야 했습니다. 5분쯤 지나니 거의 1,000명이나 되는 사람들이 조금이라도 더 가까이 오려고 북새통을 이루었습니다. 그 사이 몇몇은 번갈아 가며 설교를 했고, 다른 이들은 책을 팔았습니다.

시골길을 따라 자전거를 타고 가다가 내리면 농부들이 우르르 몰려들어 "하하" 하고 소란스레 웃음소리를 터뜨렸습니다. "전에 이런 것 본 적 없죠?" 하고 선교사가 물으면, "없지요" 하고 무리 중 누군가가 허리를 굽혀 선교사와 자전거를 살펴보면서 대답했습니다. "왜 한국 사람들은 자전거를 만들 줄 모를까요?"라고 물으면, "기술이 없기 때문이지요"라고 즉각 대답이 나왔습니다. "하지만 우리도 두 손, 두 발, 두 눈이 다 있는데 왜 기술이 없습니까?" 이것은 좀 어려운 질문이었습니다. 선교사가 대답했습니다. "이유를 말씀드리지요. 기술이란 물과도 같은데 어떤 곳에서는 찾을 수 있고, 또 어떤 곳에서는 찾을 수 없습니다. 물을 얻기 위해서는 샘이 있는 곳을 먼저 찾아야 합니다. 이제 여러분은 어디서 기술을 찾겠습니까? 제가 말씀드리지요. '성주대감', 조상신 같은 것은 더러운 종잇장에 불과합니다. '미륵'도 길가의 돌덩이일 뿐입니다. 절에 있는 나무로 된 형상인 부처도 나무보다 더 나을 게 없지요. 비록 그에게 두 눈, 두 손, 두 발이 있지만 보지 못하고 아무것도 하지 못하고 걷지도 못하니 말입니다. 그러니 여기서 무슨 기술이 나오겠습니까? 이러한 멋진 기계가 나오는 우리나라에서는 대다수의 사람들이 하나님을 숭배합니다. 사람은 그가 숭배하는 무언가를 닮게 되어 있습니다. 쓸모없는 막대기를 숭배하는 사람은 쓸모없는 막대기가 되고, 반면 하나님을 숭배하는 사람은 하나님이 그러하시듯 아주 솜씨 좋은 사람이 되는 것입니다."

5. 교육 분야

하루는 아담스 부인이 바깥채 (여성용) 사랑방에서 몇 명의 여성들이 자기를 기다린다는 이야기를 듣고 급하게 갔는데 나이가 들어 주름이 가득하고 이빨이 없는 한 노파가 있었습니다. 그 노파는 이전에도 모임에 참석한 적이 있었습니다. 하지만 이번에는 평소와 다르게 근심이 많아 보였습니다. 그리고 이렇게 인사를 했습니다. "오, 부인! 저에게 기도하는 법을 가르쳐 주세요. 이것이 제가 아는 전부입니다." 그러고는 두 손을 모으고 바닥에 엎드려서 "저는 하나님을 믿습니다. 저는 예수님을 믿습니다"를 반복했습니다. 얼마나 복된 할머니입니까! 그것이 그 할머니에게 필요한 전부였습니다. 우리 여성 신도들 가운데 그 할머니보다 더 행복한 사람은 없었습니다. 그리고 몇 년 전에 그녀는 자신이 사랑하고 섬기고 싶어 했던 하나님 곁으로 떠났습니다.

(1) 천국에 혼자 가지 않기

한 나이 든 할머니가 예수를 믿은 후에 가족들도 데려오고 싶어 했지만 성과가 없었습니다. 그래서 그녀는 말했습니다. "나는 천국에 혼자 가지 않을 겁니다. 이 어린 손자를 학교에서 교육시켜 믿는 사람으로 만들어 나와 함께 갈 수 있도록 할 겁니다."

(2) 읽기 학습

여성들은 어릴 때부터 교육의 기회가 없어 간단한 한글조차도 알지 못합니다. 하지만 보통 그들은 예수를 믿게 되면서 읽고자 하는 욕구가 생겨 스스로 공부를 하게 됩니다. 한 노파가 어떻게 1년 만에 한글을 깨우쳤는지를 들어보면 참 재미있습니다. 필드 박사가 어느 동계수업을 진행하면서 '양과 염소'를 구별하고, 읽을 수 있는 사람과 읽을 수 없는 사람을 나누어 예를 들었습니다. 이때 이 노파는 크게 창피를 느껴 반드시 글을 배우겠다고 마음을 먹었습니다. 해를 넘기기 전에 읽기를 깨우치겠다고 결심을 한 것입니다.

그녀는 다음 해에 열린 수업시간에 성경을 가지고 오더니 아주 잘 읽었습니다. 그리고 그녀는 한 해 동안 어떻게 시간을 활용했는지 설명해 주었습니다. 그녀가 사람들 사이에 앉아서 온갖 몸짓을 하며 이야기하는 것을 들으면 정말 재미있습니다. "바느질하는 중에도 나는 공부를 했지. 실 뽑기를 할 때도.(그러면서 손으로 모든 동작을 보여 주었습니다.) 나는 글자들을 하나하나 몇 번이고 반복했어. 가마솥 밑에 불을 지필 때도 부지깽이를 가지고 재에다가 글자를 쓰고 무뎌진 막대기 끝으로 벽에도 썼지." 그녀는 많은 젊은 여성들이 스스로 열심히 하지 못한 것을 부끄럽게 만들었습니다. 왜냐하면 여성들은 보통, "우리는 배울 수 없어. 우리는 감각이 없어"라고 하며 스스로 체념을 잘 했기 때문입니다.

이제까지 한국에서 중요하게 강조되어 온 것은 교육보다는 복음전도였습니다. 몇몇 신실한 동료들과 학생들은 그 점에서 오류가 있었음을 알고 있습니다. 그래서 지금은 교육에 좀 더 비중이 커져야 하는 때가 왔다고 느끼기는 하지만, 그것은 초기에 복음이 지나치게 강조된 탓이었습니다. 하지만 사실은 교육 문제가 더 이상 늦춰질 수 없다는 사실을 모두가 깨달은 덕택입니다.

　남성들과 여성들을 위해 1년에 한 번 혹은 두 번 열렸던 사경회는 많은 생산적인 가치를 이끌어 내는 사업이었다고 할 수 있습니다. 학생들은 그들이 가져오는 쌀과 소금으로 먹고삽니다. 성경 공부, 찬양, 그리고 현실적인 주제에 대한 토론이 주요 과목이었습니다. 처음에는 이 사경회가 대구에서 연례적으로 열렸는데, 남자반 한 개, 여자반 한 개로 구성된 사경회가 점차 늘어서 올 연말까지는 8개에서 10개 정도로 경상북도 전역에 걸쳐 이루어질 것을 목표로 합니다. 남자반으로 지방 사경회 중 가장 큰 것은 110명 정도 등록되어 있고, 반면 여자는 101명 정도입니다. 이 사경회는 우리의 사업 가운데 가장 중요하고 유익한 부분으로 생각됩니다.

　(3) 한 소년이 사경회에 오기까지

　한 산골 마을에 19세나 되는 어리지만은 않은 소년이 살았습니다. 그는 한약을 과잉 복용한 탓에 무력하게, 그리고 희망도 없이 절름발이가 되었습니다. 부모님이 가난했기 때문에 소년은 망건을 만들어 팔았습니다. 하루는 친구에게서 쪽복음 한 권을 얻었는데, 그것을 읽고 곧 신실한 기독교인이 되었습니다. 그래서 대구에서 열리는 동계 사경회에 참석할 큰 뜻을 세우고 특별한 망건을 만들어 1달러에 팔아서 60센트는 부모님께 드리고 40센트는 남겨서 수업에 참여하려고 했습니다. 하지만 대구까지는 30마일이나 떨어져 있었던 데다가 철로도 없고, 교통수단도 없고, 제대로 된 길도 없었습니다. 그래도 그는 낙담하지 않고 친구인 지게꾼에게 좀 실어다 달라고 설득을 했습니다. 이런 힘든 상황에서 그는 짐꾼에게 비용을 지불하고 도중에 음식을 사 먹느라 그 귀한 40센트 중에서 30센트나 써 버렸습니다. 베데스다 못가의 환자처럼 그가 절름발이라는 사실은 다른 사람들이 그보다 먼저 못으로 들어간다는 뜻이었습니다. 이는 선교사가 그를 발견하기 며칠 전이었습니다. 너무나 많은 사람들이 집회의 마지막에 몰려들었던 것입니다.

그는 이제 75명이 정기적으로 출석하는 교회의 부영수입니다. 그 교회는 장애인의 집 옆에 새 건물을 마련했습니다. 설교를 다니는 조사들은 종종 그에게서 배운 것을 이야깃거리로 삼곤 합니다.

몇 명 되지 않는 교인들이 모이는 작은 기도처를 방문했을 때의 일입니다. 선교사와 잘 아는 영수가 자기 부인의 변화에 대해 다음과 같은 이야기를 해 주었습니다. 부인은 예수 믿기를 완고하게 거부해 왔기 때문에 안식일을 지키는 것이 힘이 들었습니다. 게다가 결혼한 아들도 엄마를 따라 역시 예수를 믿지 않았고, 며느리도 마찬가지였습니다. 그때 마침 여자들을 위한 사경회가 이들이 사는 마을 가까이에서 열리게 되었습니다. 그래서 영수는 거기에 가면 대구도 구경할 수 있다며 여인네들을 설득했습니다. 이틀 후에 집으로 돌아온 여인들은 자신들의 잘못을 크게 뉘우쳤고, 남편들은 매우 기뻐했습니다. 이들은 주일 예배에 참석하기 시작했고, 성경을 읽기 위해 한글 공부도 시작했습니다. 이틀에 걸친 이 사경회를 통해 가정에 큰 변화가 일어난 것입니다.

(4) 세속 교육

한국에서는 나막신을 만들 줄 모르는 남자 아이들은 회초리를 맞습니다. 선비들은 벽을 향해 바닥에 둘러앉아 책을 소리 내어 읽으면서 박자에 맞춰 몸을 흔듭니다. 이에 대해 브루엔은 이렇게 말했습니다. "1년 동안 우리 집은 좁은 앞마당을 가로질러 학교까지 20피트도 안 되는 곳에 있었지요. 그때 내가 잠자리에 들던 밤에 가장 마지막에 한 일과 아침이 밝기 전에 가장 먼저 한 일은 단조로운 톤으로 한문 읽는 소리를 듣는 것이었습니다."

한국의 학교는 방학이 한 번밖에 없었는데, 1월 1일에서 15일까지의 설 기간이었습니다. 정규적인 수업시간이 따로 있는 것도 아니었습니다. 남자 아이들은 학교에서 잠을 자고, 밥 먹는 시간에만 집으로 갔습니다. 교실도 제대로 없었습니다. 아이들은 각자 따로 선생님 앞에서 암송을 했습니다. 경상북도에는 57개의 기독교 학교가 있었는데 모두 현지 기금으로 세워졌고, 지난 3년 사이에 설립되었습니다. 여학교도 최근에 한 선교사에 의해 처음으로 세워졌습니다. 기회가 주어지니 오히려 여자 아이들이 남자 아이들보다 더 나았습니다. 여학교는 전혀 새로운 제도였기 때문에 가르칠 수 있는 여성이 없었습니다. 남녀공학 제도나 여학생들을 남자 선생님이 가르친다는 것은 한국의 관습에 너무나 맞지 않는 것이었기 때문에 현실적으로도 암담한 일이었습니다. 교육의 수요는 있었으나 공급이 없었습니다. 그럼에도 불구하고 교회 부설의 남자 학교에서 공부하는 소수의 여학생 몇 명이 있어서 그들은 별도의 교실에서 공부를 했습니다.

이 이야기를 들어보면 교육 문제가 얼마나 어려운지 짐작할 수 있을 것입니다. 여학교에서는 혼자가 된 한 젊은 여성을 선생님으로 키워 보려고 했습니다. 바렛 부인이 그녀에게 지도 그리기를 가르쳐 주기 위해 그 교실에서부터 자기가 사는 동네의 지도를 그려 보도록 했습니다. "하지만 부인, 제가 어떻게 도시의 지도를 그리죠? 북문과 동문이 있다는 것은 들었지만 한 번도 본 적은 없는 걸요. 남문도 제 집 가까이 있지만 어릴 때부터 한 번도 보지 못했어요. 부인이 직접 다니면서 보고 어디에 있는지 우리에게 말씀해 주세요." 생각조차 할 수 없었던 새로운 세계가 다가올수록 일들은 더 어려워졌습니다. 그녀가 여러 가지 이름을 배운다고 하더라도 주변 자연 경관을 파악할 수 있는 실마리가 겨우 논에 물을 대는 도랑이 전부인데 강이나 바다를 어떻게 이해할 수 있겠습니까? 지구가 움직인다는 사실을 그녀가 어떻게 알게 되었는지 물으면, "부인이 그렇게 말씀하셨으니 진리가 틀림없지요"라고 대답할 정도이니 말입니다.

몇 년 전 어린 여학생들을 위한 수업이 시작되었을 때 읽기를 가르치는 데에 실패한 적이 있습니다. 아이들에게 집에서 공부를 좀 하라고 했지만 한 주 한 주가 지나도록 아무런 발전을 보이지 않았습니다. 결국 똑똑한 아이들 가운데 한 명의 아버지에게 그 이야기를 하고 예수를 믿는 아버지로서의 책임을 지적해 주었습니다. 그리고 나서 며칠 후 정기 모임에서 그 아이가 읽기를 아주 잘한다는 사실을 알게 되었습니다. 이 신기한 일은 그 아버지가 부지런한 덕택에 성공한 것이라며 축하를 해 주었습니다. 그때 그가 환하게 웃으며 말했습니다. "네, 저는 아이에게 매질을 참 많이 했지요." 하지만 배우는 과정의 난관들은 결코 성취했을 때의 기쁨을 망치지 않는 것 같습니다. 그리고 한 아이가 읽을 수 있게 되었다는 것은 다른 아이들에게도 엄청난 자극이 되었습니다. 지금은 모두가 읽을 수 있게 되었고, 몇몇은 매일 학교에 가는 남학생들만큼 잘 읽을 수 있게 되었습니다. 읽기 수업은 교과 과정에서 없어졌고, 산수와 좀 더 수준 있는 성경 공부로 대신할 수 있게 되었습니다.

모든 사건이 다 그렇게 재미있지만은 않습니다. 왜냐하면 뒤틀리고 복잡한 생활 환경 속에 사는 한국 아이들에게는 칙칙한 색깔들이 남아 있기 때문입니다. 하루는 모두 믿지 않는 집안의 아이들이었지만 가장 유망한 여학생 중 세 명이 브루엔 부인에게 더 이상 예수를 믿을 수 없게 되었다며 성경책을 되돌려 보냈습니다. 그래서 부인이 그 아이들에게 다음 정기 모임 날에 나와 달라고 했더니 아침 일찍 힘이 빠지고 절망적인 모습으로 나타났습니다. 설명을 들으니 문제는 만희에게 있었습니다.

그 아이는 모임이 시작될 때부터 사랑받고 신실했었는데, 6센트짜리 짚신을 잃어버려 교회 문 밖에서 울고 있었습니다. 그런데 그녀의 굳고 오랜 우정 덕택에 새 짚신 한 켤레를 선물로 받았습니다. 하지만 만희는 사람들이 자기 어머니에 대해서 비난하는 것을 듣게 되었습니다. 어머니는 남편이 죽고 나서 첩으로 살아온 분이었습니다. 일이 이렇게 되자 곁에 있던 만희의 두 친구마저도 예수 믿기를 포기하게 되었습니다. 아이들은 이런 이야기를 하는 동안 눈도 제대로 뜨지 못했고 얼굴은 붉게 상기되었습니다. 그때 아이들에게 물었습니다. "그럼 여러분은 이제 어쩔 셈인가요? 믿지 않는다면 한국 사람으로서 다른 어떤 희망이 있나요?" 이 말에 아이들은 눈물샘을 열어 버렸습니다. 아이들은 그 순간에 절망적인 목소리로 그 암흑의 나라의 모든 어린이들이 가진 비극과 동정, 그리고 절망을 드러냈습니다. 그리고 이렇게 대답했습니다. "오, 부인! 우리는 모르겠어요. 도대체 무엇을 할 수 있죠?"

그렇게 해서 나는 이 아이들에게 믿음이라는 것이 결코 쉬운 문제가 아님을 말해 줄 수 있었습니다. 하지만 그것은 그들과 하나님 사이에 놓여 있는 중요한 문제이며, 어떤 일이 있어도 믿음을 포기해서는 안 된다는 이야기도 들려주었습니다. 그것이 삶에서 평안과 축복을 누리고, 그리고 가장 실용적일 수 있는 유일한 길이라는 점도 말입니다. 이때 수업에 참여한 다른 여학생들도 정규수업을 제쳐두고 서로 사랑하고 돕는 일에 대한 구절을 찾는 일에 열중하게 되었습니다. 곧 모두가 행복해 보였고, 그들이 집으로 갈 때는 괴롭혔던 아이와 괴롭힘을 당한 아이 모두 팔짱을 끼고 사이좋게 걸어갔습니다.

(5) 어린아이가 그들을 이끕니다

간증의 중요성에 대한 이야기가 오갔던 성경 수업에서 한 전도부인이 우리에게 무언가 이야기해 주고 싶다면서 어떤 고아 여자 아이에 대한 이야기를 들려주었습니다. 이 아이는 예수를 믿게 되자 나이 든 백발의 할아버지를 빛으로 인도하기 위해 꾸준히 노력했습니다. 그리고 세례를 받도록 교리문답에 데려와서는 할아버지가 나이가 많고 이해력이 좋지 않으니 너무 많은 것을 기대하지 마시라고 선교사에게 부탁을 했습니다. 그리고 나서 그 아이는 걱정을 하면서도 문 밖에서 참을성 있게 기다렸습니다. 드디어 할아버지가 세례를 받게 될 것이란 사실을 알게 되자 그 아이는 너무나 행복해하면서 할아버지를 모시고 집으로 돌아갔습니다. 그 아이는 처음으로 할아버지를 이끌더니 다른 식구들도 한 명씩 한 명씩, 그리고 심지어 고용된 일꾼조차도 믿을 때까지 인도하기를 멈추지 않았습니다.

전도부인은 자기가 가는 곳이면 어디에서나 이런 간증을 한다고 했고, 그러면 여성들이 크게 감동을 받아 눈물을 흘리고 간절한 기도를 하게 된다고 했습니다. 이 사람 저 사람 믿지 않는 아버지, 아들, 남편 혹은 부모님을 위한 기도 요청도 들어온다고 했습니다.

(6) 성경학교

2년 동안 교육이 필요하지만 우선 6주간의 단기 사경회로 대신하기로 했습니다. 이에 대한 요구는 두 배나 증가하였는데 이는 소학교를 졸업한 젊은 사람들이 자각한 덕분이고, 교회에서 교육받은 영수의 필요성이 대두된 결과라고 할 수 있습니다.

(7) 교육기관

일본이 들어와 그들이 세운 비기독교 학교로 우리의 젊고 어린 남자 학생들이 빠져나가기 시작했습니다.[47] 그래서 기독교 교육기관이 필요하게 되었습니다. 이를 충족시키기 위해 대구와 부산은 합심해서 3개월짜리 교육을 시작했습니다. 이는 아담스와 부산의 사이드보담이 교대로 담당했습니다. 참여하고 싶어 하는 많은 이들이 너무나 가난했지만, 25명이나 응답을 주어서 곧 교회 옆에 있는 한옥을 유치원 같은 형태로 사용했습니다. 대다수가 젊은 유부남인 '상급 학생들'은 산수 문제와 지도(map)와 씨름하며 바닥에 쪼그려 앉게 되었습니다. 관심은 폭발적이었고, 그 노력도 꽤나 값어치 있었습니다. 이번 봄에는 출석자가 두 배가 될 것으로 예상됩니다. 좋은 장소를 사용할 수 있게 되었고,

---

[47] 역주-대구에서는 1905년 10월 2일에 일본인에 의해 대구 심상소학교가 설립되었는데 이것이 오늘날 대구중앙초등학교의 전신이다.

필요한 건물 기금인 5천 달러는 요청해 놓은 상태입니다.

6. 의료사역

대구 의료사역의 과거사는 엄청난 수요와 엄청난 잠재력, 그리고 점점 꺼져 가는 희망으로 요약할 수 있을 것입니다. 의료사역은 아마도 전도 업무에서 가장 중요하고 알맞은 일이라고 할 수 있을 것입니다.

인구밀도가 높고 비위생적인 읍성 내에서 의료사역이 시작되어야 한다는 것과 읍성 외곽에 새 건물을 설립하는 것에 대한 안내 지침이 존슨 선생이 미국으로 출발하기 전날에 만들어졌습니다. 선교사들이 정말 간절하게 소원해 왔고 정말 필요한 일이었기 때문에 힘들여 수리했는데, 정말 실망스럽게도 이 건물은 안전하지 않다고 판명되어 사용할 수가 없게 되었습니다. 널 박사 부부가 존슨의 집을 사용하기로 되었기 때문에 진료소는 읍성 외곽으로 옮겨졌습니다. 이곳은 진료소일 뿐만 아니라 다른 소규모 수술도 이루어진 곳입니다. 수술이 끝나면 환자들은 한국식의 작은 온돌 교실 바닥에 누워 있거나 주막에 계속해서 머무르고는 했습니다.

그들을 치료하는 중에 가장 기뻤던 일은 6년 동안 걷지 못했던 14세 소년을 치료한 것이었습니다. 성공적인 수술과 정성스런 간호 끝에 이 아이는 걸을 수 있게 되었고, 상상할 수도 없을 만큼 밝은 아이가 되었습니다. 하지만 어떤 수술도 언청이 수술보다 더 보람된 수술은 없습니다. 성공적으로 완치가 되자 환자는 장애를 벗어나 이제는 결혼도 꿈꿀 수 있게 되었습니다.

환자가 질병으로 인해 고통 받는 것도 문제이지만 한의사의 엉터리 치료도 문제입니다. 지난 여름 목욕을 한 이후로 기공이 막힌 사람에게 침을 놓아 공기가 통하게 해 준 것은 다행스런 일이지만 단순히 손목이나 발목을 삔 불쌍한 사람에게 귀에서부터 엄지발가락까지 구멍을 뚫어 놓은 것은 그렇게 좋아 보이지만은 않습니다. 만약 세 살짜리 아이가 8인치짜리 오이를 껍질까지 모두 먹어 버려서 탈이 나면 집에서 할 수 있는 좋은 치료라는 게 유황으로 채운 골무를 태워 등에 발라 주는 정도입니다.

7. 연회(年會)

1904년에 철로가 완성될 때까지 프랑스 신부를 제외하고는 우리가 대구에서 유일한 외국인이었고, 무척이나 고립되어 있었습니다. 물론 일본인과 중국인을 외국인으로 분류하지 않는다면 말입니다. 우리는 고립에서 벗어나고자 1년에 한 번씩 연회에 참석하기 위해 여행을 떠났습니다. 큰 기대가 되는 나들이였습니다. 세상 속으로 다시 나가는 일이었던 셈입니다. 지금은 미국산 기차에 몸을 싣고 서울까지 가려면 7시간이 걸립니다. 옛날에 비하면 엄청나게 달라졌습니다. 나귀 새끼에 짐을 싣고 가마를 타고 부산으로 3일을 가서 언제 올지도 모르는 배를 며칠간 기다린 뒤에 제물포로 이틀을 배를 타고 갔습니다. 그리고 다시 하루를 배를 타고 강을 따라 서울까지 갔던 일은 이제는 옛날 이야기가 되었습니다.

민박집에서 며칠을 보내야 하는 끔찍한 밤만 아니라면 육로 여행은 아름답습니다. 자연 경관의 다양한 색채와 새롭게 알곡을 맺는 여러 종류의 벼 이삭을 보십시오. 여기는 하얀색으로, 저기는 빨간색으로, 그리고 그 너머는 검은색으로 넘실대며 맑은 9월의 하늘을 향해 손을 흔듭니다. 이 모든 것이 어우러져서 기분을 상쾌하고 편안하게 합니다. 가끔은 물이 불은 시내 때문에 길이 막혀서 초가지붕을 씌운 길쭉하고 폭이 좁은 배를 타고 강을 내려가야 했습니다. 여기서 우리는 야생 비둘기가 둥지를 틀어 은신처를 만든 울타리 같은 바위에 갇혀서 꼼짝하지 못할 때도 있었습니다. 그리고 나서 멀리 푸른 들판이 확 트인 시골 마을로 갔습니다. 부산 친구들의 환대를 받고 나서 우리는 종종 작은 배에 올라 오두막 생활을 하면서 항해를 해야 했는데 외부 음식들은 싣지 못했습니다. 오늘의 축복에 감사하면서도 한편 우리는 언제나 모험의 짜릿함이 있었던 옛날의 그 힘들었던 기억을 잊을 수가 없습니다.

8. 대구 선교를 위한 예산

주거비 $3,000

(상당 부분 자재를 수입해야 한다. 한국인들은 진흙으로 만든 초가집에 산다.)

의료비 $5,000

대구는 인구 175만 명이 되는 경상북도의 중심이다. 경상북도에는 병원이 없고, 가장 가까운 병원이 100마일 떨어진 곳에 있다.

학교 $5,000

예수를 믿는 수백 명에 달하는 소년들이 있는데 이들을 위한 학교가 필요하다. 우리가 학교를 제공하지 못하면 이들은 일본인들이 세운 공립학교로 가게 될 것이다.

남자 사랑방 $1,000

이는 사경회에 출석하기 위해서 몰려드는 시골 사람들을 위한 기숙시설이다. 작년에는 한 반에 400여 명이나 몰려와서 모두 시내 곳곳에 분산시킬 수밖에 없었다. 여관방도 꽉 차 넘쳤고, 대부분이 교회 마룻바닥에서 자야 했다.

쉼터 $100

지방 선교를 위해 마을회관이 필요하다. 7제곱피트 크기의 진흙 방에 천정은 5피트가 안 된다. 비위생적일 뿐만 아니라 불편하기 이를 데 없다.

독신녀를 위한 주거시설 $3,500

간호사로 일하고 있는 카메론 양은 현재 존슨 박사 댁 바깥의 숙소를 사용하고 있다. 목공실로 쓰는 오두막이다.

학교 부지 $500

기지의 부지 확장 $500

한국은 신속하게 일본의 지배 아래로 들어가고 있다. 일본은 대구 근교의 괜찮은 땅을 마구잡이로 사들이고 있다. 우리의 선교사업이 확장되고 있으므로 선교사 주택과 학교의 산업학과를 위한 부지 매입이 절실하다.

아담스 목사 주택의 확장 $250
아담스 목사는 대부분의 시간을 한국인들 뒷바라지에 쓰고 있는데, 한국인들은 아침저녁 할 것 없이 거의 하루 종일 그의 집을 방문한다. 아담스 목사에게는 그가 맡고 있는 지방 교회의 영수나 조사들을 맞아 교회 업무를 이야기할 수 있는 방이 따로 필요하다.

존슨 박사 주택의 확장 $150
그의 집은 방이 6개가 있어 편하기는 하지만 아이가 넷이나 있기 때문에 충분하지 않다.

[*CHB*, 179-190쪽]

제3장 대구에도 성령이 : 1907

1. 목욕을 할 수 있는 은혜

어드만, 대구에서 1907년 2월 2일

친애하는 브라운 박사님께

대구 선교기지에서는 1분기 보고서를 제가 쓰도록 지명을 했습니다.

가을철 순회 기간을 마무리하면서(마무리라는 말이 적절할지는 모르겠습니다만 새로 오는 사람들은 지속적으로 해야 할 일로 생각됩니다.) 이곳의 업무는 지속적인 성장을 이루었음을 보고드립니다. 단순히 통계적 수치로만 보자면 이곳 남부 지방은 단순회원과 교인들 모두 증가했음을 알 수 있는데 아마도 연말까지는 50~60%로 다시 증가하리라 믿습니다. 물론 믿음이나 기대만으로 산출한 결과는 아닙니다만 진취적인 통계 전문가들 몇 명이 가장 최근의 보고를 근거로 말한 바에 의하면, 현재의 증가율이 계속된다면 13년 내에 모든 한국 사람들이 적극적으로 예수를 믿거나 적어도 신실한 신앙인이 될 것이라고 했습니다. 물론 항구에 있을 수 있는 외국인을 제외하고 말입니다. 이는 적어도 현재의 복음을 전하는 진척도가 얼마나 높은지를 보여 주고 있습니다.

아마도 지난 4분기 보고서를 제출한 이후에 있었던 가장 중요한 일은 여성교실과 지도자교실일 것입니다. 이들 기독교인들이 보여 준 배움에 대한 열망과 성실함은 최근 기독교적 자기만족에 도취되어 안주하는 사람들에게도 부단한 경탄과 영감의 원천이 되었습니다. 사람들은 열흘간 사경회를 하자고 한겨울에 음식을 싸 들고 10~30마일가량이나 되는 거리를 걸어서 오는 것이 아닙니다. 그것은 여성교실 사람들이 기회가 있을 때마다 그렇게 하는 일입니다. 여성교실에 등록한 사람은 총 150명이었습니다. 수업은 추석에 시작되었고, 선교기지의 여성들은 학기 내내 가르치며 서울에서 온 바렛 양의 도움도 받았습니다. 우리는 이처럼 한꺼번에 많은 사람들이 몰려들어 크게 분주할 때가 있습니다.

달랑 자그마한 집 한 채만 있을 뿐인데 거기서 낮에는 수업을, 밤에는 대다수의 여성들이 잠을 잤습니다. 그리고 부엌이래야 마당에 아궁이가 있고 몇 개의 항아리 같은 취사도구가 있을 뿐입니다.(여담이지만 주목할 만한 사실은 겨울에 바깥에서 요리를 한다는 것입니다.) 최소 100여 명의 여성들이 며칠 밤을 그 자그마한 집에서 보냈고, 나중에 알게 된 사실이지만 그들은 바닥에 누울 공간조차 없어 매일 밤을 앉아서 보내야 했음에도 불평 한 마디 없었습니다. 어쨌든 100여 명의 여성과 소녀들이 16×24피트밖에 안 되는 방에서 수일간 살았다는 것을 상상이나 할 수 있습니까? 밤에는 교대로 누워야 하고, 세면기는 단 하나뿐이었고, 취사도구마저 조야한 상황이었습니다. 그런데 단지 생명의 말씀을 배우겠다는 일념으로 진실하고 기쁜 마음으로 불평 한 마디 없이 지냈다는 것입니다.

그리고 아주 자그마한 공간이 있었는데 공부하러 온 여성들이 사용할 수 있는 욕실로서는 충분했던 것 같습니다. 자그마하게 네모난 오막살이집에서 지내던 그들에게는 목욕을 할 공간도 없었고, 사생활을 할 수도 없었습니다. 그래서 선교기지 소속의 두 여인이 부엌을 임시 욕실로 만들어 원하는 사람들에게 따뜻한 물을 충분히 공급해 주었더니 그들은 너무나 기뻐서 환한 표정을 지었습니다. 목욕이 끝나자 그것은 하나님께서 보여 주신 자애의 한 예증이므로 바로 기도 모임을 갖자고 했습니다. 나는 목욕통이 하나님의 자애의 증거가 되는 이러한 상황이 집에서 지내는 사람들에게도 생길 수 있는 일인지 궁금했습니다. 그러나 그것은 실제로 여기서 일어난 일입니다.

곰곰이 생각해 보면 하나님의 일이라고 생각되지 않던 수천 가지의 다른 일들도 사실은 어두운 세상에 대해 우리 믿는 사람들이 책임져야 할 하나의 부차적인 요소일 뿐입니다. 다시 말하지만 당신이 아는 사람 가운데 목욕을 할 수 있는 특권이 주어졌다고 해서 하나님께 감사하는 분을 본 적이 있습니까?

물론 저의 경험적 통계가 틀렸을 수도 있겠지요. 10일간의 여자 사경회가 끝난 후 이 지역 전체의 교회 임원들과 지도자들, 그러니까 한국인 조사들, 기도처의 영수들, 교회의 회계 및 교회학교 선생님들까지 함께 모였습니다. 이런 모임은 처음이었습니다만 그 의미와 성격은 매우 중요한 것이었습니다. 각 지역에서 150명의 대표들이 모였고, 교실과 공개회의에서는 실천적 문제에 대한 모든 내용이 다루어졌습니다. 교회 행정이나 원칙을 복음적 방식으로 집행하는 문제에서부터 지금까지 한국의 어떠한 행정부서도 관여한 적이 없었던 기독교식 결혼식을 누가 주례할 것인가에 이르기까지, 그리고 기독교 학교가 절대적으로 필요한 이때에 한국인 교사들을 어떻게 지원할 것인가에 이르기까지 다양한 주제들에 대한 토론이 이루어졌습니다.

　전체 회의는 매일 실용적이고도 헌신적인 사경회 시간이 있었기에 그 내용이 훨씬 강화되고 세련되게 진행되었습니다. 이 모임에 관해서는 아담스의 보고서를 인용하는 것이 가장 적절할 것이라 생각합니다.

> 나는 이번 집회야말로 우리가 이곳 선교기지에서 개최했던 그 어떤 모임보다도 중요하고 성과가 있었다고 판단한다. 그것이 교회 지도자들에게 시사하는 가치는 어림잡을 수 없을 정도이다. 이 지역의 교회를 하나로 결합시키는 데에 준 영향 또한 너무나 크다. 하나 된 교회로서의 역할이 드디어 시작되었고, 그 힘과 기회와 책임이 얼마나 큰지에 대해서도 깨닫기 시작했다.
>
> 병원 건물이 없으니 의료사역 부분은 한계가 있을 수밖에 없었습니다. 그러나 존슨 박사는 진료소에서나마 정기적으로 환자들을 받아 특별한 환자나 사고 환자들을 돌봐주고 자잘한 수술 등을 했습니다. 저는 그의 2분기 보고서에서도 인용을 하는 바입니다. "늘 그렇듯이 의료사역이야말로 가장 흥미롭다. 우리는 그것이 환자들의 몸과 마음 양쪽에 다 도움이 될 수 있을 것이라 믿고 해냈다. 우리는 병원의 재건에도 큰 기대감을 가지고 있다."

　사경회를 위한 동계 남자 교실도 며칠 내로 시작할 계획입니다. 그때도 역시 전체 지역에서 다 참여하게 될 것입니다. 이번에도 숙소가 문제입니다. 물론 여성들의 경우처럼 크게 어렵지는 않을 것입니다. 남자들이야 이집 저집에서 기숙하도록 하고 여성들에게 개방하지 않으면 그만이니까요. 그러나 진짜 문제는 기숙사 시설이 준비되지 않는 한 이런 어려움은 매년 반복될 것이라는 점입니다.

학교는 평소처럼 돌아갔습니다. 하급반에는 현재 50명의 소년들이 등록하여 나지막하고 폭이 좁은 방(8×24)을 가득 채웠습니다. 그들이 공부할 때에는 정통 동양식으로 큰 소리로 암송을 하는데, 열정이 넘쳐 다른 자질구레한 동양적 방식에 비한다면 매우 활기찬 표본이라 할 만 했습니다.

이 소년들에게는 한국인 선생이 한 명 있었습니다. 물론 체벌이 교육에 필요한 부분임을 넘어설 만큼 한국의 교육방식은 체계화되어 있지도 않았고, 프뢰벨[48]의 교육이론도 알지 못했습니다. 이 땅에서의 많은 다른 것들처럼, 성서 중시의 관습과 비슷하게도 그들은 회초리를 솔로몬의 지혜처럼 여깁니다. 이를테면 소년들이 돗자리 위에 줄지어 웅크려 앉아 있는데, 말을 듣지 않는 아이가 멀리 있으면 단단한 버드나무 막대기나 길고 유연한 회초리로 머리를 툭툭 치거나 그들의 책 위로 흔들기도 하는 것이 그 증거입니다.(때로 소년들의 머리카락을 잡아당기기도 하는데, 이는 다른 나라에서도 볼 수 있는 일입니다.)

학교는 부산에서 온 사이드보담의 지도 아래 지난 분기에 크게 발전했습니다. 어쩌면 24명의 학생이 별것 아닌 것처럼 생각될지도 모르지만 그들 젊은 크리스천들이 장차 선생이나 지도자로서 이 두 지방에 흩어져 사역을 하게 된다면 이 지역을 복음화하는 데 큰 의미를 지닐 것

---

[48] 역주-독일의 유아교육학자 프리드리히 프뢰벨(Friedrich Fröbel, 1782-1852)은 유아의 마음속에 있는 신성(神性)을 어떻게 해야 키워 나갈 수 있는지를 고민했던 사람이다. 정원사가 식물의 본성에 따라서 물이나 비료를 주고 햇빛과 온도를 고려하며 가지치기를 해 주듯이, 교육자도 아이의 본질에 따라 아이가 성장할 수 있는 환경을 조성하기 위해 노력해야 한다고 생각하였다. '어린이의 뜰'이란 의미에서 유치원의 대명사로 쓰이는 '킨더가르텐'(Kindergarten)도 이러한 교육사상에 뿌리를 두고 있다.

입니다. 2주 전 오전예배에서는 이들 중 6명이 세례를 받았습니다. 아직 9명이 세례를 받지 않았지만 이들은 모두가 크리스천입니다. 우리는 그들을 그저 '학생'이라고 부르기는 하지만 이중 반수가량이 결혼하고 가정을 갖고 있다는 사실을 잊지 말아야 합니다.

일은 그렇게 또 다른 분기 동안 이어졌습니다. 최근 하인 가운데 하나가 죽었을 때에 믿음이 승리한 증거를 보게 되었습니다. 그는 갑자기 심장에 문제가 생겨 마지막이 다가왔다는 것을 알고는 기도가 필요하다며 동네 교회에 있는 형제들이 와 주었으면 했습니다. 그래서 그날 밤 여러 사람이 시골 마당으로 모였습니다. 환자가 누워 있는 8평방피트의 그 작은 방에 들어갈 수가 없어 뜰에 모여 모닥불을 피우고 둘러앉았습니다. 그리고 그 추운 날 밤에 달빛 아래에서 찬송가를 부르고 있었습니다. 죽어 가던 사내는 모인 사람들 앞에서 다시 한 번 그리스도에 대한 믿음을 확인했고, 부인에게는 단지 먼저 가는 것일 뿐이라고 위로했습니다. 그러고는 숨이 멎을 때까지 모인 사람들과 함께 노래를 부르다가 마침내 찬송가가 끝나고 기도를 하는 중에 세상을 떠났습니다.

다른 사람들과 마찬가지로 이처럼 예수님을 알기 전에는 평생 동안 악령의 신봉자였던 보잘것없는 한 인간의 삶과 죽음을 통해 이 세상에서 복음의 힘이 얼마나 강력하게 작용하는지를 보게 된 커다란 증거입니다. 뿐만 아니라 유물론자들과 믿지 않는 자들에게는 '개종'이라고 하는 것이 세상의 어느 곳에서나 일어날 수 있는 일이라거나 체질 혹은 '심리적인 불균형'으로 인한 것이 아니라 성령의 행위로 말미암은 것임을 보여 주고 있습니다. 우리는 하나님께 감사드립니다. 우리가 외치는 설교의 어리석음을 하나님께서는 여전히 죽어 가는 생명을 살리

시는 구원의 능력으로 완전케 해 주시기 때문입니다. 이곳에서 행한 지난 분기 동안의 사역에 대한 개관과 반성으로 이 편지를 마치고자 합니다.

진심을 담아 (서명)
월터 어드만
대구기지
[*CHB*, 128-130쪽]

2. 소학교 운영

브루엔, 대구에서 1907년

    여름 동안에는 일본에 머물고 있었기 때문에 이 보고서에 등장하는 수치들은 1907년 2월 1일까지 연회에 참석하고 돌아와서부터의 이야기입니다. 지난해에 맥파랜드와 내가 함께 돌보았던 네 군데 관할구역은 연회가 끝난 후에 그에게 넘겨주었습니다. 여기에는 8개의 조직된 기도처와 대구지부에서 가장 오랫동안 해 오던 사역이 포함되어 있습니다. 이들 중 3개의 기도처는 내가 아담스로부터 관할구역을 인계받았을 때 함께 넘겨받은 모임입니다. 나의 가장 친한 친구들이 있는 이 교회를 다른 누군가에게 넘긴다는 것 때문에 미안한 마음이 듭니다. 그러나 하나님께서는 선교사업의 성장을 위해 필연적으로 사역을 나누시는 것이고 또 다른 사람이 그 사역을 잘 맡을 수 있도록 후원하시는 것이므로 찬송을 받게 되시리라 믿습니다. 부디 하나님께서 그에게 큰 기쁨을 주시고, 그 백성들에게 사랑을 베푸시길 바랍니다.

    첫 번째 여행은 내 관할구역의 북쪽 경계선까지 가는 것이었습니다. 이곳은 많은 교회들이 생겨난 곳이며, 이제 올바른 방향으로 가기 시작했습니다. 봄 동안에 학교 세금이 사라진다는 소문 때문에 자금 유입이 좀 있긴 했지만 금세 빠져나가고 말았습니다. 기독교 소학교가 있는 곳마다 그들은 관찰사의 명령대로 이중과세를 면제해 달라고 요구했습니다. 그러나 아무런 효과가 없었고, 돈만 실컷 낭비하고 그들은 투옥을 당하고 고문을 당했습니다. 결국 그들이 얻은 것은 실패나 다름없었습니다. 학교 세금 문제는 우리 믿는 자들에게는 하나의 괴로운 과정이었음이 증명되었습니다. 그래서 어떤 경우에는 금전의 손실로 말미암아 학교를 일시적으로 포기해야 했습니다.

[*CHB*, 127쪽]

3. 통성기도에 관하여

브루엔, 대구에서 1907년 3월
해외선교부 브라운 총무에게

친애하는 브라운 박사님께

보고서를 보고 평양 대부흥에 관해 처음부터 끝까지 아주 자세히 알게 되었습니다. 우리도 수일 내로 동계 사경회를 개최할 예정이었으므로 여기서도 평양에서 일어났던 것과 마찬가지로 성령의 임재를 체험하게 되기를 간절히 바랐습니다. 그런 소망을 가지고 우리는 매일 모여서 기도회를 가졌습니다.

사경회[49]가 시작되었고 곧 300~400명가량이 등록하여 열심히 공부했지만 평양에서처럼 죄악을 깨달아 슬픔을 토해 내는 현상은 나타나

---

[49] 역주-평양 대부흥운동의 파장이 대구까지 밀려와 1907년 3월 대구제일교회도 헌트 목사(Rev. Hunt, 한부선)를 강사로 약 300~400명의 청년들이 참석한 가운데 열흘간 겨울 남자 사경회가 부흥회로 열렸다.(『대구제일교회 110년사』, 159쪽) 그러나 대구에서 같은 해 1월 29일에 열린 민족 최초의 시민운동이라고 할 수 있는 '국채보상운동'에 관해서는 교회 측의 반응이 전무했던 것으로 보인다. 이에 관해서는 제5권에서 자세히 다룬다.

지 않았습니다. 평양에서는 성령이 죄악을 깨닫게 하자 사람들이 바닥에 드러누워 고뇌의 몸부림을 치기도 했습니다. 그동안 감추어 둔 자신의 죄를 드러내 고백할 수 있는 용기를 얻기 위해서였습니다. 우리도 매일같이 기도하기 위해 모였지만 그런 일은 일어나지 않았습니다. 사경회가 아직 반도 지나지 않았지만 우리 선생님들은 성령의 역사를 보지 못한 채 끝나지 않게 해 달라고 매일같이 모여 기도를 드리고 있었습니다.

어느 날 아침 우리는 모두 약속을 하고 한국인들과 함께 연속기도를 했습니다. 어느 정도 새로운 진정성이 보이기는 했지만 그게 다였습니다. 그날 저녁 개회에 필요한 몇 가지 순서를 가지고 찬송을 하나 부른 후 우리는 모두 고개를 숙이고 기도를 시작했습니다. 몇몇 사람이 기도를 인도했지만 역시 그들은 줄곧 기도를 해 오던 몇몇에 지나지 않았고, 형식도 그대로였습니다. 그때 어떤 분의 기도가 끝나자 영수가 나섰습니다. "동지 여러분, 이것이 우리의 목적이 아닙니다. 차마 담아 둘 수 없는 죄악의 부담을 느끼는 자는 기도를 하도록 하고 나머지 사람들은 묵념합시다." 우리가 다시 무릎을 꿇고 기도를 시작하자 정말로 용서를 구하는 매우 간절한 기도가 나왔고, 가끔은 동시에 기도 소리가 들렸으며, 여기저기서 참회의 기도가 터져 나왔습니다.

많은 사람들이 심적 부담을 덜 준비가 되어 있다는 것이 명백해졌지만 누군가가 기도를 새롭게 시작하게 되면 번번이 중단되었습니다. 찬송가 소절이 끝나고 영수는 기도에 끌림이 있는 사람은 주저할 필요 없이 기도를 하라고 격려했습니다. 다른 사람이 뭐라고 하는 것에 대하여 들을 필요도, 생각할 필요도 없이 인도하시는 대로 따르면 된다고 했습니다. 그의 발언 직후 회중 전체에서 기도가 터져 나왔고, 100명 혹은 200명 모두가 한꺼번에 소리 내어 기도를 시작했지만 혼란 상태는 없었습니다. 나로서는 처음 들어보는 간절한 기도였습니다. 여기저기서 흐느낌과 우는 소리를 들을 수 있었습니다. 이내 곁에 있던 한 남자가 큰 소리를 지르더니 죄를 참회할 용기를 낸 모양이었습니다. 한참이나 괴로워하던 끝에 그는 일어서서 자신의 고백을 들어달라고 했습니다. 그는 2년 전에 성경학교에서 돈을 훔쳤던 것을 고백했습니다. 그러자 사람들이 연달아 일어나서 더듬거리며 자신의 죄를 참회했습니다. 그것이 돌파구였습니다.

그날 이후로 비슷한 현상들이 일어났고, 죄의 고백이 따랐으며, 많은 배상이 이루어지기도 했습니다. 어떤 조사는 회계 정산이 제대로 되지 않은 것 같다고 말했습니다. 또 한 나이 든 청년이 나에게 와서 몇 년 전에 서울에서 1엔을 빌렸다가 대구에 돌아오면 갚는다고 했으나 아직 갚지 않았는데 이제 와서 차마 돌려주기가 부끄럽다고 했습니다. 그러면서 그는 놀랍게도 이자 60센(錢)을 보태 1.6엔(円)을 돌려주겠다며 고집했습니다. 내가 받지 않겠다고 하자 그는 액수가 너무 적어 이자와 함께 돌려주지 않는다면 맘이 편치 않을 것이라고 했습니다. 그래서 저는 어쩔 수 없이 받을 수밖에 없었습니다. 다른 교실에서도 비슷한 일들이 있었는데 대부분의 경우 주인은 전혀 모르는 사실들이었습니다. 사경회는 이제 끝이 나 사람들은 각자 시골의 집으로 흩어졌으며, 잘못 기입된 회계 내용이 바로 정리되어 깨끗한 양심과 깨끗한 장부로 시작할 수 있게 되었습니다. 수요일 정기 기도회에서 우리는 시내에 있는 교회에서 예배를 계속 드리기로 결정했습니다. 성령께서는 이곳에서도 계속해서 우리를 정결케 해 주시리라 믿습니다.

사실 평양의 사역과 관련된 보고서를 전해 받았을 때, 우리는 정확히 그것을 어떻게 처리해야 할지를 몰랐음을 고백합니다. 그것은 건장한 남성을 울게 만들고, 기도 속에서 고뇌토록 하는 죄악과의 투쟁이었습니다. 그리고 나아가서 참여자 모두가 한꺼번에 들을 수 있는 이 특별한 방식의 기도는 교회에서는 거의 요청되거나 권장되지 않는 올바른 예법의 곡해로 보입니다. 하지만 그런 점을 알기에 우리는 우리의 방식이 성령의 이끄심과 역사하심을 방해하지 않도록 기도했습니다.

우리의 마음에 들지 않았던 또 다른 한 가지는 거기서 보고되는 내용을 많은 사람들이 듣게 되고 모든 종류의 개인적인 죄를 공공연히 고백한다는 것입니다. 당연히 우리는 의심할 바 없이 지도자들과 임원들도 죄악을 공적인 방법으로 범했음을 알게 되었고, 그들 역시 같은 방법으로 참회해야 한다는 것을 깨달았습니다.

어느 날 저녁 한 젊은 남자가 일어나서 말하기를, "저는 큰 죄악을 저질러서 제 아내와 저는 그 일을 위해 기도했습니다. 이제 그것을 고백하겠습니다. 제가 맥파랜드 씨 댁의 요리사로 있었을 때 달걀을 사러 시장에 갔습니다. 계산서는 1냥 10전(금화 약 10센트)이었습니다. 이를 '목사'에게 받아서 달걀 장사에게 주려고 했더니 그는 1냥만 내라고 했습니다. 그래서 저에게는 10전의 현금이 남았습니다. 저는 '목사'에게 돌려줄 작정으로 주머니 속에 이를 넣어 두었으나 시간이 지나 버렸고 오늘 저녁 저는 큰 죄를 저질렀다는 것을 깨달아 내일 아침에 그 두 배인 2냥을 돌려줄 것입니다"라고 하였습니다. 말하는 사람은 정말 진지했지만 저는 웃음이 나왔고, 이런 것이야말로 사적으로 고백해야 할 죄라고 생각했습니다.

하지만 이 두 가지에 대해 생각해 본 후 저는 다음과 같은 결론에 도달했습니다. 즉흥적으로 소리를 내서 하는 기도는 보통의 예배에서 들을 수 있는 공식적인 공중기도와는 다르다는 것입니다. 공중기도는 다른 사람들이 따르도록 유도하는 것이지만, 결국은 각자가 자기 자신을 위해 기도하도록 하는 것이고, 그 간절함 때문에 도저히 침묵할 수 없는 경우에나 소리 내어 기도를 하게 되기 때문입니다. 그것은 공적인 기도가 아니라 고뇌에 찬 사적인 기도입니다. 크게 보면 참회라는 점에 있어서는 둘 다 비슷합니다. 모두의 귀에 들어가길 원한 것이 아니라 더 이상 자신의 숨길 수 없는 죄악의 번민에 대한 참회라는 점에 있어서 대체로 비슷했습니다. 게다가 이 두 가지 방식은 다른 이들을 돕기 위해 주님에 의해 사용된 것입니다. 한 친구의 간절한 고백은 아직 회개하지 않은 자의 영혼을 움직였습니다. 우리가 하찮은 죄라고 여기는 것에 대한 고백이 다른 사람의 마음속에서는 아예 죄악의 테두리에 포함되지 않았던 수많은 죄악을 노출시키게 된 것입니다. 우리는 이러한 정화의 결과로써 아직 개종하지 않은 자들 사이에서 자각이 일어나기를 기대합니다.[50]

주님께서는 당신의 손에 알맞은 도구가 준비되기만 한다면 틀림없이 행하시는 분입니다. 하지만 이것은 시작일 뿐입니다. 삶에 있어 큰 투쟁을 하고 있는 사람들은 승리할 수 있도록, 참회 이후에는 구제가 뒤따를 수 있도록, 죄악의 해골로 말미암아 문이 빗장이 쳐지지 않도록, 시골의 집으로 돌아간 사람들은 모든 지방의 교회를 정화하는 주님의

---

50) 역주-이는 통성(通聲)기도에 대한 브루엔의 신학적 해석이라고 할 수 있다. 이는 일상에서 경험하기 어려운 현상으로, 그에게는 일종의 문화충격이었을 것이다. 혼란스러움 속에서도 질서를 보았을 테지만, 기도의 내용이 대부분 개인적 죄로 인한 고뇌와 고백에 초점이 맞추어져 있음을 비판적으로 보고 있는 듯하다. 그러면서도 통성기도가 공동체적 체험을 통해 파급효과를 거둘 수 있으리라 기대하고 있다.

도구가 될 수 있도록, 그리고 정화된 이들이 예배로 주님께 헌신할 수 있도록, 과거의 경험에 안주하는 대신 매일매일 내적으로 충만함이 넘쳐 죄악으로부터 마음을 지켜 줄 수 있도록, 저항할 수 없는 힘 앞에서 진실의 강이 넘칠 수 있기를 간절히 기도합시다. 기도해 주십시오.

당신의 (서명)
헨리 브루엔
[*CHB*, 130-132쪽]

4. 바느질 봉사회

브루엔,[51] 대구에서 1907년

현재 남쪽과 동쪽 순회 구역에는 11개의 학교가 있고, 몇몇 기도처가 오는 겨울에 열릴 예정입니다.

1. 서부 지역 순회

브루엔 목사는 37개의 기도처를 관할하고 있습니다. 245명의 교인들 가운데 올해에 추가된 사람이 128명이고, 1,640명의 입교인들 가운데 올해에 추가된 사람이 610명입니다. 신자들은 2,669명에 달하고, 올해 지어졌거나 매입된 교회가 13개이며, 순회는 언제나 다른 사람을 새롭게 인도하게 되어 올해도 교회 성장이 성공적이었습니다. 브루엔은 엄청난 노력을 기울여 급속도로 많아지는 일들을 무난히 처리했고, 자기 관할구역을 대부분 두 번씩 돌았으며, 여러 군데의 지방 성경 공부반을

---

51) 역주-글의 내용으로 미루어 필자가 브루엔으로 짐작된다.

성공적으로 운영해 왔습니다. 그중 서너 개는 여성반인데, 브루엔 부인이 도왔습니다. 경험 있는 일꾼들이 이 지역에 배치되어 보다 성공적으로 사역이 이루어지길 희망합니다. 봄에는 장로교 위원회의 방침에 따라 브루엔의 조사인 김재수가 이 지역 최초로 장로 안수를 받았습니다.

학교의 세금 문제에도 불구하고 소학교는 성장했으며, 이번 한 해 동안 이 순회 지역에 속한 4개의 대형 교회가 깨끗하고 좋은 학교 건물을 지어 주었습니다. 학교에는 전에는 부족했었던 과목도 생기고, 체제도 정비되었습니다. 체육 과목이 특별히 필요해서 우리는 경험 있는 청년들을 뽑아 여러 학교에 보내 훈련을 담당토록 했습니다. 특별히 관심 있는 것은 여성들에 대한 교육인데, 지금은 여러 명이 학교에 다니고 있습니다.

전도부인은 우리 교회의 환자들을 비롯하여 집집마다 심방을 하며, 말씀을 전하고, 심지어는 근처 지방의 회합에까지 나갔습니다. 그녀는 올해 수백 권의 소책자를 판매했습니다.

존슨 부인과 카메론 양은 '도르가(Dorcas)[52] 바느질 봉사회'를 책임지고 병원에서 필요한 물품들을 만들고 있습니다. 그들이 바느질을 하는 동안 그 가운데 한 사람은 유용한 주제를 택해 낭독을 해 주기도 합니다.

---

52) 역주-도르가는 성서(사도행전 9:36)에 등장하는 여인의 이름으로, 빈민에게 옷을 만들어 준 신앙이 독실한 여성이다.

2. 여성 사경회

이 사경회는 주로 성경 공부를 할 수 있는 기회가 거의 없는 지방의 여성들을 위해 열리며, 여성 선교사들이 운영합니다. 지난 11월 말에 대구에서 열린 이 모임에는 모두 183명이 등록했는데, 그 가운데 119명이 지방에서 올라온 사람들이었습니다. 수업이 진행되는 동안 그들은 여성용 교실에서 기숙을 했습니다. 너무나 비좁았는데도 불구하고 우리는 아무런 불평도 듣지 못했습니다. 다만 어느 날 아침 그중 한 사람이 누울 자리가 없어 앉은 채로 밤을 새웠다는 소문만 들었습니다. 우리의 여성 사역은 확실히 지금의 교실에 들어갈 수 없을 정도로 커졌으므로 보다 확대될 필요가 있습니다. 이 소식을 들은 미국의 몇몇 친구가 교실을 확장하는 데 써 달라며 헌금을 보내왔습니다.

이번 동계 사경회는 아마도 과거의 어느 때보다 성공적인 여성교실이었던 것 같습니다. 이 사경회에는 기지의 모든 여성이 참여했으며, 서울에서 온 바렛 양도 값진 도움을 주었습니다. 브루엔 부부는 참여율이 높은 세 개의 반을 성공적으로 꾸려 나갔는데, 그것은 여성들에게 내린 커다란 축복의 도구였습니다.

[*CHB*, 135-136쪽]

5. 대구의 부흥운동

익명의 선교사, 1907년 5월 24일
해외선교부 브라운 총무에게(발췌)

대구에서 있었던 1907년의 부흥운동을 묘사한 글이다.

이곳에서 있었던 참회의 문제는 당신께 (그리고 아직 깨달음 이전에 여기 있는 우리 중 몇 분께) 걱정을 조금 끼쳐 드렸습니다. 그들이 저지른 죄가 제법 심각했다고는 하나 그것은 순전히 그들이 믿기 전, 다시 말해 대부분 세례를 받기 전에 저질렀던 것이라는 사실이 충분히 강조되지 않았기 때문입니다. 그 죄들은 유죄판결을 받아야 할 만큼 끔찍하기도 합니다만 그들이 새로 믿음을 갖게 되었기에 깨닫게 된 것이고, 단순히 그들에게 찾아온 성령의 힘으로 말미암아 갑작스레 두려운 감동을 느끼게 된 것입니다.

나는 한국에서 일어난 이러한 현상을 과거에 조금이라도 알고 있다가 냉담과 무관심의 태도로 돌아서게 된 이들을 '부흥' 시킨 사건으로 이해하지 않습니다. 오히려 하나님께서 보시기에 올바른 윤리적 가치의 판단이나 영적 실재의 깨달음이었다고 말하고 싶습니다. 이는 교회

안에서 마귀의 역사가 있었던 것이 아니라 성령의 특별한 역사에 의해 갑작스레 바람처럼 나타나 건강한 성장을 예고하는 가장 강력한 증거가 될 수 있습니다. 성령에 대한 올바른 이해가 없는 바깥세상 사람들이 올바른 영적 기준도 없이 어떻게 이 모든 일들을 잘못 해석하고 오해하여 잘못 판단하게 되었는지 우리는 충분히 알 만합니다. 그러므로 우리는 이제 이를 분명하게 설명해 줄 수 있도록 주의를 기울일 필요가 있습니다.

하지만 최악의 경우 그 자리, 즉 이곳 대구에서 계속 있었던 사람 가운데 아무도 우리의 이해나 통제를 명백히 벗어난 이러한 사태를 막을 수 있는 대담함이 없었을 수도 있습니다. 윤리적인 문제에 관한 한 나는 이번 특별 모임에서 남녀가 각각 다른 곳에서 만났으며, 한두 차례의 예외를 제외하고는 서로 다른 사람의 참회 내용을 듣지 않았다는 사실을 언급하고자 합니다.

[*CHB*, 134-135쪽]

6. 고향 가는 길

브루엔, 펜실베이니아 플리머스에서 1907년 8월 27일
해외선교부 브라운 총무에게

친애하는 브라운 박사님께

우리의 지금 상황을 알려 드리기 위해 몇 줄 적어 보내 드립니다. 저희는 계획보다 이틀 이른 7월 14일에 샌프란시스코에 도착했습니다.[53] 우리는 감리교 주교교회 A.B.S.M 감독들처럼 다양한 여행 경험이 있는 유쾌한 분들과 함께 여행했습니다만 스케줄이 너무 강행군이라 피로가 누적되었습니다.[54] 그 때문에 우리가 원했던 만큼의 만남이나 정보를 얻을 수 있는 기회를 포착하지는 못했던 것 같습니다. 우리는 그저 며칠을 제외하고는 대체로 굉장히 즐거운 여행을 하였습니다. 포틀랜드와 시애틀로 가는 샤스타 가도(街道)를 택해서 우리는 시애틀에 있

---

53) 역주-존슨의 글 *CHB*, 136쪽에 의하면 브루엔 부부는 6월 22일에 대구를 출발해 휴가를 떠났다.
54) 브루엔은 분명 배멀미에 시달렸을 것이다.(편집에 참여한 딸의 코멘트로 보인다.)

는 형네 집에 들러 2주간의 즐거운 시간을 보냈습니다. 그리고 나서 글라시어 파크와 밴프에서 각각 하루 이틀씩 머물렀다가 캐나다 태평양 철도편으로 동쪽을 향해 빅토리아와 밴쿠버에 들렀습니다. 그 다음에는 고속열차를 타고 토론토 근방의 스코티아 역에 내려서 우리 아버지를 놀라게 해 드렸습니다. 그의 품에 우리의 두 살짜리 딸 난[55]을 안겨드렸거든요. 참 괜찮은 날이었던 것 같습니다.(저의 아버지는 의붓어머니와 동생과 함께 캐나다에서 캠핑 중이었습니다.)

마지막으로 우리는 버팔로에 내려 샤토쿠어에서 1주일을 보낸 뒤 지금 있는 곳으로 오게 되었습니다.(이곳에 제 아내의 가족들이 살고 있답니다.) 우리는 뉴저지 주 벨비데르에 있는 저의 집으로 갈 예정입니다. 조만간 뉴욕으로 갈 텐데 곧 전화를 드리겠습니다. 여행일지가 첨부되어 있습니다.

헨리 브루엔
[*CHB*, 137쪽]

---

55) 역주-1905년 2월 1일생인 첫딸 Anna Miller Bruen이다.

7. 성령의 임재

제임스 아담스, 1907년(발췌)

성경 협회는 이 사람들의 수요를 충족시킬 만큼 빨리 성경을 출판하고 배급할 수가 없습니다. 아마도 이들이 예수를 믿기 전에는 10명 중 한 명도 읽는 법을 몰랐을 것입니다. 아래의 내용은 모든 사역자들이 일하던 중에 여러 차례 경험했을 법한 내용을 그려 낸 것입니다.

나를 돕는 조사가 순회 중에 조 씨라는 보따리 장사를 만난 적이 있습니다. 어느 날 밤 길가에 있는 어느 여관에서 그를 만나 보통의 방 안에서 말씀을 전했습니다. 그 사내는 관심을 보였지만 글을 읽을 수가 없었습니다. 마침 읽을 줄 아는 형제가 하나 있다며 책을 사서 떠났습니다. 한두 달 후에 그가 다시 돌아와 동계 사경회에 참석하겠다고 하기에 새 신자로 등록하도록 했습니다. 나는 그가 무지할 뿐만 아니라 내가 만났던 사람들 중 가장 어두운 마음을 가진 사람 가운데 하나임을 알게 되었습니다. 하지만 그 두 가지 사이에는 큰 차이가 있다는 것을 발견했습니다.

그는 여전히 글을 읽는 법을 몰랐으며, 그리스도가 죽은 이유에 대해서도 확신이 없었습니다. 그러나 그는 자신의 죄를 깊고 명백히 깨닫고 있었으며, 열성적이기도 했습니다. 약간의 불안함이 없었던 것은 아니지만 마침내 나는 그를 불러들였습니다. 1년 반 후에 나는 그에게 세례를 위한 학습을 시켰습니다. 시골에 있는 그의 집에서였는데, 바로 그곳에서 기도처가 시작된 것입니다. 사실 그곳은 조사들조차도 1년에 서너 번밖에 방문이 이뤄지지 않는 곳이었습니다. 그는 글을 읽는 법을 배웠으며, 우화와 많은 이적에 관한 대부분을 나에게 이야기해 줄 수 있을 만큼 복음을 읽고, 가르침의 내용을 정확히 파악할 줄 아는 명석한 사람이었습니다. 아직 모르는 것이 많기는 했지만 그는 구원 계획의 본질에 대해서는 확고하고 분명한 확신을 가지고 있었습니다. 성경책을 열 때 성령의 가르침이 있기를 기도하는 것은 그의 습관이었습니다.

[*CHB*, 133쪽]

1907년 6월 존슨 일가가 휴가를 마치고 돌아오고, 브루엔 일가가 떠나기 직전 대구 선교기지의 사진

오른쪽에서 왼쪽으로 Mr. Walter Erdman, Martha Scott Bruen, Mr. E. F. McFarland, Nan Bruen, Dr. Woodbridge Johnson, Ruth Johnson, Mrs. Edith Johnson, Mary Parker Johnson, Mrs. Annie Baird Adams, Dorothy Adams, Edward Adams, Benjamin Adams, Christine Cameron, Newton Johnson, H. M. Bruen

8. 교회의 재건

1907년

한국인들과 한국 군대가 일본에 의해 무장 해제[56] 당한 이래로 세상은 점점 더 무법천지가 되어 가고 있었습니다. 보통 사람들은 그들의 지속적인 테러에 무방비로 노출되어 있었습니다. 어느 날 밤 한 무법자 두목이 한 남자의 집 마당에 들어와 총을 쏘고 그곳에 사는 사람들을 깨우더니 갖고 있는 것을 모두 내놓으라고 요구했습니다. 이때 한 노인이 계단을 내려와서 조용히 그를 꾸짖었습니다. 그 노인은 그의 무기를 빼앗으며, "자네가 이 집에서 실수를 한 것 같군. 자넨 우리가 누군지 모르고 있어, 그렇지? 우리는 전능하신 하나님의 종이고, 그분께서는 밤낮으로 우리와 함께 계신다네. 그러니 우리가 자네처럼 형편없는 인간을 조금도 두려워할 이유가 없어. 당장 돌아가게!"라고 말했습니다. 그러고는 그를 쫓아 보냈습니다.

그런데 며칠 후 그가 다시 돌아와서 집과 교회에 불을 질러 몽땅 재를 만들고 말았습니다. 하지만 그 노인은 이전보다 더 크고 훌륭하게

---

[56] 역주-1907년 8월 1일, 일제가 헤이그 특사사건을 구실로 고종을 퇴위시키고 대한제국의 군대를 강제 해산시킨 사건을 말한다.

교회부터 짓고, 자기 집은 손도 대지 않았습니다.
　또 얼마 전에는 어떤 집안에서 조상을 모시는 사당을 고치고 있었습니다. 종가에서는 집안사람들에게 각자 3센트씩 내도록 했지만 그 가운데는 예수 믿는 사람도 있었습니다. 그는 이를 거절했습니다. 수금원이 그를 관아에 끌고 갔습니다. 현감은 그를 엄청나게 취조를 하고 돈을 내라고 명령했습니다. 역시 그는 거절했습니다. 현감은 격노해서 그를 발가벗겨 형틀에 매달아 돈을 낼 때까지 매질을 하라고 명령했습니다. 매질이 시작되려고 할 때 그 남자가 손을 들어 한 마디만 해도 되겠느냐고 물었습니다. 허락이 떨어지자 그는 이렇게 말했습니다.

> 존경하는 재판관님, 제가 돈을 내지 않겠다는 것은 돈이 아까워서가 아닙니다. 단지 주님을 믿는 한 사람으로서 그것이 틀린 일이라 믿고, 제가 옳다고 믿는 것을 행하기 위해서입니다. 3센트가 무엇입니까? 아무것도 아닙니다. 하지만 누군가는 3센트로 큰 죄를 저지를 수 있습니다. 제 목숨은 당신의 손에 달려 있습니다. 당신은 저를 매질해 죽일 수도 있지만, 이 돈을 내도록 만들 수는 없습니다. 그러니 재고해 주시길 바랍니다. 사람의 목숨이 3센트만도 못한 것입니까?

　현감이 그를 풀어 주라고 명령했습니다. 이 이야기를 나에게 해 준 사람이 이렇게 말했습니다. "이편 힘으로[57] 못 할 일이오."(le pyen himero mot hal il io.) 당연한 일입니다. 왜 아니겠습니까? 진지하게 생각을 해 보자면, 무엇이 더 훌륭한 일입니까? 아아, 불쌍하고 힘없고 불만스러우

---

57) 역주 - '우리의 힘으로는' 이라는 뜻.

며 병든 미국 기독교는 알맹이는 잃어버리고 껍데기만 남았습니다. 이제 우리는 여기서 더욱 굳건해지지 않으면 모든 것을 잃게 될 것입니다. 이는 성령의 힘이 내려진 것이기 때문입니다.

  초창기부터 이러한 성장은 평신도들의 자발적인 전도에 의한 것이었습니다. 모든 기독교인들은 복음 전도자입니다. 복음은 그가 만나는 모든 이들과 나눌 수 있는 간단하고도 자연스러운 주제입니다. 평신도들은 언제나 이것을 친구들에게 추천하고 강조할 준비가 되어 있는 사람들입니다.

[*CHB*, 134쪽]

9. 동부 지방 순회

아담스, 날짜 미상

현재 본인이 담당하고 있는 교회는 등록교인 수가 1,024명이고, 평균 출석교인 수가 1,200명 정도입니다. 새로 지은 교회가 예전 교회에 비해 거의 2배 정도 큰 규모이고, 새로 이전한 지 반년도 채 안 되었지만 남자 쪽과 여자 쪽이 거의 자리를 꽉 채우고 있는 상황입니다. 주일 성인부와 청소년부가 나뉘게 되었습니다. 이젠 주일 오후 성인부가 평균 출석이 850명 정도 되고, 오전 청소년부는 200명 정도 됩니다. 그리고 오후에 모이는 소년부 Y.P.S.C.E는 대략 90명 정도가 모입니다.

[*CHB*, 137쪽]

10. 의료사역

존슨, 날짜 미상

  올해를 돌아보면 우리에게는 감사해야 할 이유가 굉장히 많습니다. 대구에 있는 기독병원은 환자들을 환대해 주고 친절하게 치료해 주는 곳이며, 예수님의 복음을 전해 주는 곳으로 사람들에게 옛날보다 훨씬 많이 알려졌습니다. 오전예배는 의사 선생님 혹은 서자명 씨가[58] 인도하며, 오후에는 서자명 씨가 성경을 읽어 줍니다. 우리가 생각하기에 이런 방식은 믿지 않는 자를 인도하여 예수님을 영접토록 해 주는 아주 좋은 방법입니다. 안식일 오후예배는 지금껏 병원 목사님이신 브루엔 본인이 혹은 목사님이 지정한 사람이 진행해 왔습니다.

  현재 병원에서 의학을 배우고 있는 학생들은 모두 신실한 크리스천이며, 그들이 환자들에게 간곡하게 권유하는 믿음이 이제 그 네 번째 결실을 맺었습니다. 병원 바닥을 닦는 김 씨는 그가 매일 행하는 업무

---

[58] 역주-원문에는 Mr. Su로 표기되어 있다. 서자명(徐子明, 1860-1936)은 1898년 12월에 대구 최초의 학습교인이 되었고, 의료선교사로 존슨의 조수 겸 전도인으로 취직했다. 1899년 6월 세례를 받았고, 1900년 1월에는 집사로 임명을 받았으며, 1922년에 장로 안수를 받았다.

가운데 하나인 바닥 청소처럼 남들의 마음도 깨끗하게 만들려고 노력하고 있습니다.

[*CHB*, 138쪽]

II. 교회 조직

필자 미상, 1907년 10월경

'예수교장로회 대한로회'는 1907년 9월 17일에 설립되었습니다.[59] 사무엘 마펫 박사가 노회장이었고, 부노회장과 서기, 서기보는 한국인이었습니다. 이 신설 노회는 초기에 세계의 4개 선교회(The Presbyterian Church in the U.S.A., The Presbyterian Church U.S., The Australian Presbyterian Church, 그리고 The Canadian Presbyterian Church) 소속 38명의 선교사들과 40

---

59) 역주-앙드레 슈미드, 정여울 옮김, 『제국 그 사이의 한국 1895-1919』, 휴머니스트, 2007, 445쪽. 1907년 9월 17일에 평양의 장대현교회에서 조직되었는데 당시 교세가 노회 정도의 규모였기 때문에 '독립된 노회'라는 의미에서 독노회(獨老會)라 불리게 되었다.
60) 역주-권보드래, "동포와 역사적 감각: 1900-1904년 '동포' 개념의 추이", 이화여대 한국문화연구원, 『근대계몽기 지식의 발견과 사유 지평의 확대』, 소명출판, 2006, 90쪽. 독노회는 그해 처음으로 안수받은 7명의 목사 가운데 한 명인 이기풍 선교사를 제주도에 보냈으며, 이어 1908년 일본 도쿄 선교, 1909년 러시아 블라디보스토크 선교에 나섰다. 쉽진 않았다. 제주도에 간 이기풍 선교사는 주민들로부터 돌에 맞아 죽기 일보 직전까지 간 일도 있었고, 블라디보스토크에 간 최관흘 선교사는 러시아 정교회의 박해로 투옥되는 시련을 겪다가 결국엔 러시아 정교로 개종해 버렸다.

명의 장로들로 구성되었습니다.⁶⁰⁾ 바로 이 첫 노회에서 첫 한국인 목사가 임명되었습니다. 1907년 9월 17일에 열린 위원회가 장로교 선교사들로 구성된 통합 노회의 공식적인 조직입니다.

[*CHB*, 138쪽]

12. 헤이그 국제평화회의[61]

백낙준, 1907년 7월 15일에서 10월 18일까지

1907년까지는 고종이 형식상이나마 아직 한 나라의 황제였기 때문에 그는 국가의 독립을 위한 마지막 노력을 하였습니다. 제2차 만국평화회의가 네덜란드의 헤이그에서 열린다는 소식을 들은 그는 대한제국을 대변할 외교 특사를 비밀리에 파견하였습니다. 그들은 황제의 친필 칙서를 가지고 러시아를 가로질러 상트페테르부르그(구 레닌그라드)에 도착하여 미리 그곳에서 외교 업무를 수행하던 다른 외교관과 접선하였습니다. 이들 세 사람은 네덜란드에 안전하게 도착하여 시간에 맞춰 회의장으로 갔습니다. 그러고는 마침 러시아 출신인 의장을 만나 면담하고 세 사람이 한국을 대표하는 외교관으로서 회의에 참석하도록 해 달라고 요청했습니다. 하지만 의장은 대한제국은 이미 외교적 대표권이 없으므로 허락할 수 없다고 하였습니다. 그럼에도 3인의 외교 특사들은 남아서 각국의 외교관들을 일일이 만나고 국제 언론클

---
[61] L. George Paik, *The History of Protestant Missions in Korea, 1822-1910*(한국 개신교사 1822-1910), 연세대학교 출판부, 1971, 260-261, 347-348쪽.

럽에서 개최한 모임에도 참석하면서 대한제국의 주권이 불법적으로 파괴되었음을 설명하려고 노력했습니다. 각국의 외교단은 이 대한제국의 외교단의 말에 동정하기는 했지만 그 어떤 나라도 효과적인 회합 방향을 제시해 주지 않았으므로 조선 외교단의 파견 임무는 실패로 끝나 버렸습니다.

 비록 이들의 임무는 그 어떤 현실적인 결과도 이루어 내지 못하였지만 전 세계 앞에서 대한제국이 처한 곤경과 일본의 부정과 탐욕을 낱낱이 밝힐 수 있었습니다. 일본은 그로 인해 적지 않은 비난을 들어야만 했습니다. 이로 인해 분노에 찬 일본인들은 고종 황제의 강제 폐위로 보복하였으나 감히 일본인을 왕좌에 즉위시키지는 못하므로 폐위된 고종의 우둔한 세자를 즉위시켰습니다.(이후 '순종'으로 명명) 이것은 1907년 7월 19일에 있었던 일입니다. 그분, 순종은 조선의 마지막 왕이 되었습니다.

[CHB, 138-139쪽]

13. 머리카락을 바치다

필자 미상, 대구에서 1907-1908년 연례보고(발췌)

"그리고 한 여자는 자신의 머리카락을 바쳤다." 제일교회의 신축 감사헌금에 대한 아담스의 이 보고 내용은 훌륭한 설교 제목이 될 수 있을 것입니다. 이런 우스꽝스런 행위는 웃음을 참을 수 없게 만들지만, 그 진지함은 결코 웃을 일이 아닙니다. 어쩌면 그것을 거룩한 빈곤이라고 해야 할지 모르겠습니다. 이런 일을 통해 우리는 우리에게 주어진 아무리 작은 어떤 것이라 할지라도 활용할 수 있다는 것과 하나님께서 내려 주신 축복은 그 크기나 수량이 문제가 아님을 알 수가 있습니다. 어차피 우리가 그분께 드리는 헌납의 규모란 너무나도 사소한 것이므로.

1. 전도 분야

제일교회

이 교회는 이웃의 사월교회[62]와 연계하여 자체 교회의 조사 외에도 다른 한 명의 전도사를 지원합니다. 이들은 원래 교회 건물이 수용할 수 없을 정도로 성장했으며, 이미 여러 번 성공적으로 확장했음에도 불구하고 또다시 새로운 교회 설립을 추진하고 싶어 합니다. 그들은 일반적으로 한국인들이 취하는 방법대로 계획에 의하지 않고 믿음으로써 추진했습니다. 지금 교회 건물은 건축 중에 있습니다.

그들의 처음 계획은 2,250달러의 건축비용을 투자하여 1,500명을 수용할 수 있는 건물을 세우자는 것이었지만 현재 건축 단계에서는 계획된 예산의 3분의 2만 투자하여 같은 크기의 건물이 추진되고 있습니다. 지금으로서는 추후의 확장을 위해 현 단계에서 머물 예정입니다. 하지만 완공이 되어도 계획된 인원을 건물에 전원 수용할 수 있을지는 의문입니다. 처음에 새로운 교회의 건립을 위한 헌금을 걷었을 때 감동적이고 열기 있는 장면을 볼 수 있었습니다. 남성들은 돈과 반지, 손목시계 한두 개, 그 외에도 값진 제품들을 헌납하였으며, 여성들은 자신의 머리카락과 은장식, 신부용 머리핀 등을 헌납했습니다. 현재 교회 건물에는 너무 많은 인원이 모이는 바람에 어쩔 수 없이 남성부와 여성부로 나누어서 예배를 드릴 수밖에 없습니다.

---

62) 역주-원문의 Satol Church는 Sawol Church의 오타로 생각된다.

2. 동해안과 남부 지역 순회 분야

책임자 맥파랜드

몇 건의 심각한 박해 사건이 있었습니다. 어떤 경우는 기독교에 대한 이교도들의 증오 때문이었고, 또 어떤 경우는 몇몇 새로 개종한 자들의 어리석은 행동 때문이었습니다. 웃기는 일도 있었습니다. 권서가 행정관 앞에 끌려와 찬송가를 불러 기독교인임을 증명하라는 명령을 받았습니다. 그가 노래를 부르자 도중에 멈추라고 했습니다. 하지만 그는 교회에서는 찬송가를 부르다 마는 경우는 없다면서 끝까지 불렀습니다. "바다 같은 주의 사랑"이라는 찬송을 4절까지 부르는 바람에 행정관을 기다리게 하기도 했습니다. 북쪽 지방 순회는 어드만의 관할입니다.

3. 교육 분야

소학교

한 해 동안 교회학교는 착실하게 성장해 왔습니다. 우리가 여태까지 확인한 바로는, 도시 전체의 모든 한국인 학생들(기독교인) 중 3분의 1이 우리 학교에 다녔습니다. 경상도를 통틀어 완전히 자립한 학교가 모두 65개에 달합니다. 총 842명의 학생이 등록되어 있습니다.

4. 여성 분야

우리는 바로 그 전도부인을 언급하지 않으면 안 됩니다. 우리로서는 우리 전체 경상도 내에서 모든 여성 관련 일을 도맡아 할 사람으로 그녀가 유일하기 때문입니다. 그녀는 선교기금 말고 다른 곳에서 계속 지원을 받아 왔습니다.

존슨 부인은 여성용 욕실을 담당하고 있는데, 친구들의 고마운 도움으로 열게 된 것입니다.(브루엔으로부터 세례를 받은 明星이 하던 일입니다.)

5. 의료 분야

동산병원

복음전도 조사인 서 씨[63]는 설교도 착실하게 했고, 개인적인 일에 있어서도 그랬습니다. 올해는 이미 고용되어 있던 두 명에다 세 명의 학생 조수들이 추가되었습니다. 조사 서 씨는 기록부를 하나 가지고 있었는데, 거기에는 환자들 가운데 기독교인이 되었거나 복음에 대한 흥미를 보이거나, 심지어는 특별한 호의를 보였던 모든 사람들의 이름과 주소를 적어 두었습니다. 그는 이 명단을 선교사에게 전달해서 해당 지역으로 순회 출장을 갈 때 가능하다면 그들을 방문토록 했습니다. 아니면 조사들이라도 그렇게 하도록 조처를 했습니다. 이런 식으로 병

---

[63] 역주-서자명.

원의 복음 활동은 전개되고 지속되었습니다.

[*CHB*, 139-141쪽]

제4장 저무는 나라 : 1908~1910

1. 연회(年會)와 성경학교

1908년 9월경

1908년에는 연회 날짜가 8월 24일로 변경되었습니다. 아담스가 연회에 왔을 때, 한국인들의 큰 헌신으로 세워진 대구의 제일교회가 태풍으로 파괴되었다는 전보를 받았습니다. 1908년에 시작된 성경학교는 조사들 교육을 위한 남자 사경회에서부터 발전되었습니다. 자그마한 초가집에서 더부살이를 하던 남자 학교는 건너편 언덕 위로 옮겼습니다.

[CHB, 141쪽]

2. 영수들의 노래 솜씨와 만능 선교사

어드만, 대구에서 1908년 12월 22일
해외선교부 브라운 총무에게

친애하는 브라운 박사님께

우리 선교기지를 위해 편지를 쓰는 일이 다시 한 번 제 몫이 되었습니다. 여러 곳에 흩어져 살고 있는 대구의 '후원자들'에게 전달하기 위해 헤슬리 우드 부인이나 다른 사람들에게 넘기는 것은 당신의 몫이라고 생각합니다.

지금은 영수들의 연회가 한창 진행 중입니다. 전문용어에 익숙하지 못한 분들을 위해 설명하자면, 제가 말하는 '영수'들은 각 지역에서 예수 믿는 사람들이 모이는 단체의 책임자로 임명된 사람들을 칭하는 것입니다. 선교사들은 그 모든 모임(혹은 초기 단계의 기도처)에 1년에 두 번 이상, 그리고 전도사 역할을 하는 조사들도 한 달에 한 번 이상은 자기들의 관할구역을 심방할 수가 없는 형편입니다. 그래서 각 지방의 교회에서 가장 자격을 잘 갖춘 사람을 영수로 선정하여 관리를 하는 데 있어 책임을 질 수 있는 직위를 주는 것입니다. 이 영수들은 1년에 한 번

각각의 지방에서 모임을 갖습니다. 일주일간의 사경회와 교회 행정과 전도의 문제점을 상의하기 위해 모입니다. 현재 모임에 300명 이상의 대표들이 참석하고 있으므로 이 지역만 해도 교인이 거의 10,000명이라 보고 있습니다. 지금은 소개와 안내, 그리고 그 외에도 많은 일들을 며칠 내로 완료해야 할 가장 중요한 시기입니다.

최근에 지방에 순회를 다녀온 모든 선교사들이 영수들을 교육할 때 공통적인 문제점을 나눈 적이 있습니다. 특히 노래를 가르칠 때면 꼭 포기한 적이 있다는 것입니다. 우리는 최선을 다하고 있지만 한국 사람들이 악보를 구분하고 음정을 제대로 내도록 하는 일은 정말 피곤한 일입니다. 금관악기 코넷으로 소리를 내 주고 간신히 따라 부르게 할 수는 있으나 그것은 그들에게도 어렵지만 가르치는 우리도 힘이 듭니다. 그들은 노래하는 것을 좋아하고 리듬에 맞추어 몸을 흔들며 머리를 위아래로 움직이기는 합니다. 하지만 그들은 음정이 있는 소리와 그냥 소리를 구분하기가 어려운 모양입니다. 어쩌면 이 사람들은 우리 서양인들이 잡음을 가르치기에는 너무 앞서 나간다고 생각할지도 모릅니다. 어쨌든 우리는 유쾌한 한국 풍물단과 우리를 고문하는 듯한 여러 가지 시끄러운 악기 소리가 크게 나쁘진 않습니다. 여성이 솔로를 부르는 것은 들을 만합니다.(잘 부르기만 한다면 말입니다!) 전체적으로 본다면 우리에게는 아직 이해할 수 없는 부분이 너무 많습니다. 그러나 중요한 것은 그들이 우리를 사랑한다는 사실입니다. 왜냐하면 그들이 우리를 사랑하는 이상, 그들은 우리의 가르침에 귀를 기울일 것이기 때문입니다.

오늘 우리는 진짜 겨울의 첫 경험을 하고 있습니다. 진눈깨비가 섞인 폭풍우가 내려 한국 사람들을 놀라게 하였습니다. 몇몇 한국 사람들은 용감하게 바깥나들이를 했는데 희한한 나막신을 신어 진창을 피할 수는 있지만 절뚝거릴 수밖에 없었습니다. 듣지도 보지도 못한 이상한 방식이었으나 인도산 고무가 알려지지 않은 한국에서는 최선의 방법인 것 같았습니다.

지역 교인들은 엄청난 노력을 하고 외부로부터도 도움을 받아 결국 교회를 건립했습니다. 총 부채는 30달러밖에 되지 않았습니다. 이만한 돈이야 몇 주 안에 마련할 수 있을 것입니다. 물론 그것은 한국인에게 단순히 30달러가 아닙니다. 이곳에서는 150달러쯤 되는 돈이라고 생각해야 하지만, 그러나 지금까지도 하나님의 축복으로 돈을 모았으니 그것도 어떻게든 마련할 수 있을 것입니다.

지난해 8월 큰 태풍으로 인해 원래의 교회가 붕괴되면서 사람들은 큰 시련에 빠졌었는데, 이제 새로운 건물을 갖게 되어 크게 기뻐하고 있습니다. 전체적으로 볼 때 제대로 된 교회 같아 보이지는 않습니다. 그저 양철 지붕에다 벽은 나뭇가지를 끼워 넣어 회반죽으로 채웠고 바깥쪽만 희게 칠해져 있습니다. 안은 정확히 평범한 정사각형 모양인데 미국 남부 지방의 담배 창고처럼 생겼습니다. 또한 바닥에는 카펫도 깔려 있지 않고 난방도 되지 않아 요즘같이 추운 겨울날에는 좀 불편하지만 1,000여 명에 달하는 현재의 교인을 수용할 수 있습니다. 이 정도로 서늘하다면 내년 여름에는 얼마나 시원할지 생각해 보십시오!

선교기지의 의료사역은 현재 완벽하게 진행되고 있습니다. 병원은 마침내 문을 열었고, 환자를 받기 시작했습니다. 통계를 알 수 있을 만큼 오래 문을 열지 않아 잘은 몰라도 여러분에게는 그저 다행스러운 일에 지나지 않을 수도 있지만 한국인들에게는 천국이나 마찬가지입니다. 물론 어느 곳에서나 아픈 것은 당연히 좋지 않은 일입니다. 그러나 한국인이면서 아프다는 것은 더 불행한 일입니다! 사방 8피트의 방에서 다른 사람들과 먹고 자며 식단이라고 해야 겨우 절인 무와 밥밖에 없는 여기서 병원이란 그저 고통을 잠시 피하기 위해 택할 수 있는 임시방편일 뿐입니다. 결국 의사와 스태프들이 복음을 바탕으로 하여 끊임없이 노력하는 것만이 이 시설의 목적을 제대로 달성하는 것입니다.

브루엔과 소텔(Sawtell)은 북쪽 지방의 순회를 마치고 막 돌아왔습니다. 그곳에서 새로운 모임들을 방문하고, 기도처를 만나고, 안동이라는 곳에 새로운 선교기지를 세우기 위한 적절한 부지를 살펴보았습니다. 최근에 이사회에서 온 편지에 의하면, 기지를 지금 당장 그곳에 세울 수는 없다고 합니다. 하지만 이 일은 당장 이루어져야 할 사안입니다. 그렇지 않으면 잘할 수 있는 다른 사람에게 넘겨야 합니다. 왜냐하면 안동까지 철도가 연결되어 있지 않기 때문에 대구에서 그곳을 관리하기란 불가능한 일이기 때문입니다. 그곳이 우리의 영역 가운데 한 부분이기는 하지만 왔다 갔다 하는 데 며칠이 걸리는 여정일 뿐만 아니라 한 사람이 그곳을 순회하려면 일주일을 꼬박 투자해야 합니다. 만약 우리가 단지 이곳저곳 전도여행만 한다면 문제는 다릅니다. 문제는 그곳에서 예수 믿는 사람들이 해마다 배로 증가하고 있으니 여기서 그쪽 일을 제대로 감당할 수가 없는 것입니다.

새로운 선교사들이 도착해서 기쁩니다. 톰스 부부와 에식 양, 그리고 리트거스 양입니다. 아담스 부부가 10년 전 이곳에 처음 정착했던 개척 시절에 비하면 지금 이곳 기지의 식구들은 대조가 될 만큼 매우 많아졌습니다. 올해가 대구에 기독교 사회가 조성되기 시작한 지 10주년이 되는 해이기에 기독교인들은 (하느님에 대한) 특별한 감사예배를 드렸습니다. 지난 10년간 하느님께서 이곳에서 역사하신 일은 엄청난 변화를 일으켰고, 위에서 언급한 바와 같이 이 지역에 거의 1만 명에 달하는 기독교인들을 배출시켰습니다. 당신은 왜 제가 새로운 선교사들이 오는 것을 즐거워하는지, 왜 더 많은 선교사들이 왔으면 하는지에 대해서 아실 것입니다!

　목사님들은 정규 업무 외에도 학교에서 각각 두 달씩 돌아가면서 교사 노릇도 합니다. 학교의 교사진이 부족하기 때문입니다. 그래서 우리는 필요로 하는 어떤 일이든 맡아 할 수 있는 준비가 되어 있어야 합니다. 우리가 설립한 학교와 우리를 따라 지방에서 설립된 교육기관들을 통해 온 나라에 교육운동이 번지고 있습니다. 북쪽 지방에 위치한 외진 곳에서 온 사람들은 수수께끼처럼 어려운 수학 문제를 들고 와서 질문을 하는데, 우리도 몰라서 머리를 싸매야 할 때가 한두 번이 아닙니다. 끙끙댈 지경입니다. 런던이 11시 30분 30초일 때 경도 176E에 있는 섬은 몇 시인지에 대한 질문에 대답하느라 혼이 났습니다. 만약에 선교사가 쉽고 간단한 문제를 즉석에서 답을 하지 못하면 사람들은 불신을 가지고 선교사의 권위에 의심의 눈초리를 보내게 됩니다!

　소텔 부인은 놀랍게도 여전히 건강하고, 우리 선교기지도 작년보다는 훨씬 건강하여 우리가 가장 감사하고 있는 부분입니다.

새해에는 좋은 일만 있으시기를
(서명) 월터 C. 어드만
[*CHB*, 145-147쪽]

3. 의학 교육

필자 미상, 1908-1909년

병원에서는 7명의 젊은 남성들이 의사가 되려고 준비하고 있습니다. 그들은 존슨 박사의 해부학, 생리학, 약물학, 치료법, 의료실습, 산부인과(학), 그리고 외과 영어 코스를 밟고 있습니다. 그들은 모두 잘 해내고 있습니다.(선교기지 보고서에서)

1. 1909년

거의 10년 동안 도보나 자전거나 한국 조랑말로 순회 여행을 해 오던 브루엔은 하얀 갈기를 가진 말(만주산 조랑말)을 한 마리 장만했습니다. 그리고 '하얀 갈기'라고 이름을 지어 주었습니다.

뒷줄 가운데가 존슨 박사이며, 앞줄 오른쪽 끝이 존슨의 부인인 에디트 파커 여사, 왼쪽 갓 쓴 이가 당시에 병원 선교부의 조사로 일하던 서자명, 그 옆의 간호원이 카메론으로 짐작된다. 나머지 남성들은 의학을 공부하던 학생들이다.(『동산의료원 100년』, 40쪽)

2. 1909년 6월 27일

존슨 박사는 지난주에 부인의 도움을 받아 처음으로 제왕절개 수술을 실시했습니다. 산모와 태아의 목숨을 살렸고, 이 수술 덕분에 존슨 박사는 유명해졌습니다. 존슨 박사는 나환자 치료도 개시하였습니다.

병원에서 조금 떨어져 있는 초가집에서 열 명의 나환자를 돌보고 있습니다.

박 씨라는 사람이 간에 커다란 종양이 생겨 병원을 찾아왔는데, 병으로 인해 너무 쇠약해지고 정신도 희미해져서 질문에 총명하게 대답하지 못했습니다. 그의 어머니와 사위는 이렇게 부탁했습니다. "이분은 예수를 믿지 않아서 우리가 하는 말을 듣지 않아요. 제발 당신이 할 수 있는 모든 걸 해서라도 치료해 주세요." 수술이 이루어지고 있는 동안 그들은 복도에서 기도하고 있었습니다.

박 씨는 처음에는 좀 관심이 있는 것처럼 보였으나 교리에 대해서는 아무런 흥미가 없었으며, 아침기도 때에는 자기 침대에 놓인 찬송가를 슬며시 밀쳐놓았습니다. 그는 6주가 지나 몸이 완전히 회복되어 찾아왔습니다. 그래서 그에게 아직도 예수님을 믿지 않는지 물었더니 그는 "어떻게 제가 감히 저를 살려 준 분이 전해 주시는 교리를 믿지 않겠습니까?"라고 대답했습니다. 그는 서당의 훈장인데 집으로 돌아가서 아이들에게 다음 주 일요일에는 수업이 없을 것이니 같이 교회로 가자고 했습니다.

[CHB, 147쪽]

4. 침술과 의료사역

연례보고, 1908-1909년(발췌)

1. 서론

우리가 지난 한 해 동안의 일들을 돌이켜 보면, 일이 진행되어 가는 정도로 따라가지 못하는 인간의 무능함에 갑자기 마음이 답답해집니다. 그래서 우리는 이 기회에 겸손하고도 신실한 마음으로 공개적으로 고백하지 않을 수 없습니다. 우리를 통해 이 백성들의 마음속에 그의 나라를 세우고자 하시는 하나님 아버지의 뜻이 사랑으로 이루어졌습니다. 하느님께서는 우리의 기도에 응답해 주셨습니다. 예를 들어 보겠습니다.

지난 가을과 겨울 내내 우리는 학교에서 가르칠 교사를 찾고 있었습니다. 우리에게는 건물도 있고 배우고 싶어 하는 학생들도 있었지만 이들을 정기적으로 가르칠 교사가 없었습니다. 봄이 오고 땅이 녹기 시작하면서 건물은 재개할 수 있게 되었습니다. 그러나 만약 학교가 교사를 구하지 못한다면 학교에 연관되어 있는 몇몇 교회는 올해에 우리가 두 번도 제대로 방문을 하지 못할 상황에 처하게 된 것입니다. 우리는 기지 회의에서 이 상황을 논의해 보았지만 안타깝게도 해결 방안을 찾지 못하였고, 결국 하나님께 기도드리는 수밖에는 별 도리가 없었습니다.

바로 그 다음날 아침식사가 시작되기 전, 아담스가 평양의 한 선교사로부터 편지를 받았습니다. 졸업생 한 명이 지방의 어느 교회에 취직이 되었는데 교회 재정이 바닥이 나서 더 이상 일을 할 수 없게 되었다며 대구에 혹시 일자리가 있는지를 묻는 것이었습니다. 우리의 기도에 대한 응답에 우리는 하나님께 감사와 찬송을 드렸습니다.

우리 기지는 브루엔 내외, 톰스 내외(Mr. and Mrs. Toms), 에식과 밀(Miss Essick and Mill), 그리고 윈(Mr. George Winn)의 복귀로 인해 기쁨이 두 배가 되었습니다. 선교기지의 기숙사는 항상 새로 오는 선교사들 때문에 방이 찼었지만, 꼭 한 명 정도는 더 수용할 수 있었습니다. 올해의 전체적인 상황은 굉장히 양호한 편이었습니다.

2. 새로운 자산 분야

지난 연회 이후로 학교는 완공이 되었습니다. Fairbanks Morse & Co. 회사의 모르스(Mr. Morse) 씨가 기증한 풍력기를 설치한 덕에 병원으로 물을 지속적으로 공급할 수 있게 되었습니다. 친구의 배려 덕택에 어드만(Mr. Erdman)의 집을 지을 수 있게 되었습니다. 홍보위원회의 활약으로 다른 후원자들의 도움을 받을 수 있어서 독신 여성들의 숙소가 현재 건설 중인데 다음 연회 이전에 완공될 예정입니다.

3. 전도 분야

경상북도에서 사역이 크게 성장한 것은 선교사들이 설교를 잘한 덕분이 아니라 한국인 교인들의 신실한 믿음 덕분입니다. 의무로서 설교를 하는 사람들뿐만 아니라 열심히 믿는 사람들이 있기 때문입니다. 왜냐하면 그들은 모두가 자기 이웃에게 설교를 하며 살아가는 사람들이라고 할 수 있습니다. 그들 중 대다수는 무식한 사람들이지만 복음을 전파하는 데 있어서 그것은 아무런 문제가 되지 않았습니다. 그것이 그들을 평화롭게 하며, 또한 예수를 믿는 대가를 치를 준비가 되었기 때문에 그들이 예수를 사랑한다는 말 이상을 말하게 해 주기 때문입니다. 주님께서 시장 바닥에 뿌려진 씨앗을 싹틔우고 열매를 맺게 하여 30배, 60배 혹은 100배로 불어나도록 하고, 더욱이 속세의 걱정이 닿지 않는 산골짜기 마을에 사는 어떤 사람이 수확하도록 하시는 것은 더욱 놀라운 일입니다.

4. 의료 분야

아메바 이질이 매우 유행했습니다. 진료실을 첫 번째로 찾아온 나병 환자는 손가락과 발가락이 떨어져 나간 어린 스님이었습니다. 그는 나을 수 없다면 차라리 죽여 달라고 애원했습니다.

매우 원시적인 형태의 치료로 '침'이라 알려진 가느다란 바늘을 환부에 찔러 넣는 방법이 있습니다. 그것은 소독된 것이 아니기에 병을 치료하는 대신 농양을 만들어 내거나 관절을 굳게 하기도 했습니다.

사람들은 질병의 원인이 사악한 영혼이라고 믿었기에 그것을 몰아내기 위해 '침'을 몸의 아픈 부위에 찔러 넣었던 것입니다.

구분 \ 연도	1899	1900	1901	1902	1903	1904	1905	1906	1907	1908
출석자 증가	2	2	3	6	25	21	65	125	280	428
학습자 증가	5	6	13	26	175	60	562	759	1,300	1,353
해외후원 조사	1	2	2	3	4	3	5	5	0	0
부분적 국내후원 조사	0	0	0	0	0	0	0	3	7	7
완전 국내후원 조사	0	0	0	0	0	0	0	1	2	4
해외후원 권서	0	0	0	0	2	0	2	3	3	4
국내후원 권서	0	0	0	0	0	0	0	0	0	9

[*CHB*, 142-144쪽]

5. 왕의 행차

맥파랜드, 대구에서 1907년 1월 25일[64]

모레 나는 부산으로 떠납니다. 열흘 예정인데 그곳에서 열리는 선교사 회의를 돕기 위해서입니다. 이 회의는 언제나 구정 전후에 열리는데 그때는 연휴라 사람들이 참가하기가 쉽기 때문입니다. 사실 다른 날을 잡는 것은 불가능한 일입니다.

우리의 남성들을 위한 대규모 사경회가 며칠 내로 열릴 텐데 많은 남성들이 참석하기를 기대하고 있습니다. 우리가 새로 마련한 큰 교회당은 확실히 편리할 것입니다. 1,500명을 수용할 수 있는 데다 강단에 서서 연사의 얼굴을 쳐다보는 그 많은 청중들을 향해 연설을 하면 아마도 크게 감동을 줄 수 있을 것입니다. 어제의 집회 때에는 교회당이 가득 찼으며, 브루엔도 근사하게 설교를 했습니다. 그의 한국말 솜씨는 워낙 유창해서 청중들이 매우 즐거워합니다. 커다란 강단에는 벤치가 두 줄이 놓여 있었는데 거기에 우리 선교사들과 한국인 장로들이 앉았습

---

64) 역주-CHB본의 1907년 1월 25일은 분명 오류이다. 본문에는 같은 해 10월과 11월에 있었던 일이 기록되어 있고, 특히 왕(King)이 다녀갔다는 내용은 1909년 1월 순종의 대구 방문을 시사하기 때문이다.

니다.

이곳 대구기지에는 일곱 가족과 아직 여기에 남아 있는 카메론 양까지 포함해서 3명의 독신 여성, 그리고 11명의 어린아이들이 있습니다. 우리는 이번 봄에 두 채의 새로운 집을 지을 것이며, 만약 돈이 생긴다면 세 번째 집도 지을 것입니다. 나는 오후 내내 아담스와 회의하느라 시간을 보냈는데, 톰스가 살게 될 새로운 집의 위치와 설계에 대하여 논의를 했습니다. 사실 새로 짓는 집마다 집터와 방향 때문에 너무 많은 문제가 발생했습니다.

우리의 집들은 모두 말발굽처럼 생긴 언덕 위에 지어져 서쪽을 향하여 확 트인 시골을 바라보도록 되어 있는데, 바렛은 거기서 좀 떨어진 곳에 자리를 잡아 도시를 마주보는 방향으로 지었습니다. 우리의 집들과 바렛의 집 사이에는 어드만의 집과 독신 여성들을 위한 집이 들어섰기 때문에 톰스는 하는 수 없이 저 너머 언덕 끄트머리에 자리를 잡았습니다. 하지만 그도 우리와 마찬가지로 서향을 원했기 때문에 바렛의 집에 살고 있는 소텔은 달랑 자기 집만 동쪽을 향하게 되고 새로 짓는 집도 뒷문이 자기 집 앞을 가리게 될 것이라며 크게 걱정을 했습니다. 하지만 집터를 비롯한 모든 것들이 최대한 집을 서쪽으로 향할 수 있도록 했습니다. 이렇게 우리는 오후 내내 이 문제를 중재하고 최선의 설계를 끝냈습니다. 나는 마지막 네 집을 신축하는 데 건축위원 노릇을 감당해야 했습니다. 그때마다 문제가 있었기 때문입니다.

나는 매일 한 시간씩 갓 선교 현장에 발을 내디딘 사람들을 위해 한국어도 가르쳐야 했습니다.

왕(King)께서 이곳을 다녀간 후 우리는 모두 아담스 부인의 집에 모였는데 선교기지의 여성들은 한국인 관찰사의 부인으로 말미암아 즐거

1909년 2월 27일, 톰스가 뉴욕의 가족 Robert Toms에게 보낸 엽서
대구 시내와 선교 건물들을 동쪽에서 바라본 전경. 사진의 가운데 x 표시가 교회이고, 오른편 작은 점으로 표시한 곳이 톰스의 집이라는 설명이 붙어 있다.(한국기독교역사박물관, 제12회 기획전시회 "희귀선교엽서전 – 엽서에 실린 복음과 선교소식", 17쪽)

웠고, 우리 기지의 여성들도 그녀를 비롯하여 여러 관리 부인들을 즐겁게 해 드렸습니다. 특히 맥파랜드 부인은 관찰사 부인과 친밀한 관계가 되어 올해는 그녀가 예수를 믿게 되기를 바란다며 새해를 맞아 예쁘게 쓴 편지와 함께 캔디를 담은 앙증스런 선물 박스도 보냈습니다. 관찰사 부인도 답례로 아주 예쁜 노트와 대추 같은 과일, 그리고 곶감을 보내왔습니다. 왕은 이곳에 있는 동안 병원을 위해 사용하라며 우리에

---

65) 역주-대구 향토 역사 연구가인 권상구 선생은 『궁내부내각기록』과 『남서순행일기 1909』에 당시 순종이 야소교 전도교회 병원에 200환의 하사금을 지급한 기록이 있다는 정보를 제공했다.

게 100달러를 주고 갔습니다.[65] 나는 왕이 이곳 대구를 방문했을 때 찍은 사진을 보내 드릴 작정입니다.

새로운 선교사들인 소텔 부부는 1907년 10월 16일에 도착했고, 톰스 부부는 1908년 11월 18일에 도착했습니다.

[*CHB*, 126-127쪽]

6. 당신의 멋진 자녀들

밀스(Thornton A. Mills) 목사, 뉴욕연합장로교회 1909년 4월 10일

친애하는 브루엔(James de Hart Bruen, Belvidere, N. J.)[66] 씨에게

한동안 당신 아들의 가족과 함께 지내게 될 사람이 제 여식이라는 것을 알고 계시리라 믿습니다. 제가 알던 그 훌륭한 사내아이 중 한 명이 제 딸의 호스트를 맡게 된다는 생각에 매우 기분이 좋습니다. Rae의 편지에서 인용한 다음과 같은 글에 관심이 있으시리라 생각합니다.

제가 조만간 머무르게 될 곳은 대구의 친애하는 브루엔 선생 댁입니다. 그는 말할 것도 없이 한국에서 본 남자들 중 가장 훌륭한 남자입니다. 대구에서 독신으로 살기로 마음먹은 여성들에게는 다행스런 일입니다. 여자 없이 지내는 그런 남자는 더 이상 없으니까요. 정말로 그는 깊고 신실한 신앙심을 갖고 있어 하나님과 가까이 지내며, 상식을 갖추고 있을 뿐만 아니라 유쾌하기까지 한 사람입니다. 브루엔 부인은 너무 예쁘고 멋있고 영리하며,

---

66) 역주-브루엔 선교사의 아버지.

귀엽고 영리한 말만 골라서 하며, 저처럼 명랑해 보이기 위해 천박한 말을 사용치 않으며, 어머니처럼 재치가 있는 분입니다. 그분은 과도하지 않을 만큼 건전한 신앙생활을 하고 계셔서 이 모든 것을 종합해 볼 때 같이 살고 싶은 사람이기도 합니다. 그녀와 브루엔 선생은 서로 깊이 사랑하여서 두 분이 함께 있는 모습은 보는 사람마저 기분이 좋게 만듭니다. 이들의 외동딸 '난'은 이제 네 살인데, 맑은 눈가 붉은 뺨을 가져 토실토실하고 건강한 모습이 참으로 사랑스럽습니다. 교육을 잘 받아 매우 명랑합니다. 이 아이와 함께 지내면 너무 즐거울 것 같습니다.

가족들 중 가장 사랑스러운 이가 '버스터'입니다. 이 녀석에 대해서는 어떻게 설명할 수가 없습니다. '재퍼니스 친' 종(種)을 본 적이 있으시다면 이 개가 얼마나 기막힌 녀석인지 아실 것이며, 보지 못하셨다면 유감스럽지만 어쩔 수 없이 모르고 넘어가셔야 합니다. 점잖고, 귀엽고, 장난기 어리고, 무례하고, 원숭이 같고… 등등의 단어가 모두 적용되지만 역시 부적절합니다. 이 녀석은 관심을 가져주는 사람이면 누구에게든지 아낌없이 호의를 베풀고, 혀를 내밀고, 흑백색의 긴 털을 자랑하기도 합니다. 그러니 우리가 얼마나 친한지는 말씀드릴 필요도 없습니다.

이제 제가 얼마나 브루엔 씨 집에 가고 싶어 하는지 아실 것입니다. 그리고 거기서 얼마나 행복하게 지낼지도 짐작할 수 있으실 것입니다.

이 글은 우리 딸이 가장 친한 친구들에게만 보낸 편지에서 인용한 글입니다. 우리 딸은 맥파랜드 씨 댁에서도 매우 즐겁게 지냈으며, 그들과 깊은 정이 들었다고 편지에 적혀 있었습니다. 하지만 목사님의 자녀들에 대한 이야기를 저 혼자 보기에는 너무 아까워 당신에게도 보냅니다.

아름다운 벨비데르에서 건강하시고 모든 일에 번창하시길 바랍니다. 브루엔 부인에게도 안부 전해 주시기 바랍니다.

우정 어린 따뜻한 마음을 담아
(사인) 톤튼 밀스
[*CHB*, 158쪽]

7. 피보호국[67]

백낙준, 1905-1909년

1905년 3월 일본이 심양에서 일어난 러시아와의 전쟁에서 커다란 손실을 입은 후, 5월에는 한국 해협(쓰시마 해협)에서 러시아의 발틱 함대를 함락시켰습니다.[68] 일본은 이제 한국의 통신과 한국 내 수로 항해의 자유를 통제하면서 한국을 일본 제국으로 합병시키는 일을 추진하고 있습니다. 일본이 한국에게 을사늑약을 강요했을 때, 무력한 황제는 전 관립학교의 책임자였던 미국인 호머 헐버트를 특사로 임명하여 미국

---

67) 출처: George L. Paik, *The History of Protestant Missions in Korea 1832-1910*, 260-261, 347-348. 이 책의 번역은 백낙준, 『한국개신교사 1832-1910』, 연세대학교 출판부, 1998.

68) 역주-1905년 5월 27일, 러시아 발틱 함대가 쓰시마 해협에서 일본에 패배했다. 전쟁에서 패한 러시아에는 1905년 혁명의 도화선이 되었고, 반대로 일본은 강국으로 발돋움했다. 러시아가 만주의 자원을 착취하는 데 일본을 배제하자 도고 헤이하치로 제독이 이끄는 일본 함대는 뤼순(旅順)항과 한국의 제물포에서 포격과 어뢰 공격을 가해 러시아 태평양 함대를 무력화시켰다. 도고는 혼슈와 쓰시마 섬 사이에서 러시아 함대에 매복 공격을 가해 러시아 해군 1만 명가량이 사망하고 순양함 1대와 구축함 2대만 살아남았다. 일본 측의 피해는 어뢰정 3대와 군인 1천 명에 불과했다.

으로 보냈습니다. 미국 대통령에게 한국의 이 상황을 도와달라는 배려를 요청토록 한 것입니다. 일본은 헐버트의 파견을 의심스럽게 보고 헐버트가 워싱턴을 향해 대륙을 건너고 있는 동안 1905년 포츠머스 조약[69]의 체결을 서둘러 통과시켜 버렸습니다. 그리하여 미국 대통령은 한국 황제의 특사 면담을 거절했고, 보좌관을 통해 이제부터 미국과 한국의 일들은 일본 정부를 통해서 해결될 것이라고 전달했습니다. 그 사이에 일본은 그들의 일을 끝냈고, 그로 인해 헐버트는 더 이상 아무 것도 할 수가 없었습니다.

한국 정부의 외교 문제가 일본으로 넘겨지자마자 미국은 가장 먼저 자국의 공사를 철수시켰습니다. 이는 한국인들을 분노케 했고, 한국 주재 미국인들에게는 민망함을 안겨 주었습니다. 1882년 미국과 한국이 외세의 침범이 있을 경우 서로 돕기로 한 조약을 맺었음에도 불구하고 도와주지 않으니, 결국 한국이 가장 친구가 필요했을 때 미국 정부는 한국을 도와주지 못한 것입니다. 이런 상황은 일부 한국인들에게 미국에 대한 배신감을 야기시켰을 뿐만 아니라 또한 미국 선교사들의 지위도 아주 어렵게 만들었습니다.

일본은 두 나라 사이에 수세기에 걸쳐 지속되어 온 증오와 오해가 쌓인 불리한 조건 아래서 한반도를 통치하기 시작했지만, 일본 군벌의 크롬웰[70]식 통치 방식은 잘 해 보겠다던 이토 히로부미의 속셈도 수포로

---

69) 역주-1905년 8월 10일 미국 대통령 루스벨트의 중재로 러시아와 일본 사이에 이루어진 전쟁 강화조약. ① 한국에 대한 이른바 일본의 지도 · 보호 · 감리권의 승인 ② 여순(旅順) · 여대(旅大)의 조차권, 장춘(長春) 이남의 철도 부설권의 할양 ③ 배상금을 청구하지 않는 조건으로 북위 50도 이남의 남사할린 섬 할양 ④ 동해 · 오호츠크해 · 베링해의 러시아령 연안의 어업권을 일본에 양도한다는 등의 내용으로 되어 있다.

만들고 두 나라의 불화만 조장시켰을 뿐 아니라 양국민의 민족감정을 더욱 악화시켰습니다.

황제는 아직까지 명목상 나라의 주권자였으나 말 그대로 명목상의 최고 권위자일 뿐이었습니다. 일본의 보호정치가 점점 강압적으로 이루어지자 애국심과 전통, 그리고 사리사욕마저 합쳐져서 일본에 대한 황제와 궁정의 적개심은 더욱 커 갔습니다. 1905년에 황제는 미국의 도움을 받는 데 실패하였으면서도 그는 여전히 일본을 몰아내려는 헛된 노력을 계속했습니다. 그는 1907년 헤이그에서 열리는 만국평화회의에 밀사를 파견하여 그곳에 모인 나라들의 중재를 요청하였습니다. 그러나 그곳에는 일본과 다투면서까지 한국에 대해 주목할 만큼 관심을 가진 나라들도 없었고, 회의 때에도 사람들은 밀사의 말에 귀를 기울이지 않았습니다.

곧 황제의 퇴위라는 더 큰 비극이 일어났습니다. 힘없고 측은한 통치자는 간신들의 무리에 둘러싸여 설득을 당했고, 1908년 7월 19일에 황태자에게 왕위를 이양해야만 했습니다. 그의 유약한 성격과 무능함에도 불구하고 그의 생각과 의도는 원래 국민을 위하는 데 있다고 믿었기 때문에 백성들은 그 뜻에 대한 보답으로 황제에게 충성을 다하는 한편, 일본에 대한 적개심은 더욱 높아 갔습니다.

황제가 퇴위당하자 군사도 해산되었습니다. 그러자 곧 군인 출신들은 일본에 저항하기 위해 의병을 조직하여 온 나라가 소란하게 되었습니다. 기백이 넘치는 수많은 젊은이들이 미국과 시베리아와 중국으로

---

70) 역주-청교도혁명으로 공화정을 수립한 영국의 혁명가이지만 그가 과연 경건하고 사심 없는 혁명가였는지 혹은 잔혹하고 광신적인 독재자였는지는 평가가 엇갈린다.

망명하였는데, 이는 단지 자신의 안전을 도모하기 위해서가 아니라 해외에서 정치 활동을 계속 해 나가기 위함이었습니다.

드디어 일본인 총독이 임명되었습니다. 황제는 꼭두각시일 뿐 그가 실질적인 권력자로 행세하였으며, 모든 공문서를 일본어로 바꾸었습니다. 일본 정부는 산요 철도와 수송선을 매입하여 군대를 이동시킬 수 있도록 했을 뿐만 아니라 수백 명의 일본인 민간인들이 대구에 올 수 있도록 했습니다. 일본인들은 한국인들을 무장 해제시켜 그들이 가진 활과 화살마저 압수했으며, 부엌칼도 세 가족당 하나씩만 허용했습니다. 그리고 각 마을에는 헌병을 주둔시켰습니다. 단위가 큰 마을에 한해서 학교를 하나씩만 설립해 초급 교육을 시작했지만 아이들은 모두 일본어로 배워야 했습니다. 도시의 이름도 모두 일본식으로 바꾸었는데 서울이 케이조로, 평양이 헤이조[71]로, 대구가 다이큐로, 그리고 제물포는 인천이 되었습니다. 한국은 조센이라 불리는 일본의 영토가 되었습니다. 이렇게 점점 증대되는 한국과 일본의 이질적인 관계는 드디어 1909년 10월 20일 하얼빈에서 한 젊은 한국인이 이토 후작을 암살하면서 끝이 났습니다.[72]

[CHB, 149-150쪽]

---

71) 역주-원문에는 Haiju로 잘못 표기되어 있다.
72) 역주-이 부분은 백낙준의 원문에는 없는 것으로, 편집자에 의해 삽입된 것으로 보인다.

8. 행복하지 않은 한국인들

매켄지, 1909년 무렵[73]

일본인들은 예전처럼 친밀하지 않다. 그들이 1904년 한국에 왔을 때 보통 사람들은 그들의 친구였다. 이제는 강렬한 비통함으로 그들을 증오하고 있다.

왜 그렇게 되었는가?

첫 번째 원인은 국가적인 문제입니다. 처음에 일본인들은 한국인들에게 우정을 내세우면서 독립을 보장해 주겠다는 확고한 약속을 전제로 다가왔습니다. 그러더니 자기 군대를 심기 시작했고, 한국을 자기네 영향권 안으로 넣어 버렸습니다. 그리고 약속을 어김과 동시에 한국의 자유도 박탈해 버렸습니다.

더 나아가 그들이 개인의 땅과 집을 빼앗은 것이 1,000여 건에 달했는데, 단지 그들이 원했기 때문이라는 것 외에는 아무런 이유가 없었습니다. 무질서한 일본 군대는 한반도를 휘저으며 제멋대로 남자들을 구

---

73) 역주-1909년 10월 26일 안중근의 이토 암살사건이 일어났는데, 이 글에 이토가 등장하는 것으로 보아 그전에 쓰인 것으로 짐작된다.

타했고, 여성들을 성폭행했으며, 도둑질과 살인을 했다고 합니다. 전쟁이 끝난 지금도 일본 군인들은 농작물을 짓밟고, 농장을 해하며 빼앗아 가는 등의 다수의 유사한 행위가 마구잡이로 이루어지고 있다고 합니다. 한국인들은 총검에 의해 정상 임금의 반도 안 되는 적은 돈을 받으며 강제 노역을 당하고, 법으로 정해진 것과 상관없이 일본인들이 요구하는 만큼의 세금을 내야 한다고 불만을 토로합니다. 그들은 일본인 관리들에게 호소했지만 들으려 하지도 않았고, 설사 듣는다 하더라도 아무런 해결책이 없었습니다.

처음 이런 불평을 들었을 때 나는 당연히 한국인들이 과장한 것이라고 생각했습니다. 내가 몇몇 일본인 지도자들에게 이런 문제를 이야기했더니 그들은 부분적으로 인정했습니다. 그러나 그것은 전쟁으로 말미암은 과거의 일시적인 문제일 뿐이고, 지금 일어나고 있는 일들은 전쟁 후에 따르기 마련인 부수적인 일이라고 주장했습니다. 그러나 내가 한국에 갔을 때는 너무나도 많은 새로운 일들이 이런 설명을 믿을 수 없게 만들었습니다.

나는 유럽인과 미국인 거주자들에게 질문을 했고, 그들이 기록해 둔 많은 사건들을 비교했습니다. 외교관들, 선교사들, 상인들, 의사들, 그리고 교사들은 모두 나에게 거의 비슷한 이야기를 해 주었습니다. 또한 이 이야기들은 한국인들에게 있었던 일들에 대해 더욱 자세히, 그리고 정확하게 설명해 주었습니다. 전부라고 말하긴 했지만, 그렇게 정확한 것은 아니었습니다.

나는 일본의 정책을 옹호하는 네 명의 백인을 만났습니다. 한 명은 일본인 기관에서 일하는 미국인 관리였으며, 다른 세 명은 일본 당국과 대규모 무역을 하는 상인들이었습니다. 이 네 명을 제외하고는 보통 태도가 이러했습니다. "우리는 더 이상 그전처럼 친러시아가 아닙니다." 그들은 또 말하기를, "우리는 일본의 멋진 미래를 믿습니다. 만약 지금의 시점만 잘 넘긴다면 말입니다. 그러나 일본은 지난 2년 동안 한국에게 너무나 악하게 굴었기 때문에 우리는 조용히 있을 수가 없습니다"라고 하였습니다.

나는 어느 편에도 속하지 않으면서 일본의 정책을 지지하는 백인이 있는지 엄청나게 찾아보았습니다. 마침내 내가 찾았다고 생각한 사람은 내륙에 살고 있는 한 선교사 의사였습니다. 그는 작년에 일본을 지지한다는 글을 아주 강력한 어조로 썼습니다. 아! 그러나 내가 마침 그를 만나러 갔을 때는 때가 좋지 않았습니다. 몇몇 일본인 병사들이 바로 전날 한국인 목사의 집을 침범한 사건이 있었습니다. 그가 일본군 병사들이 가정집 여성들의 구역으로 들어가려는 것을 막아서자 심하게 구타를 했다는 것입니다. 병사들은 며칠 전 의사의 조수 가운데 나이가 있는 어떤 한국인의 집도 이미 강탈한 적이 있었습니다. 그의 한국인 이웃들은 영토를 빼앗긴 데 대한 울분을 삭히고 있었습니다. 그곳에선 일본을 옹호하는 목소리를 들을 수가 없었습니다.

러일전쟁 초기에 일본이 한국에 발을 들여놓기 시작했을 때 그들은 공평하고 민주적인 정책을 채택했습니다. 그리고 한국이 내부적인 개혁을 위한 일본의 충고를 수용하는 대신 일본은 나라의 독립과 왕실의 안전을 보장하겠다는 약속을 담아 조약을 체결했습니다. 그리고 그들을 위해 제공된 한국인들의 노동력도 제대로 보상을 받았습니다.

그 후로 육지와 바다에서 일본의 승리가 계속되자 일본의 태도는 급속히 변했습니다. 일본은 한국을 점령할 수 있을 정도로 충분히 강하다는 자신감을 가졌고, 누구도 자신들을 방해하지 못할 것이라는 분명한 결론에 이르게 되었습니다.

  한국 정부로부터 고용된 외국 고문들은 점차적으로 제거되고, 그 자리는 일본인들로 채워졌습니다. 우체국이나 전화국 같은 다양한 공공시설은 노골적으로 일본이 장악하였습니다. 수천 명의 일본인 하층 계급 막노동자들이 한국으로 건너와 전국에 넘쳐나게 되었습니다. 한국의 치안은 이를 통제할 힘이 없었고, 일본은 힘이 있었지만 하려 하지 않았습니다. 잠시 동안 이들은 국내를 테러로 지배했습니다. 만약에 어떤 일본인이 자기가 들어가서 살고 싶은 가옥을 발견하면 그는 그 집의 가족들을 몰아내고 그 집을 차지해 버렸습니다. 만약 한국인이 저항하면 일본인은 그가 굴복할 때까지 구타하곤 했습니다. 이것은 꽤 자주 있는 일이었습니다.

  그러고는 영토가 급속히 일본화되어 갔습니다. 오래된 마을의 이름들은 일본식 이름으로 바뀌었습니다. 그래서 평양은 케이쥬(Kei-ju)[74]가 되었습니다. 일본은 양력 시간을 따르게 했고, 전통 한복을 벗어던지라고 강요했습니다. 학교에서는 한국인들에게 일본어를 가르치기 시작했습니다. "20년 안에 여기 있는 모든 사람들은 일본어 말고는 다른 언어를 사용하지 않을 것이다"라는 것이 일본인들이 자랑스레 내세우는 구호였습니다.

  이와 더불어 어떻게 해서든 일본 국민들이 토지에 대한 기득권을 획득할 수 있도록 해 주는 의도적인 정책도 만들어졌습니다. 일본 공사관은 숲과 광물자원들을 포함하여 전체 유휴지의 절반과 국토의 거의 절반에 달하는 땅을 나가모리라는 일본인에게 50년 동안 임대해 주도

---

74) 역주-오류이다. 평양은 헤이조로, 경성은 케이조로 불렸기 때문이다.

록 요구했습니다. 그는 임대료를 전혀 지불할 필요가 없었고, 임대 기간이 끝나면 오히려 복리로 모든 것을 돌려받도록 되어 있었습니다. 그 요구는 너무나도 부당했기 때문에 한국인들과 외국인들 사이에서 강력한 항의가 제기되어 폐지되었습니다. 그러나 토지를 장악하기 위한 또 다른 정책은 더 성공적이었습니다. 군사상 필요하다는 구실로 일본 정부 당국은 철도 부설지를 비롯하여 여러 지역, 특히 서울과 평양 외곽에서 가장 비옥하고 좋은 지역의 엄청난 토지를 차지했습니다. 이에 대해 한국 정부에는 쥐꼬리만한 적은 돈이 지불되었으며, 자기 집에서 쫓겨난 사람들에게는 한국 정부에게서 보상을 받으라고 했습니다.

일본 군부는 일단 땅에 대한 소유를 확실히 하고 난 후에는 일본인들에게 그 땅을 제공했고, 지금은 대규모 일본식 도시들이 그 도둑맞은 땅 위에 건립되고 있습니다. 이로 말미암아 수천 명의 멀쩡한 한국인들은 몰락했고, 그 자식들은 길거리의 거지로 내몰렸습니다.

땅을 차지하기 위한 계략들은 너무나 불공평했고, 너무나 다양했습니다. 전쟁 이후 이 같은 일들은 계속해서 일어나고 있습니다. 서울에서 의주까지의 철도는 대규모 토지 위에 설비되어 그들의 소유가 되어 버렸고, 건설은 군인이나 경찰들에게 끌려온 노동자들에 의해 강제로 이루어진 것이었습니다. 비록 총독부에서 지금은 부인하고 있지만, 나는 이 강제 노동자들이 아직도 북쪽 지방에서 발목이 묶여 고생하고 있다는 것을 1, 2주 전에 알게 되었습니다.

동시에 그들은 보통 사람들을 향해서도 계속해서 불필요할 정도로 난폭하게 굴고 있습니다. 일본인들은 한국 사람들을 겁쟁이라고 경멸하며, 또 그렇게 취급하고 있는 것입니다. 나는 그들이 행한 수많은 잔혹행위 중에서 나와 관련된 믿을 만한 증언들을 토대로 극단적인 상상을 해 봅니다. 그들은 한국 사람을 폭행하는 것을 마치 자유를 행사하는 것인 양 생각하고 있으며, 그렇게 되니 백인들에게도 똑같이 행할 수 있는 권리를 가졌다고 여기는 것 같습니다. 결국 웨이갈 부부, 로마 가톨릭 주교, 미국 총영사, 미국 여성 선교사들, 그리고 다른 많은 사람들에게 행한 포악한 행위도 자연스러운 결과였던 셈입니다. 만약에 한국인이 일본 영사에게 항의라도 했다면 그는 한 대 얻어맞고 문 앞에 쓰러져 있었을 것입니다. 일본인들은 사람들의 마음속에 공포심을 조장하는 것을 목표로 하기 때문에 이런 식으로 하는 것이 그들에게는 최선일 따름입니다.

나는 이런 공포를 조장하는 일이 일본 양심 세력들 사이에서 반성이 일어나 곧 중단되기를 희망한다는 사실을 알고 있습니다. 이토 백작 자신과 그의 보좌관들이 기꺼이 해결책을 찾으리라 믿습니다. 가장 큰 책임은 한국에 주둔하고 있는 일본 군대의 태도에 있습니다. 그리고 다음은 같은 일본인이라면 어떠한 상황에서도 무조건 편을 들어 주는 것이 자신의 의무라 생각하는 하급 관리들의 생각도 문제입니다. 마지막으로 문제가 되는 것은 전쟁 중에는 다수의 개인의 잘못은 용납이 된다는 생각을 가진 정책 수립자들입니다.

*London Daily Mail*의 기사 중에서
[*CHB*, 150-153쪽]

9. 아담스 부인 세상을 떠나다

존슨, 대구에서 1909년
대구기지의 연례 보고서(발췌)

　아담스 부인(넬리 딕)이 1909년 8월 31일에 세상을 떠났습니다. 그녀를 존경하는 한 기독교인이 아담스 부인을 '경상북도 기독교인들의 어머니'라고 이름 지어 애정 어린 헌사를 남길 정도로 그녀의 죽음은 결코 의미 없는 것이 아니었습니다.
　브루엔이 장례식 준비위원장으로 책임을 맡았습니다. 선교기지의 남자들은 관을 만들었고, 한국 여인들은 흰색 명주실로 끈을 둘렀습니다. 아담스 부인은 선교단지의 남쪽에 묻혔고, 주변에는 소나무가 심어졌습니다.
　한국인 남성들은 무언가 돕기 원해 은으로 된 판에 그녀의 이름과 생일, 한국에 도착한 날짜, 그리고 사망일을 새겨 넣었습니다. 2, 3천 명의 한국인들이 울면서 장례 행렬을 따라 무덤까지 갔습니다. 브루엔은 한국어로 설교를 했습니다. 그 장지는 브루엔 가족이 1904년에 매입한 곳입니다.

「대구기지의 연례 보고서 1909」 43쪽에서 인용

[*CHB*, 148쪽]

10. 안동의 양반들[75]

브루엔, *The Korea Mission Field*에 실린 글 인용

경상북도에서 일하는 선교사들에게 안동의 양반들은 언제나 다가가기가 어려운 사람들입니다. 그들은 보수적인 사람들이고, 새로운 것을 멀리하며, 외국인이나 모든 외래문화에 대해 의기양양하게 경멸하는 태도를 가진 사람들이기 때문입니다. 아담스가 몇 년 전에 이 지역에 개척 출장을 갔을 때 사람들은 그를 마치 상놈 다루듯이 반말을 했습니다. 안동의 양반 집안들은 한국의 남쪽 지방에서 널리 알려져 있으며, 사람들이 갈망하는 현감 같은 높은 벼슬을 꿰어 차는 수혜자들이었습니다. 우리는 이들에게서 반응을 얻어 내려면 오랫동안 갈고닦아야 할 것으로 이미 생각하고 있었습니다.

그런데 이게 웬일입니까? 이 지역을 담당하는 조사가 평양에서 신학 공부를 마치고 이곳에 들어갔다가 두 달 동안이나 나오지 못했습니다. 이 양반 동네에서 개설한 수업에 너무나 많은 사람들이 몰려들었기 때

---

75) 역주-날짜가 명기되어 있지 않으나 1907년에 부임한 소텔 선교사(Rev. C. Sawtell)가 언급된 것으로 보아 당시에 쓰인 글로 짐작된다.

문입니다.

　30명에서 130명가량의 사람들이 모여드는 곳이 여러 군데입니다. 최근 군수로 취임한 사람의 집이 이 집회를 위해 개방되었고, 그 지역에서 가장 큰 기와집이 교회로 탈바꿈하였습니다. 이런 움직임은 지난봄부터 시작되었습니다. 그들은 계속해서 100마일이나 떨어진 대구로 파견단을 보내 반드시 목사님을 모셔가겠다며 졸랐습니다. 자기들에게 보다 분명히 복음을 설명하고 가르쳐 줄 사람이 필요하다는 것입니다. 그러나 아직까지는 연회 참석 때문에 아무도 갈 수가 없었습니다.

　지난 3개월간 그 지역에서 온 사람들에게 수백 엔에 해당하는 책들이 팔렸습니다. 이 움직임이 생기게 된 이유가 무엇이었든 간에 그것은 사람이 결코 만들어 낼 수 없는, 오로지 하나님께서만 열어 주실 수 있는 유일하고 놀랄 만한 기회의 문임이 확실합니다.

　지난 수년간 한 신참 선교사가 이 지역을 도맡아 있었으며, 소텔 씨는 네 번째로 이 일을 계승했습니다. 그럼에도 우리는 주님의 은혜로 말미암아 이번 연회에서 안동에 800명의 기독교인이 생겼다고 보고할 수 있게 되었습니다. 이제 이 일을 제대로 도모할 수 있는 길이 열렸고, 이 39만 영혼들 사이에서 일할 마음에 부풀어 있는 선교사가 네 명이나 생겼다는 사실은 매우 기쁩니다. 조사 한 분은 현재 안동에 거주하고 있으며, 네 명의 권서가 북쪽 지방에 복음을 전하고 있는데, 최근에 설립된 책방은 밤낮 할 것 없이 사람들로 붐비고 있습니다.

　간절한 기대감이 거만한 무관심의 자리를 대신 채우고 있습니다. 찾아지기를 기다리는 대신에 이제 그들이 찾아 나서는 사람들이 되었습니다. 지난 수백 년간의 전통 아래 이루어 낸 자만심이 하루 아침에 무너져 내렸습니다. 더 이상 과거가 아닌 미래에서 분명히 일어날 수 있는 새로운 기반을 찾아야 합니다. 영원한 반석을.

[*CHB*, 163-164쪽]

11. 안동에서 겪은 수난

존 크로터스, 대구에서 브라운 박사에게(발췌)
1909년 11월 27일

    두 명의 조사가 2주 정도를 예정하고 대구에서 안동으로 갔는데 한 달을 머물게 되었습니다. 오로지 성경책과 찬송가만으로 600명에 이르는 청중들을 모았습니다. 넉 달 후에 다른 두 명의 조사가 안동을 방문했더니, 어떤 모임은 정기적으로 200여 명이 참석하는 규모가 되어 있었습니다. 안동에는 책 가게도 문을 열어 자발적으로 운영을 하고 보람된 일을 하고 있었습니다.
    기독교를 향한 그러한 훌륭한 움직임이 생겨나니 반대파들도 자연스럽게 생겨났습니다. 어드만의 권서 가운데 한 사람은 시장에서 전도집회를 하면서 몇 차례에 걸쳐 책을 뿌린 적이 있는데 그때 한국인 한 사람에게 구타를 당하기도 했습니다. 또 한 번은 지방의 군졸이 설교자를 건드리지는 않았지만 설교를 듣고 있는 사람들을 방망이로 때리는 일도 있었습니다. 또 어느 한 마을에서는 어떤 양반이 기독교를 믿게 되었는데 기독교를 반대하는 사람들이 그의 집에 불을 질러 버렸습니다. 그런데 같은 교인들이 나서서 노동과 자재를 제공하여 그에게 다시 집을 지어 주었습니다. 안동 근처에 살고 있는 소텔 씨의 한국어 선생님인 김 씨는 어떤 날에는 집에 돌아가는 것을 두려워하기도 했습니다.

[*CHB*, 148쪽]

12. 소텔의 죽음

필자 미상, 1909년 12월

아담스는 안동으로 가서 선교기지를 개설하겠다면서 지원자를 찾았는데 소텔이 가겠다고 했습니다. 그는 기독 캠프를 열어 7일 동안 150명의 한국인반을 운영했습니다. 그런 후에 6명씩 조를 짜서 사람들을 찾아다니며 기독교를 전파하고 저녁 집회에 초대했습니다. 그들은 시장에서 집으로 돌아가는 사람들에게 일일이 '예수'의 가르침을 담은 복음을 들어 본 적이 있는지를 물어보았습니다.

교회는 매일 밤 안동에서 온 98명의 새 신자들과 근처 마을에서 온 100여 명의 새로운 신자들로 가득했습니다.

대구로 돌아오자마자 체이스 C. 소텔 목사 내외는 장티푸스에 걸렸습니다. 소텔 부인은 병세가 가벼웠고, 소텔 씨는 회복되어 가고 있다고 생각했습니다. 그러나 그의 병세는 점차 악화되었고, 결국 1909년 11월 16일에 세상을 떠나고 말았습니다.

[CHB, 153쪽]

13. 계성학교의 교과 과정

필자 미상, 1909-1910년

남자 학교(계성학교). "계성학교는 4년제인데, 현재 4개의 학급이 운영되고 있지만 상급반은 정규반이 아니기 때문에 아직 아무도 졸업을 하지 못했습니다. 이들은 오는 겨울에 전체 교육 과정을 마치게 될 것입니다."

일본어 과정이 개설되어 첫 반년은 일본 선생님이, 그리고 나머지 반년은 한국인 일본어 선생님이 가르쳤습니다. 일본인 선생님은 한국어를 전혀 할 줄 몰랐으므로 한국인이 담당한 교육이 훨씬 만족스러웠습니다.

선교사로서 교사 노릇을 했던 사람들은 아담스와 미술을 가르친 톰스 부인, 그리고 음악을 가르친 톰스 등이었습니다.

[CHB, 148쪽]

14. 대구와 안동의 연계

1909년 12월

　대구 선교기지는 원래 바렛에게 책임이 주어진 안동 지역까지 포함하고 있었습니다. 그는 1903년 봄에 처음으로 브루엔과 함께 그곳을 방문했습니다. 그런데 브루엔은 발진티푸스에 걸려 집으로 돌아갈 수밖에 없었습니다. 바렛 부부는 건강 문제로 1906년 가을에 미국으로 돌아갈 수밖에 없어서 맥파랜드 목사가 안동 지역의 책임을 맡게 되었고, 그 후 2년은 어드만 목사(Rev. Walter C. Erdman)가 넘겨받았습니다. 이 두 분은 모두 신참 선교사였습니다.
　약속한 대로 안동에는 1908년에 독립 선교기지가 문을 열었습니다. 담당자는 소텔 목사(Rev. C. C. Sawtell)였는데 그는 1년 전에 도착하여 그동안 대구기지에서 일해 왔습니다. 그는 브루엔과 함께 1908년 12월 1일 대구에서 출발해 안동을 방문했고, 공관 부지를 구입할 수 있는 선택권을 확보했습니다.
　1909년 원주기지의 설립안이 그 지역 관할 감리교단으로 넘어가 버리자 웰본(Welbon) 부부와 플레처 박사(A. G. Fletcher, M.D.)는 안동으로 이동했습니다. 1909년 10월에 소텔 씨와 웰본 씨는 함께 순회전도를 떠났지만, 나중에는 각기 다른 지역을 맡기 위해 헤어졌습니다. "열흘 후에 그들은 함께 안동으로 돌아왔습니다. 소텔 씨는 고열을 앓았는데 발진티푸스였습니다. 그는 선교기금을 아껴야 한다며 기어이 가마를 타지 않고 조랑말을 타고 대구까지 갔습니다. 중간에 두 번이나 떨어졌지만 그는 도착할 때까지 여행을 잘 견뎌 냈고, 11월 16일 죽기 이틀 전까지만 해도 그의 병은 그리 심각하지는 않았습니다. 크로터스 목사(Rev. J. Y. Crothers)가 그를 대신하도록 조치가 이루어졌습니다." 2년 후에 그는 소텔 부인(Mrs. Sawtell)의 동생인 엘라 맥클렁 양(Miss Ella McClung)과 결혼을 했습니다.

(Rhodes의 기록에서)
[*CHB*, 141쪽]

15. 대구 경북 기독교인들의 어머니

대구기지 연례보고, 1909-1910년(발췌)

1. 서론 : 출발

우리는 이번 한 해를 지금까지 중 가장 많은 인원으로 시작하면서 기대에 가득 부풀어 있었습니다. 그러나 10월 31일과 11월 16일에 우리의 계획은 무산되었습니다. 주님의 더 크신 뜻이 있어서 우리가 사랑하던 아담스 부인과 소텔 씨가 부름을 받았기 때문입니다.

소텔 씨는 현장에서 일한 지 2년밖에 안 되었지만 그는 풍부한 현장 지식과 육체적인 건강도 갖추었기에 오랫동안 활동적으로 봉사하리라 믿었고, 큰 도움이 될 것이라 확신했습니다. 그런데 이렇게 갑작스레 죽다니 정말 이해하기 어려운 일이었습니다. 아담스 부인의 죽음이 우리에게, 그리고 우리가 보아왔듯이 한국에서 실시되던 여성 사역에 얼마나 큰 손실인지는 도저히 표현할 길이 없습니다. 뿐만 아니라 그에 대한 감사를 그저 간단히 표현할 수 있는 것도 아닙니다. 아무 이유 없이 그녀에게 '경상북도 기독교인들의 어머니'라는 애정 깊은 헌사가 주어진 것이 아닙니다. 그녀는 모든 여성 업무의 한가운데에 있었고,

지나치지 않은 통솔력과 영향력을 발휘하는 데 필요한 모든 은사를 겸비하고 있었으며, 그래서 더더욱 그리움을 사고 있습니다.

2. 복음전도활동

(1) 시험과 선별

한 해 동안 시험을 보고 선별하는 일을 했습니다. 많은 이들이 시험을 치른 후 그 어느 때보다 강하고 활기찬 모습을 보이고 있지만, 거짓된 신봉자들 여러 명이 떨어져 나갔습니다. 무력함과 미적지근함의 원인은 찾기 어렵지 않습니다. 일본인들의 유입으로 말미암아 지금까지 알려지지 않았던 세계가 열리게 되었습니다. 그에 대한 혼란과 새로운 물질적 관심이 신앙심이 투철하지 못한 이들을 흔들리게 했습니다.

또한 지금까지 교회의 성장은 우리의 작은 선교단의 능력으로는 감당할 수 없을 만큼 커졌습니다. 게다가 아직 제대로 훈련된 한국인 사역자들이 얼마 없어서 그들로서는 새로 들어오는 사람들에게 필요한 교육을 제대로 시키지 못하고 있습니다. 어떤 이들은 자신이 완벽하게 이해하지 못했기 때문에 흥미를 잃어버렸기 때문일 것이고, 또 몇몇은 가르칠 선생님이 없으니 지적 욕구를 제대로 채우지 못해 흥미를 잃은 것이 아닌지 약간 의심이 됩니다. 그리고 교육은 한국인들이 당장에 갈망하는 문제이기 때문에 과거에 복음사업에 투자하여 어느 정도 성공을 거두었던 기독교 사회의 힘과 에너지를 소학교 설립에 투자하도록 만들었습니다.

(2) 남부와 동해 쪽의 순회

이 지역의 교회들은 고통을 받았습니다. 특히 '은혜교회'라고 불리는 동양 전도관의 이단적 가르침 때문입니다.

(3) 대구제일교회

대구기지를 맡고 있는 아담스와 브루엔은 이번 연회(1910)에서 안동에도 기지가 설치되어야 한다고 요청하였습니다.

3. 교육 : 여자 학교

브루엔 부인의 관리 하에 여자 학교(Girls' School)는 성공적인 한 해를 보냈습니다. 이 학교 선생님의 어머니이자 평양 출신의 기독교인이 가장 뛰어난 교사이며 아이들의 지도자임을 증명했습니다. 공간과 교구들이 적절치 않아 가르치는 일이 쉽지 않았습니다. 현재 학교는 선교기지 안에 있는 여성용 기숙사에서 진행되고 있지만 또 한 해를 그곳에서 진행하는 것은 불가능합니다. 이를 대비하는 일이 급선무입니다. 브루엔 부인 외에도 에식 양(Miss Essick), 톰스 부인(Mrs. Toms), 소텔 부인(Mrs. Sawtell), 그리고 어드만 부인(Mrs. Erdman)이 올해 각 분야에서 강사로 봉사했습니다.

늘어나는 필요성을 충족시키기 위해 선교기지는 대구에 여자 학교(Girls' Academy)의 설립을 승인해 달라고 선교위원회에 요청했습니다.

4. 의료선교

존슨 박사의 개인 보고서는 대구에서 제출된 것들 가운데 가장 흥미로운 의료사역 보고서 중 하나입니다. 이곳의 공간 부족으로 인해 의료사역이 상당히 제한되고 있다는 것은 안타까운 일입니다.

지난 한 해 또한 예수 그리스도를 따라가려는 노력을 계속했습니다. 이는 "가난한 이들에게 기쁜 소식을 전하고, 눈먼 이의 눈을 뜨게 하고, 상처 입은 이들에게 자유를 선사하며, 주님의 성공적인 한 해를 분명히 나타내는" 일이었습니다. 그 목적을 위해 매일 아침 기도를 드렸습니다. 소리 내어 읽기를 반복하도록 하니 많은 환자들이 주기도문과 사도신경을 외우게 되었습니다. 병원의 전도사인 서 씨는 환자 개개인과 친분을 맺기 위해 노력했습니다. 환자들을 위해 소리 내어 기도해 주고 성경책을 지급하여 읽도록 권유함으로써 영적인 환경을 유지시킵니다. 병원의 주일 오후예배는 브루엔 혹은 서 씨가 인도하였습니다. 존슨 박사는 병동 본관에서 의료 보조원들을 중심으로 성경반을 편성하여 환자들이 더욱 큰 은혜를 받을 수 있도록 하였습니다.

5. 훈련수업

(1) 교회 제직반

본래 열흘씩 하던 제직회가 이제는 일주일로 줄었습니다. 여기서 다루던 업무의 대부분이 노회와 산하 소위원회로 이관되었기 때문입니다. 부산의 스미스 씨가 휴가를 떠나기 직전에 이 반에 참여했습니다. 업무적인 일과 성경 공부가 효과적으로 통합되었고, 참여자는 여러 단위 집회의 지도자들과 집사들로 제한되었습니다. 그 열흘간 불편한 생활과 학습에도 불구하고 연인원 500명이 참가했습니다. 특히 게일 박사[76]가 맡은 수업과 저녁에 열린 회중집회는 참가자들에게 큰 즐거움을 주었습니다. 신약성서 소책자협회에서 온 데이비스 씨의 방문도 흥미를 더했고, 전도용으로 마가복음이 하루 저녁에 약 16,000부가 팔렸습니다. 게다가 날짜로 환산하면 사람들은 연간 3,211일을 전도에 헌신하겠다고 서약했습니다.

(2) 여성 사경회

계속해서 3월에는 여성 사경회가 열렸는데, 참가자가 560명이나 되었습니다. 관심의 지속과 전체적인 출석률을 볼 때 이번 여성반은 지금까지 진행했던 중에 최고였습니다. 집회가 끝나기 전에 집으로 돌아간 사람은 거의 없었고, 그저 구경만 하러 온 사람들도 별로 없었습니다. 이때가 되니 아담스 부인의 효율적인 통솔력과 가르침이 특히나 그리웠습니다. 선교기지의 모든 여성이 이 반에 참여했으며, 이들과

---

76) 역주-Dr. James Scarth Gale(1863-1937)은 캐나다 출신의 선교사이며 한국어 학자이기도 하다. 1888년 토론토(Toronto) 대학을 졸업하고 토론토 대학 학생기독교청년회의 선교사로 한국에 와서 부산, 서울 등지에서 선교사업에 종사했다. 기독교서회(基督教書會) 편집위원으로 아펜젤러(H. G. Appenzeller) 등과 함께 한국어로 성서를 번역했으며, 1895년에는 『천로역정』(天路歷程)을 최초로 한국어로 번역했고, 1897년에는 한국 최초의 *Korean-English Dictionary*를 편찬 발행했다.

학생들은 청주에서부터 도움을 주기 위해 찾아온 밀러 부인에게 감사를 표했습니다. 올해의 여성반에게는 조금 더 좋은 숙소를 제공할 수 있어서 좀 더 잘 보살필 수 있었고, 그 덕에 무더위에 숨이 막히는 경험은 피할 수 있었습니다. 그들이 도착할 때에는 몸과 마음을 동시에 따뜻하게 해 줄 수 있도록 뜨끈뜨끈한 국을 제공하여 환영했습니다. 덕분에 그들의 향학열은 높았고, 새로운 지식의 맛을 최대한 맛볼 수 있도록 했습니다.

(3) 정규반

6월에 3주 동안 열린 전도부인들을 위한 정규반은 처음 시도되었던 작년에 비해 훨씬 진전이 있었습니다. 유능한 전도부인들을 빨리 배출시키는 것이 우리의 희망입니다. 당장은 아니라 할지라도 앞으로 그들의 필요는 훨씬 커질 것이기 때문입니다. 이 반과 더불어 한국인 전도사들과 권서들을 길러 내는 연례 교육반도 있습니다. 이 반은 3년 과정으로 학점이 주어지며, 출석도 필수입니다. 올해는 한 달 과정의 프로그램도 개설되었는데, 학교 교사들을 위한 연수 프로그램이었습니다. 정규 학생은 모두 28명으로, 25센트의 학비와 수업료를 모두 납부했습니다.

[*CHB*, 155-157쪽]

16. 예수님을 향한 백만 영혼

브루엔, 대구에서 날짜 미상

브루엔 목사로부터 온 흥미로운 편지
1천 명이 참여하는 사경회에 대한 설명

한국에서 선교활동 중인 헨리 브루엔 목사가 우리 동네에 사는 자기 아버지 제임스 브루엔 목사에게 보낸 이 편지는 뉴저지에 있는 벨비데르 제일교회의 아침 예배시간에 낭독되었다. 이곳에 옛날부터 살던 사람들이 말하기를, 이런 일이 이 동네에서 생긴 것은 처음이라고 한다.

"사람들이 붐비니 일찍 오시오"라는 말은 미국 교회에서는 농담처럼 들릴 것입니다. 오늘 아침 우리 교회의 입구가 복잡한 것을 보고 어떤 사람이 한 말입니다. 서로 밀치는 사이에 모자가 거의 눌려 버리고 옷들이 찢겨져 나간 놀랄 만한 광경이 벌어졌습니다. 왜 이런 일이 일어났는지 궁금하실 것입니다.

동계 남자 사경회가 진행되고 있을 때였습니다. 학생들과 이 지역의 남성 신도들 모임이 한꺼번에 앞마당에서 여성 예배가 끝나 교회가 비워지기를 기다리고 있었습니다. 다시 말하면 성경 공부를 하러 시골에서 올라온 500명의 남자들과 이 지역의 신도들이 교회 건물 반쪽으로 나뉘져 지정된 남성 예배실로 모두 들어갈 수 없었던 것입니다. 그래서 여성들이 9시 30분에 모이기로 결정되었고, 남성들은 11시부터 건물 전체를 활용하기로 정해졌습니다. 이 남성들은 11시에 예배를 드리려고 기다리고 있던 사람들이었습니다.

마침내 문이 열리자 1,000명 남짓 되는 남자들이 서둘러 안으로 밀려 들어오기 시작했는데 이때 제가 카메라를 들고 있지 않았던 것이 아쉬웠습니다. 이 모습은 프린스턴-예일의 미식축구를 정면 관람석에서 보기 위해 우르르 몰려들어 가는 관중을 떠오르게 했습니다. 이것은 2월 20일에 있었던 일입니다. 예배당 안에 있는 유일한 가구는 난로 한 개였으니 사람들이 서두르는 이유는 편안한 의자에 앉기 위해서가 아니라 나무로 된 맨바닥에라도 자리를 잡기 위함이었습니다. 그리고 그들이 예배를 끝마치며 부른 찬송가는 무엇이었는지 아십니까? 다름 아닌 "올해엔 주님을 향한 백만 영혼을"이었습니다. 이 구호는 한국의 모든 개신교 단체들이 받아들인 것이며, 공중예배에서 이 찬양 혹은 구호가 불리지 않은 경우는 거의 없습니다.

[CHB, 162-163쪽]

제5장 첫 번째 열매 : 1910~1911

1. 12일간의 순회전도

톰스 부인, 대구에서 1910년 5월 31일

친애하는 브라운 박사님께

　이번 달에는 대구기지를 대표해 당신께 보고드리는 임무가 제게 맡겨져서 기쁩니다. 여기서 일어나고 있는 여러 가지 변화들에 대해서 이미 잘 알고 계실 것이라고 생각합니다. 이번 달 초에는 밀스 양과 선천의 사무엘스 양이 멀리 강계에서 여성반을 가르치기 위해 떠났습니다. 얼마 후 맥파랜드가 자기 부인과 룻을 데리고 고베까지 가서 그들이 샌프란시스코로 안전하게 떠나는 모습을 보고 돌아왔습니다. 크로터스(Mr. Crothers)가 안동 출장에서 돌아와 소텔 부인의 짐 정리를 돕고 있습니다. 그녀와 그 여동생은 1주일 후에 '만주'를 향해 떠날 계획으로 있습니다.

　웰본과 그의 가족이 서울에서 안동으로 가던 중 토요일에 이곳에 도착하였습니다. 그곳까지의 기차역은 여기가 가장 가깝기 때문입니다. 그들의 이삿짐 하나하나를 등에 지게를 진 남자들이 옮기는 것은 볼 만한 광경입니다. 그의 가족은 안동에 적당한 처소가 마련될 때까지 여기에 머무를 것입니다.

　오늘은 (계성)학교의 종업식 행사가 있었습니다. 아주 흥미로운 일이었습니다. 한 해 내내 빠지지 않고 출석한 35명의 학생들은 유망한 청년들입니다. 그들은 어제 시험을 끝마쳤습니다. 톰스와 저는 학생들이 각각의 과목에서 진전을 이루어서 기뻤습니다. 이제 학교에 기숙사가 만들어지니 더욱 큰 결과가 나타나기를 희망합니다. 학교가 너무나 비위생적이어서 거기서 계속 생활하고 공부한다는 것이 불가능할 지경이 되었습니다. 질병으로 인한 출석률의 감소는 매년 약 50퍼센트에 달했습니다. 새로운 기숙사 두 동이 학교 앞 경사면 아래쪽으로 건립되고 있습니다. 한 개는 거의 완공되었습니다. 1층 건물인데 벽은 벽돌로 쌓고, 지붕은 기와를 씌워서 아주 보기 좋을 것입니다.

　약 2주 전 아담스가 서울에서 열리는 한국의 '전국교육협회' 회의에 참석해야 했기에 이왕 가는 김에 자녀들도 이번에 평양으로 데려가기로 결정했습니다. 6월 초까지 기다렸다가 출장을 한 번 더 다녀오는 것보다 좋겠다고 생각되었기 때문입니다. 이와 더불어 에식 양(Miss Essick)도 2주 동안 가까이 있는 몇 군데 기지를 방문하러 떠났습니다. 그래서 나도 여유가 생겨 톰스와 함께 여기서 40마일 떨어진 곳에 위치한 브루엔의 구역 중 한 곳으로 순회전도를 떠나 아홉 군데의 교회를 방문했습니다. 톰스는 브루엔에게 과중하게 지워졌던 짐을 올봄에 떠맡게 되었습니다. 브루엔은 아담스가 맡고 있던 대구시 교회 업무도 담당하게 되었기 때문입니다. 톰스가 자신의 언어 공부 시간을 손해 보더라도 가능한 한 브루엔의 지역에서 순회설교를 하고 수업을 진행해야 한다는 것은 불가피한 듯했습니다. 아담스가 자신의 방식대로 전도활동에 전념할 수 있도록 내년에는 교육 업무에 일할 사람이 한 명 더 생기기를 기도하고 있습니다.

자, 이제 12일간 저희가 다녀온 매우 유쾌했던 여행에 대해서 잠시 이야기해도 괜찮을까요? 우리는 아침 6시에 대구에서 출발하여 기차를 타고 40마일 정도 서울 방향으로 떠났습니다. 김천[77] 역에서 약 20마일 떨어진 압실을 향해 계속 갔습니다. 우리의 침구와 생필품들은 당나귀 두 마리에 실었고, 저는 가마를 타고 출발하였습니다. 제가 지치면 걸으면서 쉬기도 했습니다. 우리가 방문할 예정이었던 첫 번째 교회에는 오후 늦게 도착했고, 짐꾼들과 당나귀는 보냈습니다. 거기서부터 우리는 걸어서 이곳저곳으로 이동했는데 짐은 교회 사람들이 들어주었습니다. 교회들은 5마일씩 혹은 10마일씩 떨어져 있었기 때문에 가는 길에 산을 넘어야 할 때가 많았습니다.

우리가 순회를 하는 중에 주변에서 볼 수 있었던 자연의 아름다움에 대해서 글로 적을 시간이 없었다는 점이 아쉬움으로 남습니다. 경치는 정말 아름다웠습니다. 부산에서 평양으로 가는 기찻길에서 멀리 볼 수 있었던 그런 경치였습니다. 가는 길에 우리는 불교 사찰 세 군데를 들렀습니다. 그중 하나는 해인사인데, 한국에서 가장 큰 절입니다. 대구에서 약 50마일 떨어진 곳에 보이는 큰 산인 가야산의 나무가 우거진 협곡 위에 아름답게 자리 잡고 있었습니다. 그 계곡 아래로는 아름다운 폭포가 옛날에 용들이 살았다는 깊고 어두운 웅덩이를 이루며 흘러내렸습니다. 얼마 전 지나간 호랑이의 흔적도 보았습니다. 브라운 부인에게 계곡에 피어 있던 진달래, 난초와 백합을 보낼 수 있었다면 얼마나 좋았겠습니까?

---

[77] 역주-본문에는 일본식 표기인 Kin Sen으로 되어 있다.

톰스가 각 교회마다 한국인 조사의 도움을 받아 한두 차례 예배를 집전하였고, 예비신지반 지원자들과 세례 받기 위한 사람들을 심사했습니다. 이런 절차가 다 끝나면 이들을 위한 예배를 열어 새 신자로 받아들이고, 세례도 베풀었습니다. 여성들에게도 전도를 시도해 보았습니다. 아직 교회에 다니지 않는 사람들이 제 금발 머리카락에 호기심을 가지고 제 주위에 모여들면 여성 교인들이 내가 그들에게 복음을 전하는 일을 도와주었습니다. 순회전도를 떠날 때 우리는 마가복음 쪽복음 100부를 가지고 떠났는데 우리 생각에 "좋은 땅에 좋은 씨를 뿌렸다"고 생각될 수 있을 만한 사람들의 손에 쥐어주는 데 성공했습니다. 톰스와 조사는 교회에서 교회로 이동을 하는 사이에 빈번히 길가에 멈추어서 믿지 않는 사람들에게 설교를 하곤 했습니다.

꼭 적어야 할 흥미로웠던 일이 하나 있습니다. 톰스는 카메라를 하나 가지고 다녔습니다. 아시다시피 한국인들은 작은 건물이나 박스 등에 깃들어 있는 귀신을 숭배합니다. 하루는 한 노인이 산길을 지나다가 톰스에게 박스를 구경해도 되는지 물었습니다. 그는 박스 안에 들어 있는 하나님을 보고 싶다고 했습니다. 노인은 그것을 자그마한 영혼이 살고 있는 집이라고 생각한 것입니다. 톰스는 텅 빈 카메라 내부를 보여 주고 그것이 무엇인지를 설명했습니다. 사진 찍는 모습까지 보여주자 그때서야 만족했습니다. 그 노인은 톰스의 설교에 열중하더니 산꼭대기에 도착하기도 전에 이미 주님을 믿기 시작했습니다. 그리고 지나가면서 만난 사람들에게도 예수를 믿으라고 말하기 시작했습니다.

기차를 타러 되돌아가려면 70리를 가야 하기 때문에 우리는 마지막 교회를 방문하고 나서 톰스의 담당 지역을 통과하는 140리 길을 걸어서 대구로 돌아가기로 결정했습니다. 열두 번째 날 정오가 되기 전에 대구에 도착했습니다. 대구기지를 출발한 이후로 420리(약 140마일)를 여행했으며, 그중 350리(약 115마일)를 걸어서 이동했습니다. 제가 한국에서 보낸 가장 뜻있는 12일이었습니다.

외딴곳에 뿔뿔이 흩어진 마을에 위치한 교회들은 복음의 뿌리를 심고 혹은 씨앗을 뿌려 이제 경쟁력 있는 포도원이 되고 있습니다. 선교사들이 너무 바빠 조사들이 관리하도록 맡겨 둔 채 일정 기간 동안 돌보지 못할 때도 있지만, 그곳에 돌아가면 수확할 포도가 어마어마하게 많음을 보게 됩니다. 참으로 수확할 수 있는 것은 풍부하지만 일할 사람들이 적습니다.

당신과 당신의 부인에게 인사를 전하며
주님을 위해 일하는
엘라 버트 톰스
[*CHB*, 159-161쪽]

2. 대구기지의 일꾼들

브루엔, 대구에서 1910년 9월 10일
해외선교부 브라운 총무에게

친애하는 브라운 박사님께

우리의 연회는 막을 내렸고, 총회는 선천에서 진행되고 있습니다. 며칠 후에는 아내의 출산이 예상되므로 저는 곧 대구로 돌아갈 예정입니다. 주님께서는 이번 여름에 우리에게 큰 축복을 내리셨습니다. 어디론가 떠나려고 했던 우리의 계획이 뜻대로 되지 않아 결국 부산으로 갈 수밖에 없었습니다. 제 아내는 그때 위염을 비롯한 다른 합병증에 시달려 매우 위독했는데 주님께서는 저희에게 자비를 베푸셨습니다. 하나님께서는 우리가 이 고비를 무사히 넘길 수 있도록 마침 바로 옆집에 있던 어빈 박사(Dr. Irvin)를 사용하셨습니다.

그는 본인이 감당해야 할 의사로서의 업무를 확실히 이해하고 있었습니다. 카메론 양도 2주일 동안 우리와 함께했습니다. 그 후엔 호주선교회의 클라크 양이 간호사로서 며칠간 같이 있어 주었고, 그 다음에는 매켄지 양이 안동에서 내려왔습니다. 며칠 후에 그녀는 다시 긴급 연락을 받고 안동으로 갔는데, 환자가 우려했던 장티푸스가 아닌 말라리아로 밝혀져서 다행이었습니다. 환자는 플레처 박사(Dr. Fletcher)였습니다. 그는 현재 완치되어 대구로 와서 의료 업무를 위임받게 되었습니다. 존슨 박사가 건강상의 이유로 일을 계속하지 못하게 되어 당분간 전도 업무만 담당할 작정이기 때문입니다. 그는 성령도 충만하고, 성경 지식도 충분하고, 한국어도 잘할 줄 알기 때문에 그 일을 수행하기에 아주 적합한 사람입니다. 그래서 안동에서는 급히 내과 의사를 필요로 하게 되었습니다.

또 하나의 변화는 서울에 있는 라이너(Mr. Reiner)가 대구의 교육 업무를 인수받기 위해 톰스와 임무를 바꾸게 된 것입니다. 톰스가 떠나는 것은 아쉽지만 라이너가 오면 아담스가 전도활동을 할 수 있도록 업무량을 덜어 줄 수 있기를 희망합니다. 매켄지 양은 후임이 생기는 대로 전도활동에만 전념하게 될 것입니다. 맥파랜드 부인으로부터 새로운 간호사를 구했다는 소식도 들었고, 신청서도 이미 이사회에 제출했다고 합니다. 이제 그 간호사를 가능한 한 빨리 대구로 보내 달라고 간곡히 부탁드리고 싶습니다. 우리가 병원을 시작할 때부터 간호사 한 명만 있었어도 존슨 박사가 자기 자리를 지킬 수 있었을지도 모릅니다.

올해는 우리 팀원 가운데 사망자들이 생겨 손실이 적지 않은데 팀원들의 상태 또한 매우 좋지 않습니다. 맥파랜드 부인이 미국에 머무르는 동안 밀스 양은 강계에서 선교 업무를 잘 수행하고 있었지만 여름 내내 감기를 앓았고, 매켄지 양은 또한 몸이 좋지 않아 집으로 돌아가야 할 수도 있습니다. 사실 그 자리는 에식 양[78]의 결혼으로 말미암아

---

78) Mrs. Erdman의 동생인 George Winn 목사와 결혼했다.

공석이 된 자리인데 그렇게 된다면 속히 다른 전도사를 임명하여 그 자리를 채워야 할 것입니다. 아직까지는 간호사 자리에 조치가 없는 상태입니다.

우리 집과 아담스의 집에는 침실이 하나씩 더 필요합니다. 우리에게는 게스트룸이 없어서 한 번도 손님을 초대할 수가 없었습니다. 지난 몇 년 동안 지원금 200달러를 요청해서 승인이 난 상태입니다. 르닉스(Renicks) 가족이 안동에 있는 소텔의 자리로 발령이 났습니다. 당분간 우리는 그들을 대구에 머무르게 해야 합니다. 이 두 집에 방이 부족하여 우리가 그 역할을 다 할 수 없습니다. 연례 어학강좌 같은 행사가 있을 때도 방문객들을 대접할 수가 없습니다.

브루엔 부인이 여학교의 교장직과 학생들을 가르치는 일을 담당했지만 이젠 집안일과 병행하기에는 너무 힘이 드는 상태가 되었습니다. 업무가 과도하여 이번 여름에 병이 도졌습니다. 올해 연회 보고서를 보면 아시겠지만 우리는 교육위원회 보고서와 이곳 (신명)여학교에서 선호하는 독신녀 선교사 명단을 승인받아 요청했습니다. 부디 적당한 여성을 찾으시어 이쪽으로 파견해 주시기를 바랍니다.

당신의 안부를 물으며
헨리 브루엔

해리엇 스콧 브루엔[79]은 1910년 10월 2일 대구에서 태어났다.

[*CHB*, 164-165쪽]

---

79) 역주-브루엔의 둘째 딸 Hariette Scott Bruen이다.

3. 1910년에 생긴 일들

아담스의 감독 하에 (계성)남자 학교를 위한 기숙사 두 동(棟)이 건립되었고, 가을엔 입사할 수 있도록 준비가 되었습니다.

안동이 별개의 선교기지로 분리되었습니다.

1910년 8월에 일본이 한국을 공식적으로 합병하여 일본국의 조선 땅이라 부르기 시작하면서 한국은 일본의 한 지방이 되고 말았습니다. 총독이 임명되어 '조용한 아침의 나라'가 '떠오르는 태양'에게 길을 내준 것입니다.

오늘날 계성학교의 아담스관 앞으로 당시에 세워졌던 2동의 한국식 기숙사가 세워져 있다.(『계성 100년사』, 18쪽)

[CHB, 159쪽]

4. 제일교회의 새로운 예배당

필자 미상, 1910년(발췌)

제일교회는 올해 이른 봄까지 아담스의 관리 하에 있었지만 그는 학교 일로 바빠 더 이상 일을 맡을 수 없게 되었습니다. 그에 따라 교회의 관리는 9월까지 브루엔이 맡기로 했습니다.

새로운 예배당에는 매주 1,200명이 넘는 사람들이 몰려듭니다. 실제로 올해 새로 참여하게 된 인원들이 많아 이 모임을 나눌 필요가 생겼습니다. 그래서 6월에 대구에서 약 1.5마일 떨어진 한 마을에서 약 150명 단위의 교회가 어드만 목사의 책임 하에 시작되었습니다.

1910년 5월 18일. 핼리 혜성이 나타난 날
1910년에는 안동이 별개의 기지로 분리되었습니다.

[*CHB*, 165쪽]

5. 관할구역의 배정

브루엔, 대구에서 1910년 6월-1911년(발췌)

올해 우리 선교기지의 구역이 나눠지면서 나에게는 42개의 교회가 배정되었습니다. 다른 때와 마찬가지로 가을은 이 교회들을 순회하는 일정으로 꽉 찼습니다. 하지만 전체 구역을 대상으로 하는 특별한 전도운동에 너무 많은 시간이 필요해 이들 교회를 전부 방문하지는 못했습니다. 저에게 부여된 업무 가운데 하나가 남부의 부산 지역에서의 전도활동을 감독하는 일이었습니다. 그래서 특별 전도활동 중앙회는 저에게 밀양과 그 지역에서의 활동을 조직하는 일도 맡겼습니다. 평양과 재령 기지에서 온 주 목사와 박 조사가 일을 도와주었습니다. 또한 R. E. 윈 목사 내외, 조지 H. 윈 목사 내외, 부산기지의 도리스 양, 그리고 강계에서 온 블레어 목사가 대구에서 온 조사, 영수, 장로, 그리고 권서들과 함께 큰 일꾼 군단을 형성했습니다. 나의 구역으로 돌아와서 여기서도 비슷한 방식으로 전도운동을 실시했습니다. 각자의 책임구역을 그 팀이 한꺼번에 며칠씩 방문하도록 하니 매우 효과적이었습니다. 그렇게 하면서 수많은 사람들의 이름을 받아 적고 수많은 소책자를 배포했지만 영구 등록자는 그리 많지 않았습니다.

부산기지 선교활동의 감독자로서 조지 원과 나는 조사들과 권서들을 한 달에 한 번씩 만나서 그들의 보고를 듣고, 조언을 해 주고, 문제점을 찾아 적절한 대처를 하고, 순회계획을 세웠습니다. 우리는 회의 때마다 첫 번째 시간은 그들이 사람들을 가르치는 데 사용할 수 있는 새로운 자료들을 얻을 수 있도록 사경회에 투자했습니다. 또한 나는 어드만, 조지 원과 함께 제직 수련회를 돕고, 김해에서 열린 동계 사경회도 도왔습니다.

나는 나병선교위원회의 책임자로서 나환자 수용소를 방문하였고, 인도 및 동양 나병협회와도 서신을 주고받았습니다. 위원회를 구성하여 조지 엥글 목사를 시설의 책임자로 세우고, 조지 원 목사에게는 비서 겸 회계를 맡기고, 제가 의장을 맡기로 하였습니다. 신체적으로 고통을 받고 있는 환자들을 목회하는 것은 어빈 박사가 맡았습니다. 시설은 가득 차 있었습니다. 정확히 말하자면 기부금이 허용하는 한계까지 가득 차 있었습니다. 50명이 입원해 있는데 더 이상 수용할 수가 없어 돌려보낸 환자들이 훨씬 많습니다.

선교 임무에 따라 올해는 실행위원회가 몇 번 모여 만주 국경에 위치한 의주(Wiju)에도 몇 번 출장을 다녀왔습니다. 위원회는 현장에서 생기는 문제에 대해 더 나은 판단을 하고 조치를 취할 수 있도록 하기 위해 몇 군데의 기지를 점검하기 위한 노력도 했습니다.

여성 성경반의 교사 양성을 위한 밀스 양의 체계적이며, 활기차고, 효율적인 노력 덕택에 나의 책임구역 내에서 12개의 여성 사경회가 열렸습니다. 이중 두 개는 밀스 양이 직접 맡았고, 나머지는 그녀가 훈련시킨 여성들이 효율적으로 분담했습니다. 유성(Yusung)에서 진행된 수업은 특별히 언급될 필요가 있습니다. 마치 사막의 대상(隊商)들처럼 교사들이 하루 만에 25마일의 시골길을 행군하며 수업을 진행했기 때문입니다.

춘계 기지회의에서 시내의 교회들 가운데 동산교회의 목회 지도 업무가 저에게 주어졌습니다. 병원의 총책임을 맡고 있던 존슨 박사와 저는 새로운 교회 부지를 찾아보라고 의뢰받았습니다. 우리는 그 지역을 주의 깊게 살펴보았지만 그 어디도 확보할 수 없었습니다. 땅값이 지난 몇 개월 사이에 서너 배로 증가했던 것입니다.

지난 1911년 9월에는 조선예수교장로회의 최고회의[80]가 대구에서 열렸습니다. 가장 큰 결정권을 가진 사람들의 모임이었습니다. 우리가 매우 기다려 온 날이었고, 이 행사의 초대장은 우리가 이런 큰 행사를 주관할 수 있을 것인지 심사숙고한 후에야 배부되었습니다. 그럼에도 우리를 방문한 모든 형제들에게서부터 아낌없는 지원을 받았고, 그들이 얼마나 이 일을 중요시하는지 확인한 것만으로도 넘치는 보상을 받은 셈이었습니다. 이 모임에서 내년에 장로교 총회를 구성하자는 안이 결정되었습니다. 미국 장로교회의 벨(Eugene Bell) 목사가 위원장으로 선출되었습니다. 이것이 연합노회의 마지막 모임이었던 셈입니다. 이는 각각 자체의 구역을 감독하는 일곱 개의 조직체로 결성된 것이니, 그 대표자들의 모임을 우리 교회에서 가질 기회는 이번이 마지막이었습니다.

[*CHB*, 165-167쪽]

---

80) 역주-1911년 9월 17일부터 21일까지 대구제일교회에서 열린 제5회 조선예수교장로회 노회를 말한다.

6. 활발해진 여성 사역

대구기지 연례보고, 1910-1911년(발췌)

부산의 스미스의 부재로 인해 올해는 브루엔이 집행위원회뿐만 아니라 남부 지방의 모든 업무 감독을 맡게 되었습니다.

1. 남자 성경 교실

남성들을 위한 정기 동계 사경회가 2월 말에 개최되어 여러 방면에서 좋은 성과를 거두었습니다. 몇 개의 교실에서 인쇄된 수업 개요를 나눠주고 수업 내내 성적이 좋은 사람들에게 상장을 주니 학생들도 새로운 열의를 다졌습니다.

총 400여 명이 등록을 했고, 참석 인원은 500명을 초과했습니다. 피터스(Mr. Pieters)가 수업에 도움을 준 것에 감사를 표합니다.

제직들을 위한 사경회는 지난 5월 말에 엿새 동안 열려 200명이 참가했습니다. 쿤스(Mr. Koons)와 동사목사인 김 목사가 준 도움과 동기부여로 말미암아 이 수업은 여기서 개최된 강의 가운데 가장 흥미로우면서도 열정적인 수업이 되었습니다.

교회 행정에 관한 사안, 잘못된 교리, 가정에서 신자로 살아가기, 시골 학교의 운영 등에 대해서 훌륭한 토론이 이루어졌습니다.

복음사역자 양성반은 지금 2주 예정으로 진행되고 있습니다. 이 수업은 지난 수년 동안 매년 6월에 진행되었으며, 조사들과 권서들에게 한 해 동안 활용할 훌륭한 성경 공부 교과 과정을 제공해 주었습니다. 지난해에는 입학을 문의하는 교회 지도자들이 많아지면서 수업의 참석률이 증가했습니다.

우리 대구성경학교는 이렇게 시작되고 있습니다. 올해는 약 40명이 등록했으며, 모두가 열심히 공부하고 있습니다.

2. 건축 작업

지난 여름, 연례 보고서를 보내고 난 다음 아담스 씨가 학교를 위해 두 개의 매우 깔끔하고 번듯한 기숙사를 건립했습니다. 이는 본관으로 이어지는 커다란 정문의 양쪽으로 세워졌습니다. 이 두 건물은 각각 28명의 학생을 수용할 수 있는데 건설에 들어간 총 비용은 한 동(棟)에 1,242.80달러였습니다. 깨끗하고 쾌적하면서 통풍이 잘되는 기숙사가 이상하리만큼 좋아진 올해 학생들의 건강상태에 이바지했음은 의심할 여지가 없습니다.

브루엔은 자신의 집에 방을 한 칸 추가할 비용을 케네디 재단에서 지원받게 되어서 지금 건축 중에 있습니다.

3. 여성들의 업무

올해는 여성들의 업무가 크게 번영한 해였습니다. 크고 작은 수업 할 것 없이, 그리고 시내에서 개최되거나 시골에서 개최되거나 간에 수업이 빠른 속도로 발전하였습니다. 밀스 양이 올해 시골 교회에 있는 모든 기독 여성들을 위하여 어느 정도의 사경회를 열어 주기 위해 모든 노력을 쏟아부었습니다. 그녀는 1월에 여성 사경회를 실시했고, 여기서 배출된 16명의 전도부인들이 짝을 이루어 주요 기도처들을 대상으로 비슷한 사경회를 실시했습니다. 이들은 적어도 6일 수업으로 진행되는 30개의 반을 감당했고, 밀스 양도 그와 같은 수업을 8개나 진행했습니다. 이번 6월에는 주일학교 교사들을 위한 사경회가 3주 동안 진행됩니다. 이 수업에 도리스(Doriss) 양이 많은 도움을 준 것에 대해 감사합니다.

모든 기독 여성들을 위한 대규모 연례 사경회가 4월에 열렸습니다. 520명이 등록하였고, 376명이 전체 기간 동안 출석했습니다. 전체 출석인원은 600명을 넘었습니다. 우리 선교기지는 이 대규모 수업에 도움을 준 베어드 부인에게 감사를 표합니다.

어드만 부인은 미국으로 떠나기 전까지 매주 화요일에 개최되었던 기독 여성 사경회를 담당했으며, 시내에서 진행되었던 다른 수업도 담당했습니다. 라이너 부인은 가을에 한두 번 시골을 방문했지만, 올해 그녀의 주된 업무는 시내에서 열리는 여성 주일학교를 조직하여 감독하고 편성하는 일이었습니다.

[*CHB*, 167-168쪽]

7. 벨비데르 출신 선교사의 극동 이야기

브루엔, 서울에서 1911년 3월 8일

다음 편지는 현재 한국에서 선교하고 있는 우리 벨비데르 출신의 헨리 먼로 브루엔 선교사가 보내온 것으로, 이곳에 있는 그의 여러 친구들에게 흥미로울 것이다.

나는 어젯밤 언더우드 박사와 함께 출장에서 돌아와 이곳에 도착했습니다. 니저(Nijer)[81]에 선교기지를 만들어 달라는 현지 한국인들의 간청에 따라 선교부의 집행위원회가 보낸 출장이었습니다. 매우 흥미로운 상황이었습니다. 이 요청은 열성분자들이 다섯 번이나 제기한 문제인데, 그곳에서 50마일 떨어진 선천에 살며 이미 그 지역의 선교활동을 담당하고 있는 휘트모어 씨(Mr. Whittemore)를 보내 달라는 것이었습니다. 최근에는 그 요청을 하기 위해 그곳 출신의 (작년에 신학교를 졸업한) 현지인 목사를 약 300마일이나 떨어진 서울로 보내왔습니다. 그 결과 집행위원회가 휘트모어 씨와 함께 그곳을 직접 방문하여 상황을 살펴본

---
81) 만주국 국경 근처.

후 보고를 하도록 했습니다. 우리는 일리노이 주 락 아일랜드 출신의 마르퀴스(Marquis) 목사와 동행했습니다.

  Sin Nijer에 한밤중에 도착하자 대표단이 우리를 마중했고, 한국인이 운영하는 일본 여관으로 안내했습니다. 한국인의 기준에서는 매우 '멋진' 곳이었습니다. 간이침대를 기차로 미리 보내 우리가 누울 수 있도록 준비해 놓았습니다. 비용은 한국인들이 지불하였습니다. Sin Nijer는 만주 안동과 마주보고 있는데 반대편에 있는 압록강으로 철도가 지나게 되면서 생겨난 새로운 마을이었습니다. 한국인 요리사들이 준비해 준 아침식사가 끝난 후 말 두 마리가 끄는 4인용 러시안 드라키스를 타고 이동하기 시작했습니다. 헌트 씨(Mr. Hunt)와 나는 앞서 걸어갔는데 두 시간이나 더 걸렸습니다. 우리가 지나는 길은 압록강 둑을 따라 나 있었습니다. 니저의 구시가는 현재 철도가 지나는 곳에서 북쪽으로 약 15마일 떨어져 있었는데, 거기서 몇 마일 떨어진 곳에서 한국인 기독교인의 마중을 받았습니다. 그는 우리에게 인사를 건넨 후 우리 앞에 놓인 길을 따라 사라져 버리더니 어느새 다시 언덕 위에서 모자를 흔들고 서 있었습니다. 우리가 그곳에 도착하면 그는 벌써 다음 언덕에서 같은 신호를 보내고 있었습니다.

  그곳에 이르니 언덕을 가득 채운 희끗희끗한 형체(더 이상 흰색만이 아니었습니다)들을 볼 수 있었습니다. 노인, 처녀, 젊은 남성과 여성, 남학생, 여학생 할 것 없이 약 700~1,000명의 사람들이 도시로 이어지는 길을 따라 줄을 서 있었던 것입니다. 우리는 교회학교로 안내되었는데 그곳에는 우리를 환영하는 외제 융단이 깔려 있었고, 난로에는 불이 멋지게 타고 있었습니다. 처음에는 우리 각자에게 집행위원임을 상징하는 빨간 배지가 지급되었습니다. 그리고 그들은 한국식 만찬이 차려진 긴

상을 펼쳐 놓았습니다. 메뉴의 일부를 알려 드릴까요? 치킨스프와 마카로니, 약밥(짙은 갈색의 끈적끈적하고 잣과 밤 등이 들어간 맛있는 밥), 맨밥, 삶은 닭, 닭고기 패티, 튀긴 조개, 튀긴 달걀, 껍질을 벗긴 배, 오렌지와 숭늉 등이 나왔습니다.

그 후 우리는 한국인 의사 한 사람이 부르는 독창을 들으며 여흥을 즐겼습니다. 거기에는 세브란스 병원을 졸업하고 그곳에서 의사로 일하고 있는 한국인 두 사람이 있었습니다. 음악 프로그램의 두 번째 차례는 드럼과 6피트 길이 기타의 무반주 듀엣이었는데, 연주를 맡은 남자들은 그냥 바닥에 앉아서 연주를 했습니다. 세 번째는 축음기 전시회였는데, 물론 외국산이었습니다.

그리고 우리는 시내로 올라갔는데 전쟁이 일어났던 장소를 지나고 압록강이 가로질러 가는 것도 볼 수 있었습니다. 마을에는 약 15,000명이 살았는데 그중 1,500명이 기독교인이었습니다. 거기에는 두 개의 교회가 있었고, 진행되는 세 번의 예배 모두 참석률이 높았습니다. 그 두 교회의 제직들이 우리에게 요청 사항이 있다고 했습니다. 10명의 남성과 4명의 여성이 요청한 내용은 매우 진솔하고 감동적이었습니다. 한 여성이 나서서 인사말과 함께 우리 위원들 각각에게 길이 5피트, 너비 2피트의 예쁜 스카프를 선물했는데 한쪽에는 한국어로, 다른 한쪽에는 중국어로 '사랑' 이란 단어를 각각 다른 색으로 수놓은 것이었습니다. 그들은 새로운 한국 교회에는 외국 선교회의 인도가 필요하다는 근거를 대며 외국인 선교사의 필요성을 주장했습니다. 한국인 목사와 다른 이들은 항상 선교회의 지도를 따르고 추구하겠다고 서약했으며, 훗날에 더 많은 사람들이 신학교를 졸업하게 될 것이라고 했습니다. 올해 이 지역에서는 10명이 졸업을 하게 된다고 했습니다. 한 남자는 자신의 사업 때문에 만주에 자주 머무는데, 한 중국인 기독교인이 와서 한국의 적극적인 복음주의로 자신들을 좀 도와달라는 부탁을 했다고 말했습니다. 그는 이렇게 말했습니다. "휘트모어 씨를 여기에 보내 주신다면 저는 만주의 중국인으로부터 듣게 된 부탁에 대해 제가 직접 가거나 제 아들을 보내서라도 들어주겠습니다."

이런 제안에 안 된다고 말하기는 물론 어려웠습니다. 한 남성은 이렇게 말했습니다. "우리는 많은 것을 요구하지 않습니다. 빵 한 조각을 요구하던 수로보니게(Syrophonecian) 여인[82]과 같을 뿐입니다." 그 '빵 조각'은 바로 저쪽 편에 앉아 있는 '다재다능한' 휘트모어 씨를 의미하는 것이었습니다. 언더우드 박사는 휘트모어 씨를 '빵 조각'에 비유한 이 파격을 이해하기 힘들다고 대답하며 슬픈 표정으로 그 확고한 의견을 말한 남성에게 이렇게 말했습니다. "당신은 이 사람이 빵 한 조각밖에 안 된다는 것입니까? 제가 보기엔 그는 빵 두 덩어리라고 표현해야 할 것 같습니다."

월요일 아침에 우리는 8시 정각 기차를 15마일 떨어진 곳에서 타야 했습니다. 그래서 새벽 2시부터 요리사와 일꾼들, 그리고 마부들을 서두르게 해야 했습니다. 3시 30분에 아침을 먹었고, 4시가 조금 지난 암흑 속에서 마을을 나섰습니다. 기차역에서 우리는 위생 담당 장교에게 검사를 받아야 했으며, 그 검사를 통과한 후에야 표를 살 수 있었습니다. 중국을 황폐시키고 있는 전염병에 대해서 들어 본 적이 있을 것입니다. 압록강 주변에는 전염병이 한국으로 퍼지는 것을 막기 위해 군인들이 초소를 지키고 있었습니다. 폐렴 형태의 전염병이었습니다. 아

---

[82] 역주-마가복음 7:28.

직까지는 일본인들이 이 병으로부터 한국을 지켜 낼 수 있었고, 슬슬 병의 기세가 꺾이고 있는 듯합니다. 체푸(Chefoo, 오늘날 Yantai, 煙臺)에서 학교에 다니고 있는 모든 한국 주재 선교사들의 아이들은 격리를 위해 가정에서 머무르는 중이며, 돌아올 수가 없게 되었습니다.

 나는 이 글을 의사의 명령 때문에 침대에서 썼습니다. 의사 선생님은 내가 오늘 침대에 누워 있지 않는다면 내일 다른 위원들을 만날 수 없을 것이라고 말했습니다. 단지 심한 감기일 뿐인데.

헨리 먼로 브루엔

[*CHB*, 173-175쪽]

8. 계성학교의 첫 졸업생 12명[83]

1911년 6월 13일

Kim Yoon Soo 김윤수

Kim Chan Koo(Kim Hong Cho) 김찬구(김홍조)

Lee Chai In 이재인

Choi Sung Wom 최상원

Choi Cha Sun 최자선

Kim Man Sung 김만성

Kwon Young Hai 권영해

Park Kyung Woon 박경운

Suh Cha Kyoon 서자균

Im Chong Ha 임종하

Cho Ki Chul 조기철

Chin Ki Eun 진기은

---

83) 역주-이 명단은 『계성 100년사』의 기록과 일치하지 않는 부분도 있다. 김윤수, 김만성은 김용원, 김소석으로, 권영해는 권경도로 나오며, Choi Sung Wom과 Suh Cha Kyoon은 최상원과 서재균의 romanization 오류로 보인다.

1911년 6월 13일, 계성학교의 제1회 졸업식이 아담스관에서 거행되었다.(『사진으로 본 계성 100년』, 19쪽)

[CHB, 170쪽]

9. 꽃의 나라를 여행하던 중에

브루엔, 일본 카리자와에서 1911년 7월 22일

우리는 여기로 오는 길에 1주일 남짓 관광을 하고 1주일 전에 이곳에 도착했습니다. 교토의 그로버 내외(Mr. and Mrs. Grover)와 함께 기숙하게 되어 매우 기쁩니다. 이들은 젊은 부부인데 이제 한 살배기 아이가 있습니다. 우리는 아름다운 경치가 펼쳐진 언덕 위에 자리를 잡았는데 여기서 앞으로 1마일 떨어진 곳에는 먼 옛날에 폭발했던 무시무시한 화산이 자리하고 있습니다. 아직도 활발히 활동 중이어서 우리가 도착할 때도 무시할 수 없을 만큼의 울림이 있었고, 그 이후로도 울림은 계속되었습니다. 그러나 별 신경 쓰지 않은 채 테니스, 야구, 파티와 초대에 응하고 있을 때 화산재를 토해 내면서 우리를 긴장시킨 아사야마 화산의 윤곽을 뚜렷이 볼 수 있었습니다. 어제 오후 5시에는 너무나 어두워져서 테니스를 계속 칠 수가 없었고, 모두가 화산재를 뒤집어쓰지 않기 위해 뭔가 덮어 쓸 것을 찾아야 했습니다.

카리자와는 해발 3천 피트에 위치한 휴양지이고, 아사야마(야마는 산을 의미한다.)는 우리 위로 5천 피트나 솟아 있습니다. 카리자와는 동쪽의 여름 휴양지 중 최고로 꼽히는 장소 중 하나입니다. 이 지역으로 선교활동을 온 사람들에 의해 시작되었지만 지금은 미국과 한국과 중국에서 찾아오는 경영인, 관광객, 선교사와 손님들이 매해 방문객의 대다수를 이룹니다. 작년에 이곳에는 홍수 재앙이 일어나 마을을 범람시키고 가옥 몇 채와 선교회의 오두막 몇 채도 쓸어 가 버렸습니다.

일본에서 활동 중인 선교회 중 많은 부서들이 여기서 여름에 연례회의를 가졌습니다. 또한 성경 지도자로서 외국에서 명성이 높은 사람이 방문해 며칠간 사경회를 가지기도 했습니다. 올해는 미국 평신도 운동의 지도자인 W. W. 화이트 교수와 캠벨 화이트가 참석하여 사경회와 집회를 인도했습니다. 화이트 교수는 영어 성경책이 모든 논리적인 연구의 중심이 되어야 하며 다른 분야는 부차적이기에 영어 성경책의 연구로부터 시작되어야 한다고 굳게 믿고 있었습니다. 그리고 캠벨 화이트는 현 세대가 복음을 들을 수 있는 기회를 가질 수 있도록 선교회 부서들에서, 특히나 가정교회에서 필요로 하는 조건들이 충족되도록 노력해야 한다고 했습니다. 그는 이런 표명은 전국을 대상으로 해야 한다고 강조했습니다. 사역자들이 종파의 필요를 추구하지 아니하고 선교회 전체가 한 가지 표명에 동의하면서 통일된 노력으로 일본에서 일한다면 이곳의 지지자들에게 강한 호소력을 가질 수 있을 것이라고 강조했습니다.

이곳 카리자와에는 아름다운 산책로와 말을 탈 수 있는 장소가 있으며, 아사야마 화산을 등산할 수 있는 묘기에 비길 만한, 세상에 둘도 없는 경험을 할 수가 있습니다. 개인 소유의 것을 제외하고도 8개의 훌륭한 테니스장이 있으며, 오후에는 굉장히 활발한 모습을 볼 수 있어 일주일에 두 번씩이나 야구 경기가 개최됩니다. 나는 선교사가 테니스장이나 야구장에 가 있는 것이 부끄럽지 않다고 주저 없이 말할 수 있습니다. 쟁쟁한 선수들도 몇몇 있습니다. 여성들 중에서도. 8월 1일에 대회가 시작되면 굉장한 관심을 모으게 될 것입니다.

시즌이 되면 더 큰 도시에서 찾아온 상인들 여럿이 이곳에 지점을 차리고, 마을의 큰 도로들은 활기찬 모습을 보이게 됩니다. 카리자와가 제공하는 기회의 즐거움 중 또 한 가지는 친구를 만날 수 있는 기회, 새로운 사람을 사귈 수 있는 기회가 있고 경험과 생각을 비교하고 교류할 수 있다는 것입니다.

헨리 먼로 브루엔
[*CHB*, 175-176쪽]

10. 도쿄 한인 유학생들을 위한 사역

브루엔, 도쿄에서 1911년 7월 29일

도쿄 YMCA에서 한국과 중국 일부를 담당하는 부서로부터 H. G. 언더우드 목사를 통해 한국 북쪽의 장로교 선교회 종합위원회에 요청을 해 온 것이 있었습니다. 일본에 있는 한국인 학생들의 형편을 살펴보고 가능한 대로 지원을 해 달라는 것이었습니다. 그 일을 내가 맡게 되었습니다.

7월 29일 나는 현재 중국 YMCA의 총무를 맡고 있는 월리스 씨(Mr. Wallace)와의 약속대로 카리자와를 떠나 도쿄로 향했습니다. 초저녁에 도착하여 인력거를 탄 채 도시를 뚫고 지나가면서 많은 사람들이 붐비는 것을 볼 수 있었습니다. 소규모 장사치들과 거리에서 석유램프를 켜 놓고 엉터리 제품을 판매하는 사람들 주변으로 사람들이 많이 모여 있었습니다. 여기저기 모두 군중으로 가득했고, 책으로 쌓여 있는 책방들이 끝없이 줄을 잇고 있었는데 손님들이 없는 책방은 없었습니다. 선교를 위한 황금어장! 이 말이 자꾸 내 귓가에 울려 퍼졌지만, 실제로 세계에서 인구 수로 3번째 혹은 4번째인 이 도시에 각국에서 파견된 모든 선교사들의 4분의 1이 모여 있습니다. 하지만 이 기회를 황금 기회로 만들 수 있는 것은 동양에서 도쿄가 가장 큰 학생 중심지이기 때문입니다. 중급, 사립, 직업전문 및 경영대의 학생들을 제외하고도 제국대학에 3천 명의 학생이, 와세다 대학에 약 5천 명, 게이오 대학에 약 3천 명의 학생이 재학 중입니다.

    러시아와 일본의 전쟁이 끝난 직후 중국에서 많은 학생들이 일본을 승리로 이끌게 된 전조가 무엇이었는지 알아 내기 위해 일본으로 유학을 왔습니다. 당시에 약 12,000명의 중국 학생들이 도쿄에 있었습니다. 하지만 짧은 시간 내에 이 학생들 중 대다수가 중국으로 돌아갔고, 현재는 3,000~4,000명 정도만 남아 있습니다. YMCA는 중국에서 총무 두 명을 보냈으며, 중국 학생들과 함께 흥미로운 일을 진행하고 있습니다. 그들은 일본 YMCA에 근접한 곳에 중국 YMCA 건물을 가지고 있고, 중국인 학생들이 기숙하는 곳 근처에 보다 더 넓은 장소를 건설할 준비를 하고 있습니다. 올바른 품행으로 추천을 받아 선발된 소수의 학생들에게는 기숙사도 제공되었습니다. 그 두 총무가 머무는 기숙사에서 며칠 밤을 함께 보내게 된 일, 그리고 일요일 저녁에 중국 학생들에게 중국인 통역사를 통해 연설을 할 수 있게 된 것은 나에게 큰 기쁨이었습니다.

[*CHB*, 176-177쪽]

11. 성주에서

브루엔, 성주에서 1911년 11월 25일 일요일 오후 5시 반

친애하는 벗들에게

주일의 업무는 거의 끝났고 나의 마음은 바다를 건너가고 있습니다. 여러분도 오늘 나와 함께할 수 있었다면 얼마나 좋았겠습니까? 특별한 것은 없지만 요즘은 일반적인 작은 교회들이 더 잘 지어졌고, 사람들이 사는 가정집도 마찬가지인 것 같습니다. 이 집은 오래된 집의 칸막이를 부수고 고친 집입니다. 나는 이 집의 가운데서도 똑바로 설 수가 없습니다. 오늘 아침에 설교하러 나가기 위해 일어서다가 머리를 부딪혔고, 오후에도 일어서면서 다시 한 번 부딪혔습니다.

나는 한 소년에게 세례를 베풀기 위해 나갔습니다. 여기에는 약 15명의 착실한 세례교인들이 있고, 약 8~10명의 예비신자들이 있습니다. 이 교회는 산 위에 자리 잡고 있어 위치가 그리 좋지 못해 그다지 크게 발전한 적이 없습니다. 나는 방금 하루 종일 이곳에서 서성이고 있던 14세 소년과 대화를 나누고 있었습니다. 그의 아버지는 교회의 재정을 담당하던 분으로, 내가 미국에 있었을 때에 독립운동에 참여하기 위해

떠나 버렸습니다. 이 소년이 그 형제의 마음도 다시 돌려놓을 수 있는 수단이 되어 주기를 희망해 봅니다.

아래의 글은 이 근처의 초기 기독교인들 중 한 명이 쓴 50장 중 한 장입니다. 이야기를 간단히 소개합니다.

오득기(O Tuk Kuy)라고 불리는 사람이 있었는데, 나이가 50세 정도 되는 무역상이었지만 도박과 음주를 즐기는 사람이었습니다. 서울로 출장을 갔을 때 그는 질병으로 인해 우리 선교회의 세브란스 병원으로 옮겨졌고, 치료를 받고 개종도 하게 되었습니다. 고향으로 돌아온 그는 다른 사람들의 관심을 얻어 내기 시작했습니다. 고향은 읍내의 큰 시장 마을이었습니다. 이 마을에서 처음으로 예수를 믿은 그의 집은 원래 술집을 했는데, 돗자리 몇 개를 사다가 술집 뒤에 별채를 꾸몄습니다. 이곳이 김천의 첫 교회였습니다. 지금은 양철 지붕이 씌워진 훌륭하고 큰 교회를 언덕 위에 세우고, 여자 학교 건물 하나와 기와지붕이 씌워진 남자 학교를 교회의 자산으로 가지고 있습니다. 두 명의 신도가 이미 파송되었고, 약 5마일 떨어진 곳에 30명이 출석하는 기도처가 있어서 조만간 한 명이 추가로 파견될 것입니다. 오 씨는 수년간 이 교회의 영수 역할을 맡아 왔습니다. 나중에는 교회의 권서로 봉사하기도 했습니다. 그는 성경 구절을 외울 수 있는 훌륭한 기억력을 가지고 있었고, 어떤 구절을 말하더라도 장과 절까지도 인용할 수 있을 정도였습니다. 그는 한글을 익히지 못하고 있는 사람들을 매우 만나고 싶어 했고, 자비(自費)를 사용해 가면서 다음과 같은 간곡한 권유를 떡갈나무 조각 뒷면에 한글로 새겨서 가지고 다녔습니다. "알림, 이는 남녀를 불문하고 나의 동포인 여러분에게 한자는 매우 어렵지만 한글은 매우 익히기 쉽다는 사실을 알리기 위함이니 열심히 익히시오." 이제 그는 죽을 때가 되었으므로 그 나무 조각과 자모음 약 50짝과 마가복음의 복사본 약 30쪽을 자기의 담당 목사인 나에게 가져와 기증했습니다. 내가 순회 다니는 교회들 중 복음 읽는 법을 배우고 복음에 대해 알고자 하는 열의가 강한 사람들에게 나눠 주라는 것입니다. "진실로 그의 행적들이 그와 함께할 것이라."

헨리 먼로 브루엔
[*CHB*, 177-178쪽]

12. 데라우치 암살 음모사건

필자와 날짜 미상[84]

1911년 10월 12일, 서울의 경신남자고등학교(Hugh O' Neil Academy) 학생 3명이 체포되었습니다. 2주일 후에는 교사들이 전부 체포되고, 몇 명의 소학교 교사들과 다른 학생들 여럿도 포함되었습니다. 그들은 1909년에 암살당한 이토의 후계자이며 한국의 총독이자 최고 사령관인 데라우치 백작을 암살하고자 음모를 꾸몄다는 혐의[85]를 받고 있었습니다.

125명 중 98명이 기독교인이었는데 이 125명은 기소되어 재판정에 서게 되었습니다. 증인이 없어서 가진 증거라고는 견딜 수 없는 고문에 못 이겨 자백한 진술뿐이었습니다. 124명이 정식으로 기소되었고, 약 105명이 1912년 9월 28일에 유죄로 선고받았습니다. 이 사건들에 대해 항소가 제기되었고, 재심을 통해 11월 말에는 10년 형을 선고받

---

84) 역주-1911년에 있었던 일을 설명하고 있지만, 수년 후 석방된 사람들에 관한 언급이 있는 것으로 보아 실제 이 글의 작성은 한참 후에 이루어진 것으로 보인다.
85) 역주-이는 105인사건에 대한 것으로, 자세한 설명은 제5권을 보라.

은 6명을 제외한 나머지 사람들은 석방되었습니다. 10년을 선고받은 6명은 몇 년 후에야 석방되었습니다.

  이 암살 혐의로 기소된 수감자들 중에는 여성이 7명 있었습니다. 존슨 박사는 한국인 친구를 통해 서울에서 온 여성 수감자들이 대구에 수감되어 있다는 사실을 알게 되어 이들에게 음식과 옷이 반입될 수 있도록 해 주었습니다.

[*CHB*, 177쪽]

13. 김천일 목사

아담스, 1911년 4월 15일부터 1912년 9월 20일까지

결국 조사들을 구할 수가 없어서 나는 이미 안수받은 사람을 제일교회가 성직자로 세울 것을 제안했습니다. 처음에는 사람들이 그것을 매우 꺼렸지만 몇 번의 설득 끝에 나의 동사목사로 일한다는 조건 하에 동의했습니다. 이 조정은 가을에 개최될 노회 때까지만 유효한 것으로 합의되었고, 그때 양측 모두 동의할 수 있다면 정식 목사로의 임명을 논의해 볼 것입니다. 지금까지 김천일은 회중들뿐만 아니라 나에게도 큰 만족을 주었습니다.[86] 영적으로 활기를 불어넣고 교회의 모든 조직을 활성화시키는 등 훌륭히 일을 해내고 있습니다. 그의 영적이고, 신실하고, 지적인 활동은 이곳 교인들이 아직 경험하지 못한 부분인데, 그렇게 영구적으로 업무를 수행한다면 크게 만족할 것이라 기대합니다.

학년 체계를 갖춘 교회학교가 올해 수차례 심각한 재정적인 어려움

---

[86] 역주-김천일 목사는 평양신학교를 3회로 졸업하고, 1910년 9월 20일 제4회 대한노회(평북 선천군 염수동예배당)에서 목사 안수를 받았다. 1911년 4월 5일부터 9월 20일까지 5개월 반 동안 대구제일교회에서 시무했다.(『대구제일교회 110년사』, 165쪽)

을 겪었고, 여전히 그 어려움을 헤쳐 나가는 중에 있습니다. 관리가 잘 되었다고 말할 수도 없고, 명목상으로는 저의 책임 하에 있지만 신경을 쓰지 못한 탓입니다. 결과적으로 학교가 고통을 겪기는 했어도 김 씨의 활기찬 행정 덕분에 크게 발전해 나가고 있습니다. 현재 교회가 후원하는 두 개의 학교에 90명의 소년들과 60명의 소녀들이 다니고 있습니다.

[*CHB*, 168-169쪽]

14. 존슨 부인의 이야기

에디트 파커 존슨, 대구에서 1911년

1. 정규 업무

올해 저의 정규 업무 내용은 한국 주일학교에서 수업을 가르치는 일과 주일학교의 젊은 교사들을 위해 주중에 일반 수업을 가르치는 일이었습니다. 그와는 별개로, 어린 여학생 한 명과 (신명)여학교 교사 한 명에게 피아노를 가르쳐 주는 일이었습니다.

2. 도시 수업

이른 봄 대구에서 지방 학생들을 위한 대규모 수업이 진행될 때 나는 세례를 받고 글을 읽을 줄 아는 여성들에게 창세기를 가르쳤습니다. 이 수업에 등록한 100명 가운데서 어떤 사람은 가끔 결석을 하고, 또 어떤 사람은 지각을 해서 정확히 몇 명이 수료했다고 말하기가 어렵습니다.

나는 6월에 대구에서 열린 주일학교 교사 양성반에서 아침 헌신예배를 담당하기도 했습니다.

3. 지방 출장

하지만 올해 진행한 일들 중 가장 훌륭했던 일은 경주로 출장을 가서 5일 동안 수업을 진행한 일입니다. 이 출장은 미국에서 온 친척들이 그동안 집안일과 학교 일을 떠맡아 주었기 때문에 가능한 일이었습니다. 저는 제 아이의 어머니이자 학교 선생이기도 했기 때문입니다.

이틀간의 여정은 시누이인 루스 존슨 양(Miss Ruth Johnson)과 함께 제 딸을 데리고 마차[87]를 타고 떠났습니다. 첫날밤은 큰 마을에서 보냈는데, 외국인 여성들이 한 번도 들러 본 적이 없는 곳이었다고 합니다. 덕택에 우리는 꽤나 큰 관심의 대상이 되었습니다. 우리는 한 무리의 믿는 사람들을 만났고, 거기에 구경꾼들까지 있어서 모두가 우리 저녁예배의 참석자가 되어 주었습니다.

목적지에 도착하니 85명이나 등록한 클래스가 우리를 기다리고 있었는데 그중 32명이 시골 여성이었습니다. 전도부인의 도움을 받아 우리는 매일매일 정규수업을 진행했습니다. 오전 휴식 시간은 제 시누이가 미용체조를 가르쳐서 참으로 흥미로웠습니다. 저녁에는 위생교육을 하고 아이들을 가르쳤습니다. 그중 한 명은 시누이가 한국으로 오는 도중에 방문했던 다른 나라에 대해 이야기할 때 몰두했는데, 그것이

---

87) 역주-원문에는 horse carriage를 'mal cha'라고 설명했다.

성경의 역사와 다른 나라에 역사한 하나님 왕국과의 연관성을 확인시켰다는 뜻에서 흥미로웠습니다. 출장 기간 내내 여성들의 친근함 덕분에 즐겁게 보낼 수 있었습니다. 그들은 우리를 만나기 위해 심부름꾼을 보내기도 했고, 아침 일찍부터 찾아오기도 했으며, 몇몇은 우리가 돌아올 때 배웅을 한다며 멀리까지 동행했습니다. 이런 사람들 사이에서 일할 수 있다는 것은 참으로 큰 축복입니다.

수업이 기독교인들로 이루어져 있었기 때문에 개종하지 않은 사람들에게 말씀을 전할 기회는 길가에서 때때로 마주치거나 틈새 시간을 제외하고는 거의 없었습니다. 이렇게 만난 사람들 가운데 기억에 남는 사람들이 있습니다. 한 여성은 자신은 예수를 믿기에는 너무 바쁘다고 말했고, 한 여성은 자랑스럽게 자신이 흡연과 음주를 즐기기 때문에 믿지 않는다고 밝혔습니다. 그녀의 진솔함이 제 마음에 와 닿았습니다. 그녀는 우리의 다음 지방 순회 때 수업에 출석하겠다고 말했습니다. 저는 그녀가 빛을 가리고 있는 모든 것으로부터 스스로 벗어날 힘을 가질 수 있도록 기도합니다.

[*CHB*, 170-171쪽]

15. 어드만 부인의 이야기

어드만 부인, 미국에서 1911년

　사람들은 계획은 크게 세우지만 실제로는 조금밖에 이루지 못하는 경향이 있습니다. 이것은 선교사 생활에서 얻게 되는 실망 가운데 하나입니다. 적어도 저에게는 생각보다 일을 진행하는 데에 시간이 훨씬 오래 걸리는 것도 문제입니다. 제가 정말 하고 싶었던 일은 한국어를 배우는 일이었지만, 겨우내 책도 한 번 열어 보지 못했습니다. 한 살짜리 아이를 키우는 데 이렇게도 많은 시간이 필요할지 어찌 예상할 수 있었을 것이며, 그리고 또 남는 시간은 다른 일에 다 빼앗길지 어떻게 알았겠습니까? 지금도 저는 제가 조금만 더 열심히 했더라면 하루에 5분 내지 10분도 공부에 투자하지 못했을까라고 자신을 탓하곤 합니다. 1년이면 그 시간은 총 61시간이 되었을 것입니다. 하지만 이 보고서는 질문이나 푸념에 대한 것이 아니기에 이제 본론으로 들어가겠습니다.
　첫째로 머릿속에 떠오르는 것은, 날씨에 따라 약간 변화가 있긴 했어도 정기적으로 진행되었던 화요일 여성 사경회입니다. 여성들에게 폭풍우가 휘몰아치는 날씨에 나오라고 강요할 수는 없는 일이기는 하지만 실제로 그들은 나오지 않았습니다. 그러나 희한한 사실은 폭풍우가 거의 월요일이나 수요일에 붙었고, 어떤 때는 화요일만 맑고 그 양일은 비가 왔다는 것입니다. 칠판은 매우 유용하게 사용할 수 있었습니다.

여성들 혹은 어느 누구라도 마찬가지이겠지만, 어떤 그림을 볼 때 작가명이 분명하게 표시되어 있지 않다면 누구의 그림인지 알아보기 어려울 것입니다. 하루는 제가 칠판으로 다가가자 한 여성이 새로 온 사람을 가르쳐 주다가 이렇게 말하는 것을 들었습니다. "이제 이분께서 하시던 말씀을 좀 더 명확히 해 주실 거예요!" 제 요리사는 큰 도움이 되었습니다. 그녀는 너무 영리해서 제가 뜻하는 바를 빨리 이해하기 때문에 저는 빈번히 제 말을 다른 사람들에게 통역해 달라고 부탁하곤 했습니다. 그녀는 요리 또한 매우 잘하지만 너무 영리해서 평생을 요리만 하는 것보다는 제가 전도부인으로 키워 내지 않으면 제 양심에 어긋날까 걱정입니다. 훌륭한 봉사자들은 선교사의 가정에 매우 중요하지만, 결국 훌륭한 전도부인이 그보다 더 중요할 테니 말입니다.

여학생들에게 "솔-라"(그리고 몇 가지 간단한 음정)를 그렇게도 강조하여 주입시켰지만 별다른 성과가 없었습니다. 그것은 나중에 그들의 손자 손녀들에게서 목이 유연해질 수 있는 시간과 과정을 지난 후에나 가능할지 모르겠습니다.

어쩌면 올해 가장 흥미로웠던 일은 1월의 일반 수업이었을 것입니다. 18명 혹은 19명의 선발된 여성들이 이 수업에 참여했습니다. 하루는 그들에게 수업을 가르치지 않고 그 대신 그들이 배운 내용을 시골 수업에서 가르쳐 보게 했습니다. 그 다음날엔 그 전날 현장에서 무엇을 배웠는지 우리에게 가르쳐 보라고 했습니다. 그들이 어떻게 생각을 하는지, 그리고 어떻게, 얼마나 받아들이고 이해하는지를 알 수 있어서 매우 흥미로웠습니다. 2주일 동안 진행된 이 수업이 끝난 후에 그들은

2인조를 이루어 일주일간 지방에서 실습을 하기 위해 떠났습니다. 이 시골 수업에 대해 보고를 받아 보니 큰 희망이 있어 보였습니다. 물론 모든 선생이 똑같이 성공적이었던 것은 아니지만 가르치는 기술을 훈련받지 못했고 불신앙과 무지의 길을 벗어난 지 몇 해밖에 되지 않는다는 사실을 고려할 때 매우 훌륭히 해낸 것입니다. 그들은 시골 여인들에게 새로운 열의와 자극을 주었습니다. 이렇게 말하는 것을 듣고 알게 된 것입니다.

"이제 우리를 가르칠 사람이 있습니다. 전에는 가르쳐 줄 사람이 없어서 배우려는 시도를 하는 것조차 아무런 소용이 없었는데!"

3월 후반부와 4월 초에 대구에서 여성들을 위한 대규모 사경회가 진행되었습니다. 제가 책임을 지고 있었지만 우수해서가 아니라 필요에 의해 맡게 되었을 뿐입니다. 어찌 되었든 선교기지의 여성 인력 중 밀스 양이 자신이 맡은 시골 수업 중 일부를 그만두지 않는 이상은 그 누구도 이 자리를 맡을 수 있는 상황이 아니었습니다. 하지만 그렇게 하는 것이 불가능했다는 것이 안타까웠습니다. 그러나 실제로 모든 업무는 다른 사람들의 공이었습니다. 제가 진행한 수업은 전혀 점수를 받을 수가 없는 것이고, 좋은 아이디어들도 모두 다른 사람들에게서 나왔습니다. 제 생각엔 제 미숙함과 앞일을 예견하는 능력의 부족으로 실수만이 제 몫이었던 것 같습니다. 수업이 끝난 후 우리는 '반성회'를 가져 더 잘할 수 있었던 몇 가지를 적어 보았습니다. 어떻게 하는지 알고 싶으신 분이 있다면 지금 저희에게 문의하세요! 아니면 밀스 양의 노트를 찾으세요!

모든 어려움에도 수업은 성공적이었습니다. 여성들 자신이 그렇게 만들어 주었습니다. 이전에는 한 번도 이렇게 제시간에 온 적이 없고,

이렇게 열심히 공부한 적도, 끝까지 이렇게 잘 남아 있은 적도 없었습니다. 물론 그중 여러 명은 먼 거리에서 왔기 때문에 도착했을 때엔 지치고 발이 아픈 상태였습니다. 한 노인 여성은 220리를 걸어왔다고 했습니다. 발이 아프지 않느냐고 물었더니 그녀는, "제가 어떻게 알겠습니까? 교실로 들어오고 있었는데 어떻게 알겠습니까?"라고 대답했습니다.

이 사랑스럽고 단순한 여성들은 마치 아이 같은 모습입니다. 제가 이 글을 미국에서 쓰면서 우리의 두 세계와 두 민족을 서로 대조해 볼 수밖에 없습니다. 그리고 그곳에 있는 사람들을 폄하하는 것처럼 들린다면 이렇게 말할 수 있습니다. 이곳의 삶이 너무나 인공적으로 찌들려 있으니 더욱 단순하고 '자연에 가까운' 삶을 갈망하는 것일 뿐이라고. 그리고 또한 이런 유쾌한 곳과 인연을 맺게 해 주신 것에 대해 주님께 감사드립니다. 이곳의 사람이 그쪽에서 일할 수 있는 특권으로 말미암아 평등함과 가치를 가질 수 있도록 기도합니다.

존경을 표하며 제출합니다.
(Mrs. Walter C.) 줄리아 윈 어드만
[*CHB*, 171-173쪽]

제6장 자립의 주춧돌 : 1911~1913

1. 제자리걸음

브루엔, 1911-1912년

    교인 수가 1년에 두 배씩 증가하던 시절은 지났습니다. 하지만 이것이 더 이상의 발전이 없다는 뜻은 아닙니다. 그럴 만한 여러 가지 이유가 있기 때문입니다.
    첫째, 두 배로 증가하던 것은 산술적으로 한계가 있고, 그 한계는 이 사업이 이미 성취해 낸 규모입니다.
    둘째, 한국 땅에서 일본의 패권은 분명한 현실이 되어 버렸기 때문에 정치적인 압박 속에서도 비록 희미하고 애매하나마 가질 수 있었던 희망마저 사라져 버렸습니다. 교회는 사실 그들에게 최소한의 희망을 제공해 줄 수 있었는데, 이제는 신실하고 영적인 마음을 가진 사람들조차 위로해 줄 수 없게 되었습니다.
    셋째, 토지조사를 통해 문서가 없는 곳은 신고하도록 하여 일본은 이미 한국인들이 점유하고 있던 땅을 포함해 모든 정부 토지의 소유권마저 박탈해 버렸습니다. 상인들은 몇 년 동안 작은 장식품들을 파는 가게들로 편하게 먹고살게 되었고, 많은 편리한 기구들이 도입되어 노동력을 절감할 수 있어서 과수원이나 담배 재배를 하는 일본인들은 많은 이익을 얻게 되었습니다. 자원을 채굴하는 데 있어서도 새로운 방법과 수력이 사용되어 모든 물질적 풍요는 세상사에 대한 사람들의 마음과 태도마저 바꾸어 놓았습니다.

따라서 전도를 위해 온갖 수단을 다해 애를 써도 그 결과는 그저 옛날에 했던 정도에 머물고 있는 것처럼 느껴졌습니다. 그것은 이런 의문을 제기했습니다. "왜 구제받지 못한 사람들을 대상으로 체계적인 캠페인을 계속하지 않는가?" 내가 할 수 있는 대답은 다음과 같습니다. "나는 작년에 그 마을에서도 설교를 했습니다."

넷째,[88] 불교의 부활입니다.

위에서 언급된 원인들로 말미암아 생겨난 결과들이 영적 부흥을 위해 소용없었던 것은 아닙니다. 한 가지 방법을 통해 깨우치게 되면 우리는 결과적으로 더 큰 영적인 깨달음을 얻을 수 있는 가능성을 얻게 됩니다. 한편 그렇게 하여 좋은 열매를 맺게 된 것은 역시 더 좋은 교회 건물을 세우고, 꽃과 나무를 심어 더 예쁜 교회 뜰을 만들고, 더 좋은 조명, 바닥, 벽지, 그리고 숲과 들판을 조성하기 위한 기금 마련, 그리고 교회와 특히 주일학교를 위한 기금 마련에 있었음을 언급할 필요가 있습니다. 이러한 장점들이 모두 합해지니 새로운 정열이 불타올라 몇 안 되는 시골 교회를 안정시키기 위해 조사들의 담당 교회를 12군데에서 6군데로 줄일 수 있게 되었습니다. 이는 다시 지방 교회들이 더 많은 조사들에게 사례를 할 수 있는 계기가 되었습니다. 다시 말해서 지난해에는 기초 조사를 하고 정착을 시키는 데 집중하여 광범위한 성장보다는 집중적인 성장이 있었던 셈입니다.

---

88) 역주-원문에는 fifth로 잘못 기재되어 있다.

지난 1911년 9월에 한국 장로회의 회장단 모임이 대구에서 있었습니다. 그날은 우리가 오랫동안 기다려 왔던 날로, 그렇게 큰 규모의 사람들을 과연 우리가 잘 맞이할 수 있을지에 대한 두려움도 있었습니다. 그럼에도 너무나 크고 관대한 지원을 많이 받았는데 이곳을 방문한 모든 참가자들이 그 증거였습니다. 여기서 우리는 장로교회의 총회를 조직하기로 결정했습니다. 이것은 하나의 통합 노회의 마지막 모임이기도 했습니다. 이제 이는 7개의 조직으로 나누어져서 서로 만나고 각자의 구역에 대해 감독하게 되었으니, 이로써 우리 교회에서 그러한 대표 모임을 갖는 것이 아마도 마지막 기회였을 것입니다. 1912년 12월 27일에 열린 경북노회의 첫 번째 노회장은 박영조 목사[89]였습니다.

오랫동안 제일교회의 목사이자 우리의 원로회원인 아담스 씨의 두 번째 휴가를 맞아 우리 외국인 선교사들과 한국인 친구들은 함께 즐거워했습니다. 게다가 졸업반 학생들 가운데서 한국인 동사목사를 구해야 했기 때문에 우리는 매우 바빴습니다. 하지만 주님께서는 우리에게 그 자리에 가장 적합한 인물인 홍 목사[90]를 보내 주셨습니다. 그가 적임자로서 교회의 모든 구성원들로부터 좋은 느낌과 평가를 받고 있다고 기록할 수 있어서 참으로 감사한 일입니다. 그는 뛰어난 설교자였고, 한학자이면서 훌륭한 성경학자이기도 했습니다. 완고함이 아닌 진취적인 자세를 가졌으며, 정이 많은 목회자였습니다. 그는 매우 짧은

---

89) 역주-그는 나중에 대구남산교회의 4대(1920-1923) 담임목사로 시무했다.
90) 역주-1911년 11월 4일부터 1917년 9월 20일까지 대구제일교회에서 6년간 시무했던 홍승한 목사이다. 1907년부터 평북 철산군에서 조사로 활동하던 홍승한은 1909년 철산 영동교회에서 장로 장립을 받았다. 이어 1911년 6월 평양신학교 제4회 졸업생이 되었고, 약 3개월 뒤 목사 안수를 받고 대구제일교회에 부임했다.

기간에 그 큰 지역에 있는 교인들에게 잘 알려졌으며, 교인들 한 사람 한 사람의 가족 생활까지 자세히 파악하고 있었고, 누구의 집이 어디에 있는지도 잘 알았습니다.

교회 활동에 있어서 다양한 부서들이 장로와 집사들 중심으로 잘 조직되었고, 이 사람들은 시내의 4개 구역 중 한 곳에서 각자가 맡은 평신도 설교를 해냈습니다. 이러한 구분에 따라 여성들을 위한 4주간의 기도 모임도 있었는데, 여성 선교사들이 특별히 훈련시킨 지도자들이 이끌었습니다. 이는 다시 남성들로 하여금 같은 방식으로 남자들만의 주간 기도 모임을 갖도록 하는 계기가 되었습니다. 여성들의 모임 참석률은 세 배나 많아졌습니다. 매주 안식일에는 많은 새 신도들이 와서 자리를 잡고 앉았습니다. 그렇게 등록이 되면 평신도 구역장들이 순서를 맡아 그들을 돌보고 은혜 안에서 성장을 하는지의 여부를 교회 관리들과의 격월 모임에서 보고하도록 되어 있었습니다. 이 모임에서 각 평신도 구역장들은 홍 목사가 제안해서 준비한 백지에 그 지역에 사는 교인들의 상황을 메모하여 보고했습니다.

주일학교가 다시 정비되었습니다. 주일학교는 나이와 지식 수준에 따라 학급이 나누어졌고, 능력 없는 선생들은 점차적으로 도태되고 학교는 이전에 없었던 단체의 정신을 갖게 되었습니다. 라이너 부인은 여성들을 위한 주일학교를 책임졌고, 라이너 선생은 성인 남자들과 소년반을 지도했습니다. 수업 진행이 잘 이루어지려면 성인 여성들과 남성들의 모임을 따로 가질 필요가 있습니다.

봄에는 감옥에 있는 수감자들을 위해서도 작은 사업이 시작되었지만, 나중에 문제가 너무 많아져서 곧 포기할 수밖에 없었습니다. 성부 관계자들은 우리에게 여전히 친절하게 대했지만, 결국 관료주의의 한

계는 어쩔 수 없는 일이었습니다. 두 명의 장로가 교회 사업의 다른 부서로 자리를 옮겨 우리는 새로운 장로를 두 명 더 선출했습니다. 훌륭한 리더십을 증명할 수 있는 한 가지 사실은 어떤 실질적인 일도 원칙에 매여 있지 않을 때입니다.

교회 분립 이전까지의 주일 평균 참석률은 1,000명이 넘었습니다. 한 해 사이에 두 개의 교회가 모교회에서 분리되어 나왔습니다. 한 곳은 도심에서 동쪽으로 10리 떨어진 마을에 100명 정도 모이는 교회였고, 다른 하나는 제2, 즉 동산교회로 알려진 교회였습니다.[91] 이 교회는 임시로 병원에서 시작되어 플레처를 대표 책임자로 두었고, 브루엔을 담임으로 임명했습니다. 이 교회 혹은 그 일부는 병원 교회로 남을 것으로 기대됩니다.

한 해 동안 남문 밖에 두 곳의 불교 사원이 지어져서 꽤나 활발한 운동이 지속되고 있습니다.[92] 100명의 불교 자원 스님들이 있다고 보고되었으나 여기에 참여하는 자들은 일본의 비위를 맞추려는 젊은 아첨가들임은 말할 것도 없습니다. 홍 목사는 최근 특별한 행사가 있었을 때 이들 사원 중 한 곳을 방문해 수백 명의 군중들 앞에서 두 시간 동안 연설을 했고, 만찬에서도 극진한 진미를 대접받았습니다.[93]

제일교회에는 거의 한 해 내내 오후마다 병원 진료소의 대기실을 찾아가 몇 시간 동안 전도를 하는 자원봉사자들이 있었습니다. 최근에

---

91) 역주-1912년 3월 4일에 분립된 범어교회와 같은 해 6월 6일에 분립된 서문(신정)교회가 그것이다.
92) 역주-1910년 오늘날 남산동에 설립된 아미산 보현사가 그중 하나일 것이다.
93) 역주-이로 미루어 당시의 기독교와 불교의 교류관계가 상당히 우호적이었던 것으로 보인다.

개종을 한 한 사람은 자기 가족이 밭을 소유하고 있는 20마일 떨어진 마을을 방문하여 거기서 이틀을 보낸 후 30명의 새 신도 명단을 가지고 돌아왔습니다. 거기에는 모든 새 신도들의 도장까지 찍혀 있었습니다. 이것은 다소 대규모 전도 방식이긴 하지만 그 영혼의 신실함을 증명한 것이라고도 할 수 있습니다. 이 일이 있고 두 번째 방문에서도 20명의 새로운 신도들의 명단을 가져왔다는 소식이 있었습니다.

성장의 또 다른 증거는 그들이 재정적인 의무를 충족시켰을 때입니다. 홍 목사를 모시기로 결정했을 때 그들은 그의 봉급으로 매달 20엔을 모았고, 주택도 제공했습니다. 이를 위해 200엔이 넘는 비용을 들인 것입니다. 주택은 교회 대지에 기와로 지은 집이었습니다. 지금의 교회 건물은 처음 지어졌을 때 상당한 재정적 손실을 내며 무너졌던 것이 기억납니다. 이것의 일부는 평양의 신도들로부터 받은 헌금으로 지었던 것입니다. 양철 지붕은 문제가 너무 많아 계속해서 수리를 했지만, 결국 새로운 자재를 구해 지붕을 다시 덮어야만 했습니다. 이를 위해 거의 150엔 정도의 지출이 필요했고, 장마가 시작되기 전에 완성되어야 하는데 아직 빚을 완전히 갚지 못한 상태입니다. 아마도 추수감사절에 갚을 계획을 세운 것 같습니다.

교회 부설 소년학교와 소녀학교를 통해 나타난 성장도 있습니다. 여기서 우리는 다시 감사해야 할 이유를 찾았고 책임감을 느끼게 되었습니다. 우리는 이 학교를 계속해서 발전시켜 나갈 수 있는 방법이 기부금을 더 확보하는 길밖에 없음을 깨달았습니다. 많은 고민이 있었지만 우리는 과감하게 시작하여 개별적인 접촉을 통해 총 1,000엔의 돈을 모았습니다. 우리는 선교부와 교육위원회의 권고에 따라 선교부 학교 기금에서 확보할 예정으로 있는 500엔 혹은 그 3분의 1 정도라도 지원

받을 수 있기를 희망합니다. 지금 현재 도심에 위치해 있는 학교는 매우 비좁은 상태입니다.

지방 전도: 지난 10월 노회가 끝난 즉시 미국으로 휴가를 떠난 아담스 선생 덕분에 170곳에 달하는 시골 지역 교회를 돌보는 일은 맥파랜드와 나에게 떨어졌습니다. 선교부는 구원투수로 재령의 커 선생(Mr. Kerr)과 청주(Chong Ju) 지역의 케이긴 선생(Mr. Kagin)을 봄철 동안 각각 6주 동안 보내 주었습니다. 이는 우리에게 커다란 원군이었고, 덕분에 각 교회를 봄과 가을에 방문할 수 있게 되었습니다. 내가 맡은 85개 교회 중 스무 곳을 방문하는 실질적인 일들을 이 방문 목사들이 맡아 주기는 했지만 순회 일정과 사경회를 계획하는 일이나 업무 서신과 징계 사건 등은 여전히 나의 몫이었고, 제일교회의 동사목사 일도 여전히 겸해야 했습니다. 하지만 거기까지는 여력이 충분히 남아 있었습니다. 나는 가을과 봄에 걸쳐 내가 담당한 네 군데 교회[94]를 순회했지만 이들은 아직 대부분 만족스럽지 못한 상태임을 알 수 있었습니다. 거의 모든 경우 출석자가 거의 없었고, 기껏 교회를 떠난 사람들을 찾아내 다시 돌아오도록 촉구하는 데에 바쁜 형편이었습니다. 대부분의 경우 체계적인 설교도 이루어지지 않았습니다. 이런 목적으로 자원봉사 전도 부인과 주일학교 선생님을 대상으로 실시된 특별 훈련은 아주 결과가 좋았고, 주로 밀스 부인이 주관하는 외국인 부인들에 의해 운영이 이루어졌습니다. 나의 담당 구역에서는 12개의 남자반, 9개의 여자반이 올 한 해 동안 개설되었습니다. 나의 목표는 조사 한 사람이 순회하는 지

---

94) 여기 오류가 몇 개 있는데, 글쓴이가 바로 앞에 85개의 교회라고 언급했다. 우리는 4군데가 64군데의 오기라고 본다. 역주-85곳 가운데 브루엔이 당시 방문한 곳은 4군데뿐이었다는 뜻으로 이해할 수도 있을 것이다.

역에 남녀 각 두 반씩 개설하는 것이었고, 그렇게 되면 그중 한 군데는 남자나 여자 선교사 한 사람이 언제나 대기를 하고, 나머지는 조사나 성경부인이 담당할 수가 있습니다.

조사들의 월급은 연초에 인상되었는데, 이제 막 끝이 난 제직반 수업에서는 그 때문에 큰 소동이 있었습니다. 그것은 주로 플레처 선생의 책임 아래 있던 교회들이 보고한 사례와 관심 내용이기도 했습니다.

이 6명의 조사들이 담당하는 구역에서 작년에는 10개의 새로운 교회가 설립되었는데 올해는 한 곳도 설립되지 못했습니다. 장로는 3명이 선출되었고, 그중 한 명이 취임을 했습니다. 3개의 교회 건물들이 팔리게 되었는데, 지도자들이 타락한 탓이기도 하고 혹은 죽거나 이사를 가 버린 탓이기도 했습니다. 6군데 정도의 새로운 교회가 있었는데, 여러 곳에서 수리와 확장공사가 이루어졌습니다.

소학교는 이제 막 6개의 학교가 기초를 다지고 있습니다. 나중에 얻게 된 좋은 결과는 순전히 장학사로 있던 이 장로의 도움이 있었고, 일을 효과적으로 처리한 라이너 선생 덕택이라고 할 수 있습니다. 이른 봄에 서울에서 옮겨 온 그린필드 선생 덕분에 나는 7명의 조사 가운데 한 명을 지도하는 일을 면하게 되었고, 어드만 선생이 5월에 도착한 덕택에 제일교회를 담임하는 일도 몇 주간 쉴 수 있게 되었습니다. 하지만 5월 1일부터 6월 15일까지 그는 신학교 일을 돌봐야 했기 때문에 나는 다시 그가 하던 일을 떠맡을 수밖에 없었습니다. 맥파랜드 선생이 휴가를 떠나 버렸기 때문에 아담스 선생이 돌아올 때까지 지방 전도는 두 명의 순회 설교자들이 나누어야 했는데, 이번에는 그린필드 선생과 나였습니다. 우리는 각자가 자신의 위치에서 맡은 바를 다 할 수 있고 팀워크도 이룰 수 있게 되어 더 나은 보고를 드릴 수 있으면 좋겠습니다.

며칠 후에 있게 될 서울에서의 성서위원회와 영향력이 큰 집행위원회를 제외하고는 그동안 별 다른 바쁜 일은 없습니다. 정규수업에서 나의 역할을 할 수 있게 된 것입니다. 그해 겨울 마펫 선생이 우리와 함께할 수 있어서 매우 기뻤습니다. 최근에 열린 제직 수련회에서는 주일학교 문제를 주제로 다루었습니다. 그린필드 선생이 이 과목을 담당했습니다. 그것은 우리가 분명히 열매를 맺을 수 있을 것이라고 확신할 수 있는 사업이라 생각하고 계획한 일이었습니다.

제2교회(서편 혹은 서쪽 대문이라는 뜻의 서문교회)가 1912년 5월 20일에 설립되었다. 브루엔 선생이 일을 도모했고, 플레처 선생이 교회를 담당하게 되었다. 정재순이 첫 번째 목사였다. 이 교회는 초기에 '달남', '서편', 그리고 '서문'이라는 이름을 사용했다. 그리고 일제 시기에는 '신정'이라는 이름을 사용하기도 했다. 어떤 교인들은 동산교회라는 이름을 사용하기를 좋아했는데, 이것은 그들이 1912년부터 1913년 사이에 교회 예배를 위해 동산병원을 빌려 사용했기 때문이다.[95]

[*CHB*, 205-208쪽]

---

95) 역주-이 문단은 나중에 첨가된 것으로 생각된다. 글을 쓴 1912년에 1913년 이후의 이야기가 포함되어 있기 때문이다.

2. 흉년의 고통 속에서

대구기지 연례보고, 1911-1912년(발췌)

1. 인사

폴라드(Pollard). 지난 연회에서 우리 선교기지의 여학교[96]를 책임지도록 임명받았고, 그 후 얼마 되지 않아 도착했다.

2. 상황들

우리 사역의 모든 부서들은 한 해 동안 겪었던 어려움과 상실감으로 인한 스트레스와 압박에 대해 호소하고 있습니다. 하지만 여전히 교회가 숨통을 틔우고 발전을 하기 위해서는 한 해 동안 좀 더 성숙해질 필요가 있습니다. 주님의 사업을 좀 더 효율적으로 수행하기 위해 조직이 좀 더 정비되고, 영적으로 더욱 새롭게 하고, 더 많이 배우고, 더 잘

[96) 역주-신명여자학교를 말한다.

훈련을 받을 필요가 있습니다.

　이러한 상황들이 생기게 된 것은 흉년 때문입니다. 그 결과 우리 지역의 많은 구역에서는 아무런 수확이 없었고, 추수의 분량도 과거의 반도 안 되었습니다. 더 두려운 것은 반역죄로 기소된 이들이 많이 체포되고 재판도 길어지는 데다 정부가 한국인들을 밖으로 쫓아낼 것이라는 등의 많은 소문이 떠다닌다는 것입니다. 많은 사람들이 흉년과 공포에 질려 만주 지역으로 이민을 떠나기도 합니다. 경쟁을 부추기는 일본의 압박 때문에 물질주의는 점점 더 확산되어 가고, 결국 느린 삶의 방식을 가지고 있던 한국인들은 궁지로 몰리게 되었습니다.

3. 남자반

　어드만. 한 해 동안 어드만 선생의 업무는 다양했습니다. 대구에서 수업을 맡은 것이 큰 부분이긴 했지만 연초에는 평양신학교에서도 가르치느라 봄과 여름에 걸쳐 3개월을 그곳에서 헌신했습니다. 뿐만 아니라 겨울에는 안동에서 남자반을 담당하기도 했습니다. 겨울 6주 동안에는 주일학교 교사들을 위한 토요 야간반을 가르쳤습니다. 게다가 그 수업을 준비하느라 교안을 짜고, 개요를 정리하고, 번역까지 하느라 많은 시간을 투자했습니다.

　그는 또한 대구제일교회 홍 목사의 동사목사이기도 했습니다. 그는 홍 목사가 워낙 일을 잘 처리해서 교인들로부터 사랑과 존경을 받았고, 자기는 그저 조언이나 하고 뒤에서 돌보는 일이 전부였다고 했습니다.

4. 교육

신명여자학교. 신명여자학교는 한 해 내내 수업을 위한 공간이나 기숙사 시설이 부실하여 엄청나게 애를 먹었습니다. 그러나 폴라드 선생의 리더십 덕택에 훌륭한 성과를 거두었습니다. 두 명의 한국 여자인 보조교사들과 함께 몇 과목은 남학교[97] 소속 여러 선생님들에게 지원을 받아 해결할 수 있었습니다.

이제 앞으로 더 좋은 시설을 기대해도 좋습니다. 우선 8,000엔이 수중에 있고, 강당과 교실을 갖춘 새로운 건물이 현재 건축 중에 있습니다. 22명의 등록생 가운데 지금은 21명이 출석하고 있습니다. 지난해 3명의 졸업생은 평가가 좋아 한 명은 이 학교에 선생님으로 채용되었으며, 다른 한 명은 안동에 있는 여학교에서 일하게 되었습니다.

목욕탕에서 일주일에 한 번 목욕을 할 수 있는 특권을 누릴 수 있는 데 대해 여자 아이들이 무척이나 좋아합니다. 브루엔 부인과 어드만 부인은 자립반(Self-Help Dept)을 효율적으로 운영하기 위해 많은 시간을 투자하고 있는데, 많은 여학생들이 충분히 자신의 학비를 벌 수 있고, 책값의 일부도 벌 수 있을 정도입니다.

계성학교는 정부에 등록이 되었습니다. 여성들을 위한 사경회가 시작되었는데 선교사들 중 한 명의 집에서, 그리고 또 다른 선교사 집의 식당 방에서 진행되었습니다. 허버트 블레어 부부와 그 가족은 우리의 가장 북쪽 선교기지인 강계에서 대구로 옮겨 왔습니다.

[CHB, 211-212쪽]

---

97) 역주-계성남자학교를 말한다.

3. 의학 교육의 좌절

우드브리지 O. 존슨, 대구에서 1911-1912년

비록 "사람이 마음으로 자기의 길을 계획할지라도 그 걸음을 인도하는 자는 여호와시니라"라고 하였지만 지난해에 우리는 강제적으로 쉬어야 했습니다. 4월 1일부터 7월 15일까지는 병원의 정기적인 업무가 평소처럼 이루어졌습니다. 그리고 연회가 끝나고 나서는 새롭게 문을 연 안동 지부의 의료사역과 그보다 더 과중한 대구병원의 업무를 플레처 박사와 교대하지 않을 수 없었습니다. 내가 병이 났기 때문입니다.

일본 정부의 방해로 병원에서 의료 교육을 계속할 수가 없게 되었습니다. 정부는 이 나라에서 딱 한 곳의 외국인 의료 학교인 서울의 장로회 세브란스 병원 의료 학교 졸업생들만 공식적으로 인정하기로 결정했기 때문입니다. 그래서 우리 학생들은 서울로 가서 남은 과정을 마치고 학위를 받기를 원합니다. 그들 중 몇 명은 아마도 나중에 돌아와서 대구병원의 보조의사로 일하게 될 것입니다. 지난 한 해 동안 그들은 일을 잘 해 왔습니다. 그들은 이전보다 더욱 책임감 있게 일을 했고, 환자들을 다루는 데도 더 능숙해졌습니다. 우리는 그들이 일주일에 몇 시간씩 (계성)학교에서 공부할 수 있도록 배려해 준 친절한 아담스와 라이너 씨에게 감사를 표합니다. 그들이 공부한 과목들은 내년 가을에 서울에서 계속해야 할 분야입니다.

[*CHB*, 202-203쪽]

4. 한국의 토지제도

라이너, 1912년 2월 6일
해외선교부 브라운 총무에게

친애하는 브라운 선생님

몇 달 전 보내 드린 편지에서 우리 선교기지 주택 뒤편의 언덕을 매입하는 과정에서 일어난 소송에 대해 말씀드린 적이 있습니다. 판결이 내려지면 곧바로 그 결과를 알려 드리도록 아담스 선생에게 요청했기 때문에 우리가 승소했다는 사실을 당신께서도 알고 있으리라 생각합니다. 비록 승소하기는 했지만 아직 만족할 만한 내용은 아닙니다. 한국의 법은 현재 너무나 빠른 변화를 겪고 있어서 아무리 정보가 많은 사람이라 할지라도 확신할 수 있는 것이 아무것도 없습니다. 우리가 승소했음에도 여전히 곤경에 처해 있다는 것도 이상할 게 없습니다.

1908년 1월 25일, 모든 언덕이 (그리고 다른 땅들도) 정부에 신고되어야 한다는 법령이 공포되었습니다.[98] 이것은 이전 정부로부터 받은 증서

---

98) 역주-1910년부터 1918년까지 일제가 우리나라에서 식민지적 토지제도를 확립할 목적으로 실시한 대규모 조사사업의 전 단계였다.

가 있든 없든 상관없는 일이었습니다. 그리고 더욱이 신고가 되지 않을 시에는 그 땅은 3년 후 정부로 귀속된다고 했습니다. 우리 땅은 신고가 되었지만 이상한 것은 그 증서를 만든 사람의 이름으로 보고되었다는 사실이고, 그 사람은 얼마 전에 죽어 버렸습니다. 그래서 법원은 그 보고는 아무것도 보고되지 않은 것과 같다고 했고, 그 땅을 정부 땅으로 결정하고 말았습니다. 하지만 지난 12월 정부가 공포한 법에 따라 신고된 땅은 아주 소수에 지나지 않아 그 법을 따르는 것은 부당하다는 새로운 법이 공포되었습니다. 따라서 땅을 아직 신고하지 않은 사람은 누구든 곧장 등기처에 가서 그것을 증명하는 뜻을 밝히면 땅의 소유를 주장할 수 있다는 것이었습니다. 그리고 나서 그의 주장을 증명할 수 있을 만큼 충분한 시간이 지나고 나면 등기부를 요청할 수 있게 되었습니다. 우리는 이러한 상황에 있습니다.

그 땅은 우리 것이지만 우리는 거의 2년 가까이 소유를 주장할 수 없었고, 그 소유권을 보존하는 과정은 참으로 이해하기 어려웠습니다. 나는 여전히 근거 자료를 가지고 있습니다. 다시 말해서 총독에게 이의를 제기할 수 있는 상환 청구권을 가지고 있어서 그렇게 할 작정입니다. 나는 소유권을 승인한 관리로부터 공식적인 증서를 준비했으니 아무도 그 땅이 우리의 소유임을 부정할 수 없다고 확신합니다.

브라운 부인과 당신에게 안부를 전하며
R. O. 라이너
대구기지 총무
[CHB, 203쪽]

5. 신명의 첫 졸업생들

1912년 5월 31일. 신명학교의 첫 번째 세 명의 졸업생 이금례[99] 박윤희 임성례[100]

---

[99] 역주-이금례는 하와이로 이민을 가서 이희경으로 이름을 바꾸었다.(「매일신문」 2010. 1. 11)

[100] 역주-1893년 경북 칠곡 인동에서 태어난 임성례는 신명학교를 졸업하고 일본 고베신학교에서 신학을 수학하고 모교인 신명여학교의 교사로서 후진 양성에 이바지했다. 대구YWCA의 초대와 4대 회장을 지냈고, 1924년 11월 15일에 현승환과 대구남산교회에서 결혼을 했으며, 시(媤)동생인 현제명이 축가를 불렀다.(CHB, 325쪽)

신명여고 1회 졸업 앨범
앞줄 3명이 졸업생이고 뒷줄 두 명은 선생인데, 오른쪽이 당시 교장이었던 브루엔 부인
(傅馬太)이고 앞줄 왼쪽 첫 번째가 이금례이다.(「매일신문」 2010. 1. 11)

[CHB, 204쪽]

6. 하와이 이민자들 (발췌)

어드만, 대구에서 1912년 7월

특별한 복음사역을 하고 있는 한 선교사[101]가 하와이에 있는 한 한국인 기독교 단체[102]로부터 지원을 받았습니다. 이것은 한국인들이 보여주는 진정성의 또 다른 예이기도 합니다. 하와이의 그 이민자들은 하나님의 말씀이 그들의 조국에도 전해지기를 확인하고 싶어 했고, 그래서 그들은 이 선교사를 지원하기로 결정한 것입니다.

105인사건의 재판이 끝났으니 일본 정부로부터 허가를 받을 수만 있다면 아마도 많은 이들이 하와이로 건너가게 될 것입니다.

[CHB, 204쪽]

---

101) 역주-아담스선교기금을 따로 운영하던 아담스 선교사로 짐작된다.
102) 역주-하와이 이민은 1903년 102명의 한인들이 호놀룰루에 도착함으로써 이루어졌다. 이에 관해서는 제5권에서 좀 더 자세히 다룬다.

1911년 대구에 살던 선교사 자녀들
에드워드 아담스, 메리 존슨, 벤 아담스, 우드브리지 존슨, 루스 존슨(해리엇 브루엔을 안고 있다.), 뉴튼 존슨, 난 브루엔, 조지 아담스(리빙스톤 어드만을 쳐다보고 있다.). 도로시 아담스(조지보다는 나이가 많고 벤보다는 어리다.)는 사진에 포함되지 않았다.

7. 부지 매입에 관하여

라이너, 대구에서 1912년 8월 13일
해외선교부 브라운 총무에게

친애하는 브라운 선생에게

몇 주 전에 이곳 대구에서 우리가 살고 있는 주택 지구 뒤편에 있는 땅을 구매한 것에 대해 당신에게 편지를 쓴 적이 있습니다. 그 언덕을 기억하실 것이라고 생각합니다. 그래서 그에 대해 더 이상 설명하지는 않겠습니다. 주요 부지는 아담스 선생이 미국으로 떠나기 전에 이미 구입했습니다. 그가 돌아온 후에 장기간의 법적 싸움이 있었는데 그것을 계속 보존하기 위한 것이었습니다. 하지만 이 싸움을 성공적으로 치른 덕택에 이제 우리는 그 땅의 실소유권자가 되었습니다. 며칠 전 다른 일로 법원 등기소에 들렀더니 토지부서 책임자가 고맙게도 나에게 반가운 소식을 전했습니다. 정부가 그 땅에 대한 모든 권한을 우리에게 주기로 결정했다는 정보를 미리 받았다는 것입니다. 그리고 동시에 나머지 사람들이 가진 권리도 깨끗이 정리될 것이라고 했습니다.
정말 그렇다면 우리는 사태가 더 복잡해지기 전에 즉시 그 땅을 사들

여야 합니다. 워낙 값이 나가는 땅이라 비용은 1,500엔 이하로는 되지 않을 것이고, 2,000엔 정도로 예상이 됩니다. 다른 것을 젖혀 놓는다고 해서 이것을 손쉽게 구입할 수 있는 것은 아닙니다. 왜냐하면 이미 그 사용 계획이 다 나와 있기 때문입니다. 여학교와 기숙사, 여자 성경학교와 기숙사, 진료소, 그리고 새로 지어질 건물들과 현재의 주택들을 위한 중앙 난방시설이 이 부지에 들어서게 될 것입니다. 그렇게 되면 건물들이 그렇게 복잡하지는 않을 것으로 보입니다.

지난번에는 보고할 수 있는 정보가 충분하지 못했기 때문에 제대로 말씀드리지 못했지만 부지 매입에 대해서는 또 다른 입장이 있습니다. 정부 관리들은 대구를 현대적인 도시로 만들기 위해 계획을 하고 있는데, 우선 길을 직각으로 정비하여 꼬불꼬불한 골목길들을 없앨 생각을 합니다. 이미 이런 식으로 많은 도로들이 완성된 상태이지만 몇 주 전까지만 해도 도로 정비에 대한 전반적인 보고는 시민들에게 알리지 않고 있는 형편이었습니다. 다른 도로도 이렇게 만들어지면 아마도 가을에 시작이 될 텐데, 현재 인구의 5분의 1이 무주택자가 되어 새로운 부지를 찾게 될 것입니다. 지난 2년 동안 이러한 인구 이동의 방향은 병원의 북동쪽과 우리 집의 남쪽 방향으로 이루어졌습니다.

하지만 어쩔 수 없는 이러한 대이동 때문에 우리 주택 단지 근처의 이용 가능한 모든 토지는 매매가 활발하게 일어나고 있습니다. 우리 기지는 앞으로를 위해 사용할 상당한 양의 더 많은 토지가 필요한 형편입니다. 당장에 플레처 선생과 그린필드 선생을 위한 또 다른 집이 필요하기 때문에 선교부에다 이를 연회의 안건으로 다루어 달라는 요청도 해 둔 상태입니다. 주택을 지을 대지는 있지만 정원으로 사용할 공간은 확보하지 못했습니다. 남자 성경학교가 들어설 자리도 없고, 학교의 실습공장 부지도 없습니다. 이 모든 것이 곧 확보되어야 합니다. 나는 우리 기지에 관심을 가진 사람들에게 이런 모든 문제들이 제기되어야 한다고 믿습니다. 기지의 회원들은 이런 필수품들을 갖추기 위해 자기 돈을 사용하고 있지만, 회원들도 현금이 부족한 상태입니다.

당신께 진심을 담아
R. 라이너
[*CHB*, 210-211쪽]

8. 등기 완료

1912년 11월 2일

친애하는 브라운 선생에게

우리는 오늘 우리가 모두 살고 있던 언덕 동쪽 부지의 증서를 마침내 확보하게 된 것을 감사합니다. 이 땅은 한 일가에서 소유하고 있었는데 그 매입은 수년간의 협상, 끊임없는 회의와 여러 차례의 소송 끝에 이루어지게 되었습니다. 모든 수고는 전적으로 지치지 않는 노력을 보여 주신 아담스 선생과 라이너 선생, 그리고 이들에게 도움을 준 지역 원로들 덕택입니다. 이렇게 되면 우리 주거지 몇 피트 이내에 '게이샤' 건물이나 공장 혹은 다른 건물을 짓는 것을 막아 줄 뿐만 아니라 성경학교와 여학교의 부지가 확보될 것이고, 진료소 자리도 확보해 줄 것입니다. 기지에서 한마음으로 오랫동안 기도해 준 덕분이고, 우리는 이에 대해 진심으로 감사하고 있습니다. 또한 위원회로부터 적절한 시기에 필요한 경비를 지원받은 것도 감사할 일입니다.

그리고 아담스 선생이 다시 돌아와서 반갑고, 그의 아내 역시 우리와 함께하게 된 것이 기쁩니다. 새로이 맞이한 신부는 캐롤라인 M. 밥콕

양이었습니다. 그들이 도착하던 날, 그들을 만나려고 선교기지에 4, 5 백 명의 사람들이 모였고, 지난밤에는 아담스 부부를 환영하고 또 곧 떠나게 되는 존슨 부부를 환송하는 특별 예배가 있었습니다. 하나님께서는 전에도, 지금도 우리에게 관대하시어 특히 올해는 폴라드 양이 부산, 대구, 그리고 안동 등 3개 기지의 여학교를 맡게끔 해 주신 것에 대해 감사를 드립니다. 또한 떠나기 전까지 전체적인 계획을 세워 주고 간 밀 양, 그리고 역시 교육에 있어서 큰 부분을 함께해 준 부녀자들도 수고를 했습니다. 하지만 우리는 현장에서 1년 만에 학교를 책임지게 된 폴라드 양을 보게 된 것도 기쁩니다.

[CHB, 212-213쪽]

9. 어머니와 아이는 잘 있음

라이너, 1912년 11월 2일

해외선교부 브라운 총무에게

아시다시피 우리가 매입한 언덕의 소유권에 대한 문제가 끊이지 않았습니다. 하지만 결국 등기소에서는 우리의 권리를 확실히 선언하고 우리에게 등기 증명을 해서 등록하는 법을 가르쳐 주었습니다. 이것은 지난 화요일에 한 것이고 오늘 오후에 증명서가 우리에게 전달되었습니다. 그래서 지금은 이 대지가 우리 것이 되었습니다. 우리는 이미 매매되어서 구입할 수 없었던 언덕의 나머지 부분 때문에 더욱 기쁩니다. 우리 수중에 있는 증명서는 전체가 우리 것임을 말해 주고 있기 때문입니다. 이것은 대구기지가 고질적으로 안고 있던 오랜 문제였는데 이제 우리는 확실한 결과를 얻게 되어 기쁘기 그지없습니다.

아담스 부부의 젖소

1912년 아담스 씨가 대구로 돌아온 후에 그들은 일본에서 보내온 젖소를 한 마리 샀습니다.(한국인들은 소를 짐을 싣거나 혹은 쟁기질을 위해 부려먹지 젖을 짜는 목적으로 기르지는 않았습니다.)

하루는 그들이 부산 철도 관리가 보내온 전보를 받았는데, "어머니와 아이는 잘 있음"(Mother and Child doing well.)이라고 쓰여 있었습니다. 아담스 부인은 소가 여행 중에 새끼를 낳았다는 뜻이었음을 알아챌 때까지 어리둥절했습니다. 그 일본인이 일본어-영어 사전을 들여다보고 끙끙거리며 겨우 만들어 낸 엉뚱한 영어 문장이었던 것입니다.

현재 계성학교 쪽에서 본 동산 선교사들의 사택으로, 1910년대의 우편엽서로 사용된 사진
사진 아래에는 "韓國大邱府西方米國人住家一部. American Reisidential Near Taikyufu, Corea. 大邱元町南韓寫眞館"이라고 적혀 있다.
가옥의 번호에 따라 집주인이 소개되어 있다. 1. 브루엔, 2. 아담스, 3. 존슨, 4. 맥파랜드, 5. 소텔, 6. 병원(『대구제일교회 100년사』, 50쪽)

[CHB, 213쪽]

10. 홍승한 목사를 중심으로 (발췌)

1912-1913년

1. 복음전도사업

이번 한 해 동안 새로운 신자들이 많이 모인 것은 아니지만 전체적인 성장은 꾸준했습니다. 이 지역의 한국인들은 이제 교회라는 곳이 죄로부터의 회개를 의미한다는 것을 이해하고 있습니다. 악귀와 조상신을 숭배하는 것으로 가득했던 이전의 삶을 포기하는 것, 그것은 곧 도덕적인 삶에 있어서 깊은 변화를 의미한다는 것도 이해합니다. 그래서 진실로 죄를 회개한 자들만이 그 단계를 밟고 싶어 합니다.

2. 대구제일교회

브루엔 선생은 8개월 반 동안 이 교회를 책임지고 있었고, 그해의 나머지는 에드먼 선생이 맡았으며, 그 둘 다 동사목사인 홍승한 목사와 함께 일을 했습니다. 홍 목사는 그 위치에 가장 적절한 인물이었습니

1917년 가을 홍승한 목사
신학대학의 첫 졸업생[103]이며, 경상북도에서 활동한 첫 번째 한국인 목사로, 1912-1917년 어드만(Walter Erdman) 목사와 함께 대구제일교회에서 동사목사로 시무했다.(*CHB*, 294쪽)

다. 그는 언제나 호평을 받고 있었고, 모든 교인들과 교회의 사정을 훤히 꿰뚫고 있었습니다. 그는 훌륭한 설교자였고, 훌륭한 한학자였으며, 훌륭한 성경학자이기도 했습니다. 그는 진취적이고 열정을 지니고 있었으며, 인정 있는 목사였습니다. 홍 목사는 중국으로 보내진 첫 번째 한국인 해외 선교사였습니다.

교회의 여러 부서에서 벌이는 사업들은 매우 조직적으로 이루어졌습니다. 대구는 네 개 구역으로 나누어졌는데, 한 명의 장로와 집사가 각각 자신의 구역에서 평신도 설교자의 역할을 맡고 있었습니다. 구역별로 여성들을 위한 네 개의 주간 기도 모임이 시작되었고, 인도자는 선교단지에 있는 여성 선교사들로부터 특별히 교육을 받은 여성들이 맡았습니다. 이로 말미암아 남성들도 자극을 받아 같은 방식으로 주간 기도 모임을 시작하였습니다.

[*CHB*, 209-210쪽]

---

103) 역주-그는 1911년의 평양신학교 제4회 졸업생이다.

11. 54개의 교회

브루엔, 대구에서 1912-1913년

올해의 업무는 50개에서 54개로 늘어난 교회들을 감독하는 일로 시작했습니다. 가을 순회는 1월 중순까지도 마무리되지 않았습니다. 교회들은 전체적으로 느리지만 안정된 발전을 보이고 있습니다. 새로운 신도들의 수는 지금까지보다 적지만 교회로 오는 사람들은 고정적으로 출석합니다. 예를 들어 제가 몇 년간 알고 지내던 한 청년을 최근에 예비신자로 받았습니다. 그는 좋은 집안에서 교육을 받았고, 여행도 다녔습니다. 지난 3년 동안 제가 마을에 들를 때면 그는 항상 저를 찾아와 교리에 대해 이야기했습니다. 지난 가을, 그와 대화를 가진 후 대구에서 책을 좀 보내와서 읽으라고 조언했습니다. 그리고 나서 올봄에는 그가 정기적인 출석자가 되었음을 알 수 있었고, 시험을 치른 뒤 예비신자로 받아들였습니다. 제 밑에는 관리조사가 6명이 있으며, 각각 8개 정도씩의 교회를 돌봅니다. 두 명의 권서와 전도부인 한 명이 이 지역을 순회하는데 권서는 성경을 판매하고, 전도부인은 여성을 위한 주일학교를 운영합니다.

남편이 다른 여자에게로 떠나면서 버림받게 된 신앙이 좋은 채 씨는 지난 겨울 아이를 등에 업은 영수의 부인과 동행하여 무릎까지 올라오는 눈길을 뚫고 마을에서 마을로 순회를 했습니다. 각 조사들에게 할당된 교회의 수는 적어졌지만 지역의 운영은 더욱 철저해졌습니다. 교회 건물과 땅의 외관도 눈에 띄게 좋아졌습니다.

1. 전도활동

지난 가을 각 순회지의 영수들과 만난 자리에서 구역 내에 교회를 세우기 위해 노력할 수 있는 전략적인 지점을 한 군데 선택하기로 했습니다. 각 영수들은 이 목적을 위해 기도하기로 약속했고, 각 교회는 매달 소속 조사들의 시간을 하루이틀씩 투자할 수 있도록 했습니다. 동시에 각 교회에서는 돌아가면서 교회 건립을 위해 애쓰는 그 조사를 도울 수 있는 일꾼을 보내기로 했습니다. 이 여섯 군데의 기도처들 중 하나는 이미 잘 되어 가는 교회인데, 5칸짜리 자체 교회 건물을 가지고 있을 뿐만 아니라 평균 30명의 출석교인도 있습니다. 이곳에는 세례를 받은 두 명의 기독교인 남성들이 와서 각각 영수와 집사로 섬기고 있습니다. 저는 여기가 아닌 다른 곳에서 글을 쓰고 있습니다. 우리는 이곳에서 나흘째 전도운동을 펼치고 있으며, 이 면 소재지에 교회가 세워지기를 희망하고 있습니다. 저와 일꾼 7명이 사비(私費)를 들여 함께 하고 있습니다. 지금까지 우리는 이미 성경책도 소유하고 있으며 다른 곳에서 이미 복음을 들어 어느 정도 알고 있는 젊은이 세 명을 찾아냈습니다.

우리는 지도적 위치에 있는 가족들의 목록을 만들어 각각 연락을 취하고 심방을 했는데 이들 모두에게서 친절한 접대를 받았습니다. 몇 명은 신앙을 가진 다른 사람들이 있거나 출석할 만한 교회가 있다면 믿을 준비가 되어 있다고 했습니다. 우리는 그중 가장 두드러지고 유망한 사람들에게 특별 초대장을 보내 서로 마음을 공유할 수 있도록 하는 작은 희망의 선물을 주었으며, 주님께서 이중 누군가가 시작할 수 있도록 인도해 주시길 기도할 작정입니다. 저는 또 다른 장소에서도 하룻밤을 보내면서 좋은 이야기를 들었습니다. 이곳에서 우리는 또 매 주일마다 70마일을 걸어서 교회에 다니는 한 신실한 여성을 만났습니다.

저는 올봄에 기쁜 마음으로 4개의 교회를 방문했는데 각각 성도 30명 혹은 그 이상이 있었습니다. 이중 3개의 교회는 자체 건물을 가지고 있었습니다. 그중 하나는 격렬한 박해 속에서 세워졌습니다. 마을 우물을 사용하는 것이 그들에게 금지되었기 때문입니다. 그럼에도 그들은 3마일이나 떨어진 교회를 걸어 다니면서 신앙을 지켜 냈습니다. 최근에 이곳을 방문하면서 이들을 향한 마을의 태도가 변화되는 것을 보고 참으로 기뻤습니다. 베드로와 요한같이 그들의 배움은 이웃들로 하여금 지속적으로 호기심을 갖게 하고 주목하도록 한 것입니다.

가장 먼저 예수를 믿게 된 다섯 명은 모두 국한문 성서를 읽을 수 있게 되자 야간학교를 세우고 마을 아이들에게 한글을 가르쳤습니다. 저는 교회 출석부 뒷면에 아직 주일 예배를 지키고 있지는 못하지만 주일 야간 기도회는 정기적으로 참여하는 청년과 남자 아이들 15명의 명단을 발견했습니다. 일요일 저녁이 오면 방은 금방 가득 찼으며, 그들이 밖에서 서성이지 않고 바로 들어와 자리를 잡는 모습을 보니 기뻤습니다. 그들 대부분은 책을 한 권씩 가지고 있었으며, 기도 중에도 태도가 경선했습니다. 그들의 마음을 얻었다는 것은 확실했으며, 그들 중 다수가 교회의 일원이 될 방법을 찾을 것이라고 확신합니다.

나는 최근에 세례를 베풀기 위해 15세 소녀에게 문답을 실시했습니다. 친구들에게 복음을 전한 적이 있느냐고 질문하자 그녀는 활짝 웃으며 "예"라고 대답했습니다. 자신을 통해 주님 곁으로 인도받은 사람이 있느냐고 물었더니 뒤돌아서면서 자기 뒤에 있는 소녀 몇 명을 가리켰습니다. "이 아이, 이 아이, 그리고 이 아이요." 나는 이렇게 어린 나이에 주님의 그릇으로 선택받아 기뻐하는 그녀를 크게 칭찬했습니다.

이런 방식으로 나는 전도의 모범을 세우고자 많은 노력을 했습니다. 이들을 만나기 위해 가능한 한 먼 곳까지 순회 여행을 하여 가정방문을 했으며, 그것을 통해 목회를 하는 조사들에게 모범을 보였습니다.

2. 재정

올해는 기근에 가까운 상황이 전반적으로 덮쳐 재정적으로 힘든 한 해였습니다. 그럼에도 교회들이 세워졌고, 어떤 교회들은 상당한 보수공사도 했습니다. 제가 관할하는 모든 교회들은 몇 군데를 제외하고는 국내외 선교사업에 참여했고, 성경협회에도 적지 않게 기여했습니다. 어떤 교회에서는 한 신앙이 좋은 여성이 교회의 대들보가 되어 주었습니다. 남자 집사가 다른 교회로 옮겨 가면서 그녀가 임시 여집사 노릇을 하게 된 것입니다. 그녀는 바구니 하나를 가져오더니 대여섯 개의 주머니와 그릇을 꺼냈는데, 거기에는 각각 특별헌금이 담겨 있었습니다. 이 훌륭한 여성이 주님의 재물을 신실하게 돌보는 모습을 보니 기뻤습니다. 교회의 재정은 매우 좋은 상태였습니다. 교회에서 필요한 비용을 쓰고 국내외 선교에 기부를 하고도 이어 나갈 잔고가 남아 있었습니다.

　많은 교회에서는 쌀을 성미(誠米)로 모읍니다. 가정에서 어머니가 끼때마다 가족의 식사를 준비하는 쌀에서 한 순가락 정도를 덜어서 모은 것입니다. 이렇게 매주 21번씩 모은 쌀은 따로 모아 두었다가 주일날 교회에 헌물로 바치게 됩니다. 주님께서 가장 기쁘게 받으시던 과부의 갸륵한 제물과 마찬가지입니다. 이것이 충실하게 이행된다면 이는 여태껏 발명된 가장 훌륭한 헌금이라고 모두가 동의할 것입니다.[104] 어려운 사정 때문에 조사들의 월급 지급이 지연되기도 했지만 작년에 비해 헌금이 상당히 많아졌습니다.

3. 외부 약속

　1월에 저는 평양에서 2주 동안 남자 사경회와 성경학교에서 가르쳤고, 그 대신 W. N. 블레어 씨가 우리의 동계 사경회에서 많은 도움을 주었습니다. 또한 저는 모트 박사가 서울을 방문했을 때 1주일간 그곳

---

104) 역주-1905년 개성 지방 콜리어 선교사의 보고에 의하면 교인들 가정의 부엌마다 'The Lord's Pot'이라는 것이 있어서 부인들이 밥을 지을 때마다 한 줌씩 곡식을 이 단지에 넣었다가 월말에 이것을 팔아 목회자의 생활비를 댄다고 했다. C. T. Collyer, "Report of Songdo South Circuit", *Minutes of the Annual Meeting of the Korea Mission of the Methodist Episcopal Church, South*, 1905, 36. 이는 목회자들의 생활비를 교인들이 부담하자는 '자급'(自給, self-support) 운동 차원에서 시작된 것이지만, 'The Lord's Pot'이란 다름 아닌 민속신앙의 전통에서 있었던 '신주단지'가 토착화된 경우라고 생각된다.

에 가서 성경위원회에도 참석을 했습니다.

4. 맹인 학교

시각 장애인들을 돕는 후원자들이 세계 곳곳으로부터 기부금을 보내 주어 아직도 그리스도의 정신을 보여 주고 있습니다. 최근에는 스웨덴과 독일에서 기부금이 도착했습니다. 이 기부금은 특별헌금으로 분류해 두고 거기서 이자로 운영비를 보충합니다. 맹인인 황 씨는 여전히 성서를 비롯한 몇 가지 쓸모 있는 소책자들을 충실히 번역하고 있으며, 동시에 자기처럼 고통을 받는 이들에게 읽는 법을 가르치고 있습니다. 평양에 있을 때 저는 홀 박사가 운영하는 맹인 학교를 방문했고, 이제 3학년에 재학 중인 우리가 보낸 시각 장애인 소녀를 만나 보았습니다.

정규 조사 세 명이 평양의 신학교에 유학을 가 있는 동안 세 명의 자원봉사 조사들이 여행에 동반해 주어서 참으로 기뻤습니다. 이들은 모두 신실한 사람들입니다. 요한이 말했듯이, "내가 내 자녀들이 진리 안에서 행한다 함을 듣는 것보다 더 기쁜 일이 없도다."

5. 전도활동

두 군데의 교회에서 장로 선출이 있었는데, 다음 노회에서 보고될 것입니다. 한 순회전도 때는 각 교회에서 남성들을 위한 사경회를 열었습니다. 순회전도를 할 때마다 남자반, 여자반, 그리고 일반 주일학교를 개최했습니다. 선교회 여성들의 업무는 참으로 감사한 일입니다.

6. 교회학교

제가 관할하는 교회 가운데 11개는 등록이 되어 있는데, 4개는 미등록입니다. 올 한 해 동안 몇 개는 어쩔 수 없이 문을 닫게 되었지만 남은 교회들은 계속 운영될 수 있기를 희망합니다.

존경을 표하며
헨리 M. 브루엔
[CHB, 214-216쪽]

12. 대구 여성들을 위한 퍼즐 맞추기

브루엔 부인, 대구에서 1912-1913년

지난해는 크게 방해되는 일 없이 잘 해 나갔습니다. 작년의 보고는 주일학교 보통반에 관한 것으로 마무리했습니다. 그리고 그 다음 순서가 여학교였는데, 다른 때와 달리 3명의 졸업생을 배출한 일이었습니다. 이 학교는 전반적으로 한국인들이 관리하고 있었기에 만족스러울 만큼의 교육 과정을 마치지 못했을까 봐 저는 걱정했었습니다. 하지만 그중 두 명이 대구와 안동에 있는 학교에서 교사로 취직하게 되어 매우 기쁩니다.

여름은 변덕스러웠습니다. 연회가 끝난 후 업무가 재정비되었습니다. 폴라드 양이 대구로 발령받으면서 여학교에 대한 우리의 꿈이 드디어 실현을 앞두고 있는 듯합니다. 4,000달러의 기부금으로 교실도 지을 수 있게 되었으니, 내년이면 '대구여학교'[105] 라는 타이틀로 보고를 드릴 수 있을 것 같습니다. 돈을 벌 수 있는 일이 생겨 학교 발전도 희망적입니다. 어드만 부인과 저는 뜨개질과 자수 교실을 열어 이 문

---

105) 역주-신명여학교를 말한다.

제를 해결코자 했습니다. 자그마치 30여 명의 소녀들이 이를 통해 학비를 조달하고 책을 살 수 있을 만큼의 돈도 벌었습니다. 이들은 야무지게 일을 했고, 우리가 희망하는 대로 많은 주문이 들어온다면 이제 가격도 제대로 받을 수 있을 것입니다. 또한 이런 일이 필요한 이들에게 더 큰 도움을 줄 수 있을 것 같습니다. 이것은 학교의 한 부서의 일이기는 하지만 이 일이 아니었으면 학교에 다니지 못했을 소학교 아이들을 위해서는 예외를 두었습니다. 우리에게 일거리를 주신 모든 분들에게 감사를 표하고 싶습니다.

밀스 양이 10월에 열리는 여성 사경회에 맞춰 미국에서 돌아오지 못했지만 그녀가 계획을 매우 잘 짜 두었기 때문에 우리는 그녀 없이도 수업을 진행할 수 있었습니다. 평상시와 마찬가지로 학생들의 참여가 착실하고 성실했습니다.

3월에는 대규모 수업을 개설해야 했습니다. 600여 명이나 되는 학생들 대다수가 문맹이고 나이도 많았지만 수업을 체계적으로 가르치고 운영할 수 있어서 기뻤습니다. 3년에 걸친 편재의 재조정으로 여성들의 출석이나 집중력이 확실히 더 좋아졌고, 일터에서의 적응력도 크게 향상되었습니다. 마지막 날 수료증을 수여할 때 약간의 혼란이 있었지만 대부분의 경우는 불만이라기보다 등록 시 발생한 실수 때문에 일어난 일이었습니다.

제2교회의 주일학교에서 일하는 것은 매우 즐거웠습니다. 선생님들도 훌륭했고, 어떤 학급은 너무 대규모이긴 하지만 차츰 정리가 되어 갑니다. 출석률은 평균 125명 정도입니다. 맥기(McGee) 양이 아동부를 담당하고, 저는 토요일에 보통반을 가르치고 주일에는 성인반을 책임졌습니다. 약간 눈에 띄지 않는 곳에 자리하고 있어 구경꾼들을 모으지 못한 것은 장점인 동시에 약점이었습니다.

  내륙 쪽의 해변에서 며칠간 휴식과 변화를 위해 머무르면서 이렇게 보고서를 쓰는 일은 매우 무의미한 것 같습니다. 나를 감싸고 채워 주는 고요하고 신비로운 주님의 세계에서 "저는 이것과 이것을 했습니다"라고 말하는 것이 매우 부질없는 짓이기 때문입니다. 하지만 작은 퍼즐 조각 하나를 제자리에 놓는 것이 예쁜 그림을 완성하는 법입니다. 저도 제가 하는 일의 작은 조각이 가끔씩 매우 복잡하게 여겨지기도 하지만 대구 여성들을 위한 퍼즐을 완성시키는 데 기여하기를 희망합니다.

마사 스콧 브루엔
[*CHB*, 217-218쪽]

제7장 날짜 미상의 에피소드들

1. 산적의 몸값

브루엔, 영천에서 날짜 미상[106]

조곡이라는 곳은 산적이 들끓는 산골 마을입니다. 고질적인 조건에 놓인 곳이지요. 그곳에는 가장 오래된 교회 가운데 하나가 있습니다.[107] 최근에 산적 가운데 한 명이 자기의 악한 삶을 끝내기로 결심을 했습니다. 선뜻 나서기 어려운 두려움이 있었지만, 같은 산적들이 떠나지 못하도록 말리는 것도 뿌리쳤습니다. 새로운 삶의 길을 찾고 싶어 교회로 온 것입니다. 그는 교리대로 따르면 더 나은 삶을 살 수 있다는 이야기를 들었다고 했습니다. 교인들은 이 일이 과연 생각대로 될 수 있을지 걱정을 했지만, 그는 오로지 열심히 설교를 듣고 진정한 기독교인이 되었습니다.

하루는 여러 교인들이 교회에 모여 있었는데, 그 중에는 과거에 산적이었던 그 사람도 포함되어 있었습니다. 그때 갑자기 그가 옛날에 속

---
106) 역주-원문에는 필자와 장소와 날짜가 전혀 나오지 않지만 조곡교회의 설립자가 브루엔인 것으로 미루어 보아 이 글의 필자도 브루엔임을 짐작할 수 있다.
107) 역주-영천군 대창면 조곡리에 있는 조곡교회로, 1900년 설립되었다.

해 있던 산적 무리 중 네 명이 완전무장을 한 채 교회로 쳐들어오더니 영수를 나오라고 했습니다. 영수가 나서자 그들은 교회 때문에 동료를 잃었고 그로 인해 큰 타격을 입었다고 주장했습니다. 기독교 교리야 분명 좋은 것이겠지만 자신들이 손해 본 것에 대한 보상을 받는 게 공평한 일이라는 것이었습니다. 그들은 100달러 정도는 돼야 해결할 수 있을 것이라고 했습니다. 교인들은 겁에 질려 손을 들 수밖에 없었습니다. 그러나 값나가는 것을 전부 꺼내 놓아도 그만큼의 돈이 되지 않았습니다. 그들은 시간을 지체했습니다. 돈을 더 모으려고 했지만 시간이 걸리는 일이었습니다. "아니야, 무조건 현금을 내놓으라고!" "불가능한 일이오." 그러나 이런 말은 산적들에게 통하지 않았습니다. 그래서 교인들은 묶이고 벗겨진 채 그날 남은 시간을 굵직한 몽둥이로 두들겨 맞으며 돈을 빼앗겨야 했습니다. 결국 그들이 가진 모든 것을 저당 잡혀 70달러를 구해 주자 그때서야 산적들은 떠났습니다. 교인들은 만신창이가 된 몸을 이끌고 집으로 돌아갔고, 며칠 동안이나 사람들 앞에 나타나지 않았습니다.

 그 산적 출신의 사내는 가슴이 찢어지는 듯했습니다. 교회를 떠나거나, 아니면 무엇이라도 하겠다고 했습니다. 교인들이 고통을 받은 것은 모두 자기 때문이라며 울었습니다. 그러나 영수는 그에게 만약 훌륭한 신앙인이 되기만 한다면 사람들은 아무도 자기들이 겪은 고통을 문제 삼지 않을 것이라며 위로했습니다.

 그 사내는 진심으로 깊이 감명을 받은 듯했습니다. 며칠 후 그는 몇 가지 물건들을 가지고 와서 그가 산적이었을 때 빼앗은 것이라며 어떤 사람에게 돌려주었습니다. 나중에 산적들이 정리를 한다며 그에게 사람을 보냈습니다. 만약 자기들에게 다시 돌아온다면 똑같이 배분해 주겠다는 것이었습니다. 그의 몫이 대략 100달러 이상 되었지만 그는 이제 그들과는 영원히 결별한다며 단호히 선언하고, 앞으로는 보다 더 나은 사람으로 살겠다고 결심했습니다.

얼마 후에 그 산적들의 두목이 죽었습니다. 역시 산적 중의 한 사람인 그의 동생이 형을 위한 장례를 치른다며 나섰습니다. 그리고 옛날이나 지금이나 한때 산적이었던 모든 사람들에게 장례식에 참가하라고 통보했습니다. 하지만 이 사람은 거부했습니다. 그의 동생이 무기들 들고 찾아와 만약 장례식에 참석하지 않으면 죽이겠다고까지 했습니다. 그래도 죽은 두목이 그의 스승이었고, 비록 그가 도중에 배움을 그만뒀다 해도 스승이 죽었을 때 장례식에 참석하는 것은 마땅한 일이라며 이유를 대는 것이었습니다. 그는 그런 논리를 감당할 수 없어서 하는 수 없이 따라 나섰습니다.

그러나 아아, 산적들이 산 아래로 내려갔을 때 군병들이 나타나 그들을 급습했고 소규모의 전투가 벌어지더니 이내 그들은 모두 체포되고 말았습니다. 조곡의 교인들은 절망에 빠졌습니다. 그들이 희생한 모든 것의 결과가 이렇게 끝나다니. 그래서 영수는 그 군병 대장을 찾아가 적어도 이 사람은 더 이상 산적이 아니며 진정으로 후회하고 새 삶을 살아가고 있으니 목숨이라도 살려 달라고 애원을 했습니다. 군병 대장은 자세히 조사하여 영수의 말이 사실임을 확인하고는 상부에 관용처분을 요청했습니다. 그 사내는 벌써 끔찍하게 반복되는 구타와 고문으로 고통 받겠지만 살아서 나오게 될 것입니다.

영수는 그를 석방시키기 위해 노력을 기울이는 가운데 이렇게 말했습니다. "그에게 아무런 벌도 내리지 말고 석방해 달라고 할 수는 없습니다. 벌을 받아 마땅합니다. 그 산적 떼들과 함께 간 것도 잘못된 일이지만 뜻밖에 군병들과 만나게 된 것도 운이 없는 일이었습니다. 그러나 만약 그가 목숨을 잃게 되면, 우리가 낸 모든 돈과 그로 말미암아 우리가 받은 모든 고통이 헛된 것이 됩니다. 열매를 맺을 기회가 없어지는 것이니, 그것은 받아들일 수 없는 일입니다."

[*CHB*, 153-154쪽]

2. 한국 장로교회

로즈의 역사책[108] 387쪽에서 발췌

장로교가 들어온 지 5년이 지난 후에 한국의 장로교 총회가 조직되었습니다. 1912년 9월 1일 평양에서 열린 이 역사적인 모임에는 한국인 목사 52명, 장로 125명, 그리고 선교사 44명이 참가했습니다. 여기에는 각 교회에서 1명의 장로가 참석할 수 있었습니다. 한 명의 장로가 5개의 분과에서 권한을 갖도록 했는데, 목사들과의 비율을 웬만큼 맞추고자 한 것입니다. 독노회(獨老會)의 회장으로 은퇴한 W. D. 레이놀즈 목사가 개회예배에서 설교를 하게 되었습니다. H. G. 언더우드가 새로

---

108) 역주-Harry A. Rhodes, ed. *History of the Korea Mission*, Presbyterian Church, U.S.A. 1884-1934, Seoul, 1934.

109) 역주-한국에서 선교활동을 하던 4개 장로교 선교부, 즉 미국 북장로교, 미국 남장로교, 캐나다 장로교, 호주 장로교가 1907년 9월 17일에 평양 장대현교회당에서 모여 대한예수교장로회를 조직했다. 이때까지만 해도 전국적으로 하나의 노회밖에 없었고, 특정 선교부에 속하지 않는다는 뜻에서 흔히 독노회(獨老會) 또는 독립노회(獨立老會)라고도 한다. 1912년에는 경충, 경상, 함경, 전라, 황해, 북평안, 남평안 등 7개의 지방 대리회를 노회로 승격시키면서 독립노회가 드디어 총회로 탄생하게 된다.

운 총회장으로 선출되었고, W. N. 블레어가 재무 담당자가 되었습니다. 다른 모든 부서들은 한국인들이 맡았습니다.[109]

    1914년에는 유진 벨 목사가 총회장으로 선출되었고, 그때부터 지금까지 모든 총회는 전국 대회로 이루어지고 있습니다. 한국 총회의 첫 번째 사업은 해외 선교위원회를 조직하는 것이었고, 이것은 중국 산둥 지방에서의 선교사업을 염두에 둔 것이었습니다. 그 지역은 미국 장로교회의 중국 선교부를 통해 위탁된 곳이었습니다. 1913년에는 세 명의 한국인 목사가 이 사업을 위해 파견되었습니다. 그들은 이미 한문을 알고 있었기 때문에 중국어도 금방 배울 수 있었습니다. 서양에서 온 사람들보다 훨씬 빨리 중국 문화에 적응했기 때문에 다른 선교사들이나 중국인 신도들의 존경과 관심을 얻는 데 오래 걸리지 않았습니다. 그들은 자조(Self-support)와 자강(Self-propagation)의 중요성을 강조했고, 산둥 지방의 선교는 커다란 진전을 이루었습니다. 1928년까지 그 사업은 898명의 출석교인과 13개의 교회당, 20개의 모임 장소, 10명의 장로, 15명의 전도사, 그리고 224명의 학생을 가진 12개의 주간 학교를 확보할 정도로 성장했습니다.

[*CHB*, 208쪽]

3. 게일 박사와 한국

*New York Observer*에서 발췌

게일 박사[110]는 한국에 관한 책을 몇 권이나 쓴 저술가이며, 어학 공부를 하는 학생들에게 큰 도움을 주는 영한사전을 집필한 사람입니다.

제임스 게일 박사는 지난 18년간 한국의 서울에서 장로교 선교사로서 활동했는데, 최근에는 워싱턴 DC의 언약교회에서 한국에 관하여 강연을 했습니다.

게일 박사는 겉으로 보기에 동양의 세 나라 가운데 일본은 가장 앞선 나라로, 중국은 미래가 밝은 나라로, 한국은 가장 꼴찌로 보인다고 했습니다. 일본은 총과 군대를 잘 다루고 조직하는 데에도 가장 뛰어나 거기에 전념하기 때문이고, 중국은 인구가 가장 많고 상술도 뛰어나기 때문이며, 그리고 한국은 일본의 침입으로 고통을 당하며 물질적인 데

---

110) 역주-James Scarth Gale(한국명 기일, 奇一, 1863-1937)은 1888년 캐나다 토론토 대학을 졸업하자마자 기독청년회(YMCA) 파송으로 25세에 최초의 캐나다 선교사로 한국에 왔다. 그는 성서를 한글로 번역한 데 이어 한국 최초의 한영사전을 만들고 『천로역정』과 찬송가를 우리말로 번역했다. 'God'을 '하나님'이란 표기로 정리한 것도 그였다. 게일 박사에 대해서는 제5권에서 상술한다.

서도 어려움을 겪고 있기 때문이라고 했습니다.

  그는 또한 이렇게 말했습니다. "11년 전에 평양에는 단 한 명의 기독교인조차 없었습니다. 요즘엔 그 도시에서 약 2,000명의 사람들이 특별한 모임을 만들어 함께 예배를 드리는 것을 볼 수 있습니다. 그중 몇몇은 50마일 혹은 100마일이나 떨어진 곳에서도 주님의 말씀에서 가르침을 얻기 위해 찾아옵니다." 게일 박사는 기독교로 개종한 평양 출신의 사람들이 각각 한 해에 300일을 투자하여 다른 사람들에게 기독교 교리를 가르친다고 했습니다. 작년에 계산해 본 결과 총 8,000일 동안 이 일이 진행되었으며, 올해는 그 두 배로 늘어날 것으로 기대하고 있습니다. 한국인들은 대규모 사경회를 조직하여 운영에 드는 모든 비용도 스스로 지출하고 있다고 했습니다.

[*CHB*, 162쪽]

4. 을사늑약

한우근의 『한국사』[111]에서 발췌

한편 일본은 러시아에 대해 계속해서 결정적인 공격을 가했습니다. 1905년 3월 묵덴의 중요 지점인 만주시가 무릎을 꿇었습니다. 국면을 뒤집으려는 필사적인 노력의 일환으로 러시아는 발트 해의 모든 함대를 아시아로 보냈습니다. 수에즈 운하를 통해 가는 것은 영국이 거부했기 때문에 목적지에 닿으려면 아프리카를 돌아 항해해야 했습니다. 하지만 함대는 도착하자마자 대한해협에서 쓰시마 섬의 일본 해군에 의해 산산조각이 났습니다. 이 전투의 결과, 러시아의 무조건 항복은 시간 문제였습니다. 일본은 모든 한국의 외교 수단과 내륙 수로에 대한 항해의 자유마저 통제하는 새로운 협약으로 한국을 더 죄어 왔습니다.

일본은 러시아를 물리침으로써 한국에서 통치권을 확보하는 한편, 서양 세력으로부터 방해가 없도록 확실히 하는 데에도 분주했습니다. 1905년 7월, 일본 수상 가쓰라 다로는 도쿄를 방문 중이던 미국의 육군

---

111) 역주-Han Woo-Keun, translated by Kyung-Shik Lee, *The History of Korea*, Eul-Yoo Pub., 1970, 446쪽 이하.

장관 윌리엄 하워드 태프트를 비밀리에 만났습니다. 그들이 가진 회의의 결과는 태프트-가쓰라 조약이었습니다.[112] 여기서 미국은 한국에 대한 일본의 권리를 인정하고, 이에 화답하여 일본은 필리핀에 대한 미국의 통치에 대해 아무런 이의 제기나 방해를 하지 않겠다고 약속한 것입니다. 8월에는 이와 비슷한 조약이 영국과 체결되었습니다. 일본은 인도에 대한 영국의 통치를 지지한다는 약속이었습니다. 그렇게 미국과 대영제국은 커지는 일본의 힘으로부터 자신들의 식민지를 확보하기 위해 한국의 자유를 팔아먹은 것입니다.

1905년 7월에는 러시아 또한 패배를 인정하고 평화조약의 발표에 동의하지 않을 수 없었습니다. 미국 대통령 시어도어 루스벨트의 멋진 사무실에서 시작되었고 멀리 아시아에서의 전쟁을 끝내게 된 이 조약은 뉴햄프셔의 포츠머스 동네의 이름을 갖게 된 것입니다.

일본은 즉시 승리의 결과물을 거두어들이기 위해 움직였습니다. 1905년 10월, 그들은 한국 정부의 모든 외교관계를 일본 정부의 지배 하에 둔다는 내용의 5개 조항의 새로운 협약을 발표했습니다. 협상은 일본 경찰력의 감시 아래에서 이루어졌고, 그로 말미암아 아무도 이의를 제기할 수 없었습니다. 많은 격론이 있었지만 상당한 수의 한국 관료들이 일본 경찰에 의해 제거되었고, 이후 11월 17일에 조약은 승인되고 말았습니다.

조약의 효력이 발생된 이후 조선의 황제는 비밀리에 이승만을 미국에 보내어 루스벨트 대통령에게 한국 편에서 개입을 해 주도록 요청했

---

112) 역주-제2권의 1장 "4. 미국 공주의 방문"에 언급된 미국 외교단 일행의 방한이 바로 이 조약의 체결 직후에 이루어졌다는 사실을 당시의 조선 조정에서는 모르고 있었다.

습니다. 그러나 루스벨트는 이미 포츠머스 조약에 몰두해 있는 상태였고, 이승만의 요청은 무시되었습니다. 이승만이 찾아온 것은 불행히도 태프트-가쓰라 조약이 체결된 직후였던 것입니다.

본국에서는 많은 지도자급 관리들이 국왕에게 항의하는 탄원서를 보냈고, 또 많은 충신들은 자결을 택했습니다. 고종 황제는 고향으로 돌아가는 미국인 선교사 H. B. 헐버트에게 기밀문서를 보내 대통령에게 한 번 더 도움을 요청하도록 했지만 이것 또한 묵살당했습니다.

1907년, 고종 황제는 자국의 독립을 되찾으려는 마지막 시도를 했습니다. 네덜란드 헤이그에서 두 번째 세계평화회의가 열린다는 이야기를 듣고 한국의 입장을 호소할 수 있도록 비밀리에 특사를 보냈습니다. 세 명의 특사는 러시아인이었던 의장에게 연락을 취했고, 한국의 대표로서 그 회의에 참가할 수 있게 해 달라고 요청했습니다. 하지만 의장은 한국은 외교적 의사 표현을 할 권리가 없기 때문에 인정할 수 없다고 말했습니다. 세 특사는 그곳에 남아 각국 대표단을 방문해 한국의 주권이 강제로 침해받았음을 설명했고, 국제 기자단의 지원을 받은 모임에 참가하기도 했습니다. 그들은 상당한 공감대를 얻었지만 구체적으로 개입하기를 원하는 국가가 없어서 결국 그들의 임무는 실패로 돌아가고 말았습니다.

하지만 한국의 불행한 상황뿐만 아니라 일본의 야욕과 부정행위는 세계적으로 꽤나 알려지게 되어 상당한 비난이 일어났습니다. 그리하여 격분한 일본은 1907년 7월 19일 고종 황제의 퇴위를 강요했고, 그의 자리를 이어받게 된 왕세자는 결국 한국을 다스린 마지막 군주가 되었습니다.

[*CHB*, 191-192쪽]

5. 105인사건의 항소심

필자와 장소 미상, 1912년 3월 이후 추정[113]

　서울은 데라우치 총독 암살 미수사건으로 입건된 기독교인들에 대한 항소심을 지켜보고 있었습니다. 이 재판은 그들이 자백했다는 내용에 대한 사실 여부를 가릴 수 있고, 동양 법정의 재판 방식에 대해 완전히 새롭게 불을 붙일 가능성이 있었기 때문입니다. 재심리는 11월 말에 항소 재판소 재판장인 스즈키 판사의 지휘로 서울에서 시작되었습니다. 변호인단은 일본인과 한국인 변호사들로 구성되었습니다.
　윤치호 남작(한국의 전직 각료였고 첫 번째 재판에서 공모의 주범으로 간주되어 10년 징역이 선고되었다.)과 7명의 다른 수감자들은 이전 재판에서 자백했던 내용이 가혹한 고문으로 인한 허위 진술이었다고 증언했습니다. 첫 번째 재판에서 고문에 대한 논의는 주심판사에 의해 무시되었고, 그러한 논의가 필요한 부분에서는 '압박'이나 '희롱' 과 같은 가벼운 낱말들만 사용될 수 있도록 허락되었습니다. 우리는 두 번째 재판을 담당한 판사가 피고인들에 대한 고문과 관련된 문제를 얼마나 심각하게 다루는

---

113) 역주-본문에 1912년 3월에 진행되고 있는 재판의 과정이 묘사되어 있기 때문이다.

지를 알려 드리기 위해 그 시간과 장소에 대한 심문 내용을 담고 있는 일본의 홍보책자 *Japan Advertiser*(발행처 도쿄, 12월 13일)에서 몇 가지를 인용하는 바입니다.

윤치호가 처음으로 심문을 받았습니다. 1912년 3월, 그는 이미 검사 앞에서 그 공모에 연루되어 있음을 자백했고, 다른 6명도 그랬습니다. 그는 당시에 다른 동료들이 이미 유죄를 자백했다고 들었으며 본인은 가혹 행위와, 심지어 고문까지 받았다고 설명했습니다. 그와 다른 피고인 대다수는 이런저런 구실로 유죄가 선고되었습니다. 죄수 가운데 한 사람인 김응평은 5년 형을 선고받고 판결의 부당함에 재심을 청구했는데 다음과 같은 심문을 받았습니다.

재판관: 경찰청에서 네가 자백하기를 서쪽 치엔타오 지역에 군사학교를 세우는 것을 도울 목적으로, 그리고 주요 인사들을 살해할 목적으로 이 사무실에서 동조자들과 함께 청년단을 조직했다고 했지?

피고인: 그렇소. 그렇게 자백했소. 하지만 그것은 고문을 받고 한 것이지 결코 사실이 아니오.

재판관: 또한 암살사건의 진실도 자백했고, 그 지부까지 이승훈과 동행했다고도 했군.

피고인: 그렇소. 하지만 그것은 모두 내가 이루 말할 수 없는 고문을 받으면서 그렇게 말하도록 강요받았기 때문이오. 나는 15일 동안 고문을 당했소. 아랫도리가 벗겨진 채로 약에 취해, 공중에 매달려서 채찍을 맞았소. 당시에 그들은 나를 죽을 때까지 채찍으로 때릴 거라고 말했소. 한번은 그들이…! 나는 몇 번이고 정신을 잃었고 그들은 물을 부어 다시 깨웠소. 나는 내 가슴 높이만도 안 되는 선반 아래에 웅크려서 앉지도 서지도 못한

채로 아궁이 부지깽이로 맞았소. 죽는 게 차라리 낫겠다는 생각까지 했소. 결국 나는 네, 네, 하고 말했고, 그것이 내가 말한 전부요. 만약 그런 상황에서 내 아버지를 죽였다고 자백하라고 했다 하더라도 그렇게 했을 것이오!

조사를 받은 또 다른 사람은 한국에서 가장 말 잘하는 설교자로 명성이 나 있는 평양 길 목사의 아들 길진형[114]이었습니다. 그가 신민회(New People's Society) 소속임을 부정하자 그들은 1차 법정에서와 마찬가지로 피고인이 모의에 가담했는지를 묻는 일상적인 질문을 했습니다. 그는 자신이 완전히 결백하다는 것뿐만 아니라 그것을 증명할 충분한 증거도 있다고 대답했습니다. 선천학교에서 열린 모임에서 영어 노래를 불렀는지 질문을 받자 피고인은 이렇게 말했습니다.

"그렇소. 한 번 불렀소. 학교 수업이 끝날 때에 사람들은 친목회를 열었고, 나는 손님으로 초대받았소. 청중들의 재미를 위해 무언가 장기자랑을 해야 할 시간이 왔을 때 선생님 가운데 한 분이 노래를 부르라고 했고, 나는 거절할 수가 없어서 한 소절 불렀소."

재판관: 노래의 종류가 무엇이었나?
피고인: 부모와 형제, 고향에 관한 것이었소. 제목은 "스와니강"(Way

---

114) 역주-1907년 평양 대부흥운동의 주역이었던 길선주 목사의 맏아들 길진형(吉鎭亨)은 평양에서 신민회에 가입하여 활동하였고, 1912년 105인사건에 연루되어 잔혹한 고문을 받으며 옥고를 치른 후, 1913년 미국으로 건너가 안창호 등과 함께 민족운동을 하였다. 그러나 고문의 후유증으로 건강이 나빠져 1917년 귀국, 이듬해에 사망하였다.

Down upon the Swanee River)이었소.

판사는 이 불순한 노래에 대해 더 이상 구체적으로 심문할 필요가 없다고 생각하는 것 같았고, 피고인은 자기가 부인하는 그 모든 것을 왜 경찰청에서는 그렇게도 구체적으로 자백했는지를 물었습니다.

피고인: 그것은 다른 사람들처럼 나 또한 말할 수 없는 고문을 당했기 때문이오. 나는 경찰청에서 70일을 있었소. 세 번의 고문에 정신이 혼미해졌소. 한번은 새벽 2시부터 밤 10시까지 손이 묶여 매달려 있었소. 심문관은 "만약 네가 자백하지 않으면 우리는 네가 죽을 때까지 고문할 거야. 너를 정말 죽이는 것은 아무 문제도 아니야"라고 말했소. 하지만 곧 한 심부름꾼이 와서 어떤 회의가 열릴 것이라고 전하자 그들은 또 이렇게 말했소. "운이 좋군. 이번에는 정말 널 끝내 줄 생각이었는데." 나는 두 팔을 너무 심하게 다쳐서 혼자서는 밥도 먹을 수 없었소.
하지만 그 후에 그들은 나를 또 고문했소. 한번은 너무나 추운 겨울날, 나를 벌거벗겨서 세 시간 동안 머리에서 발 끝까지 얼음물을 부었소. 나의 고통은 형용할 수가 없었소. 그들은 계속해서 나에게 자백하라면서, "70, 80명이 벌써 자백했어. 너는 여전히 입 다물고 있는 유일한 놈이니 네가 말할 때까지 계속 이 짓을 할 거야. 일흔두 가지 다른 고문 방법이 있는데, 필요하다면 네가 항복할 때까지 2년 동안도 할 수가 있다구." 그래서 저는 결국 굴복하고 말았소.

차균실은 자신이 당한 잔인함을 구체적으로 좀 더 자세하게 이야기를 들려 주었습니다.

나는 작년 12월에 처음으로 조사를 받았소. 너무나 추운 날이었소. 그들은 몇 가지 죄목으로 나를 기소했지만 난 그걸 인정하지 않았소. 그러자 나는 즉시 발가벗겨진 채 여러 가지 고문을 당했소. 한번은 엄청나게 차가운 물을 내 머리에 부었소. 또 한번은 선반 아래로 들어가 그곳에 설 수도 없고 서지도 못한 채로 허리를 굽히고 있게 했소. 아궁이 부지깽이나 다른 도구로 맞기도 했소. 매질은 특히 등에 많이 했지만 다른 곳도 맞았소. 그것은 한참 동안 계속되었고, 너무나 가혹해서 결국 나의 몸은 감각을 잃어버렸고, 나는 그것은 느낄 수도 없을 정도였소. 나는 26일간 이런 식으로 조사를 받았소. 한편 그들은 나를 굶기기도 했소. 허공에 매달려서 죽도록 맞기도 했소. 한번은 심문관이 이렇게 말했소. "자백만 하면 밥도 주고 이 고문을 멈춰 주겠다." 한번은 그들이 나를 3일 동안 잠을 못 자게 했소. 그들은 내 머리와 어깨를 찔렀고, 불로 나를 지지기도 했소. 또 한번은 오후 4시부터 다음날 오전 6시까지 고문을 당했소. 나는 14일째부터 15일째까지는 모든 일을 꽤나 잘 기억하고 있지만, 그 이후에는 일들이 뒤섞여 있소. 그들이 고문을 그만두고 나서조차도 여전히 고통을 겪고 있는 다른 사람들의 괴로운 비명이 들릴 정도였소.

우리는 이번 재판의 결과가 이전 판결과 반대로 나올 것을 기대합니다.

[*CHB*, 194-196쪽]

6. 한국에서의 기독교 박해

필자 미상, 상해관에서 8월 3일[115]

일본은 종교가 아시아 정책에 있어서 불안을 야기할 만큼 그리 큰 방해 요소라고 여기지 않음. 데라우치 총독이 외국 특파원들에게 은둔의 왕국을 떠나도록 명령함.

4주 전 서울에 있었을 때 나는 최고 지휘관이자 한국의 식민지 총독이었던 데라우치 백작과의 인터뷰를 추진해서 얻어 냈습니다. 나는 얼마 전만 해도 한국의 왕궁이었던 정부 청사에 가서 도쿄행 여권을 제시하고 데라우치 총독을 만나고 싶다고 했습니다. 도중에 제물포와 다른 지역에서는 그것을 보여 주었다가 곤경에 빠진 적도 있었습니다. 그런데 5분 후에 과거 은둔의 왕국이었던 그곳에서 일본 정부의 실무 대표로 보이는 사람이 나와서 나를 응대했습니다.

"Peong Doo 선생을 만나러 오신 분입니까?" 나는 그렇다고 했습니

---

115) 역주-글을 쓴 연도는 분명치 않으며, 글의 내용에 따르면 당시 한국을 방문했던 서양의 기자가 남긴 글로 추정된다. 특히 확인할 수 없는 고유명사가 많아 원문을 그대로 두었다.

다. 총독의 태도는 공손하지도 않았고, 드러내 놓고 성가시다는 표정이었습니다. 한때 남작이었던 Peong Doo는 윤치호 가호산(Gaho-San) 남작과 아주 가까운 친구입니다. 윤치호는 데라우치 총독과 대규모의 일본 관료들을 살해하고자 공모했던 책임자의 혐의를 받고 있는 사람입니다.

"그래서, 나에게 원하는 게 뭔가요?" 그가 물었습니다.

나는 도쿄와 뉴욕, 리버풀의 주요 언론 대표로서 한국의 문제에 대해 언급해 주기를 간절히 바라고 왔다고 설명했습니다.

"하지만 당신은 Peong Doo에게 먼저 갔잖소." 그는 날카롭게 쏘아붙였습니다.

"그렇습니다. 제물포에서 서로 아는 친구에게서 소개장을 받았으니까요."

"그 편지를 좀 봅시다."

나는 비록 Peong Doo 선생을 만날 수는 없었지만 그 편지를 그의 집에 두고 왔노라고 설명했더니, 총독은 나에게 여권을 보여 달라고 했습니다. 서류를 건네주자 그는 사무실 벽으로 걸어가 펜으로 두 개의 문서 위에 무언가를 갈겨썼습니다. 그러고는 다시 돌려주면서 이렇게 말했습니다.

"부산에서 매주 출발하는 정부 선박이 내일 떠납니다. 당신이 그것을 탄다면 더 많은 목적을 달성할 수 있을 거요." 그리고 그는 물었습니다. "내가 당신을 위해 할 수 있는 일이 더 있소?"

나는 그에게 윤치호 백작의 친구와 인터뷰를 주선해 주면 좋겠다고 말하고 싶었지만 작은 한양이라고도 하는 세물포나 그 외 한두 군데 소규모 도시에서의 경험으로 미루어 보아 군부 세력에게 너무 많은 부탁을 할 필요는 없다는 것이 내 판단이었습니다.

1. 기독교인에게 **혐의를 씌움**

나는 그날 늦게 제물포에서 Peong Doo 전(前) 남작이 내가 데라우치 백작을 방문하고 나서 한 시간 후에 체포되었다는 소식을 들었습니다. 무슨 죄목인지에 대해서는 알 수도 없고, 그것을 캐물어 볼 생각도 없었습니다. 왜냐하면 이 한국 땅은 슬프게도 군사적 통제 아래에 있어서 그 누구도 정복자가 아닌 다음에는 함부로 비난하거나 옹호하기 위해 입을 열 수가 없기 때문입니다. 특히 외부인으로서 기독교인이라면 정부의 관점에서 보자면 누구보다도 분명한 혐의를 받을 수 있기 때문입니다.

내가 Peong 남작을 만나지도 못했고 일본 최고 지휘관이 주선해서 인터뷰를 잡은 적도 없다는 것은 사실입니다. 하지만 내가 서쪽 해안 지방 혹은 곡창 지대―한국 사람들은 그렇게 부르는 것을 좋아했습니다―를 몇 주간 여행하면서 들은 이야기나 얻은 인상들을 이 나라의 수도에 머무는 72시간 동안 확인할 수 없었을 뿐만 아니라 또한 정부의 입장에서 문제를 제대로 확인할 수도 없는 일이었습니다.

처음에는 윤치호 남작이 데라우치 총독의 목숨을 노렸다는 혐의가 유죄로 선고될 것이라는 것은 조작과 음모를 통해 이미 정해진 결론이나 다름없었고, 거의 조작된 사실이었습니다. 윤치호는 '사형을 받아 마땅한' 사람으로 의사록에 기록되어 있고, 그의 정식 재판 날짜인 8월 15일이 몇 주나 남았음에도 '한층 더 높은 단계의 형량' 이 주어질 것으로 예정되어 있었습니다.

왜 이런 말이 나왔을까요? 간단히 말해서 데라우치의 총독 임명 이후부터 행해진 모든 공식적인 조처와 수만 가지의 크고 작은 합법적이거나 비합법적, 그리고 수준 없는 행위들 때문이었습니다. 민관이 합동으로 어떻게 해서든 모든 한국인들을 나라 밖으로 쫓아내려고 결정한 상태였던 것입니다. 그것은 은둔의 왕국에서 오늘날 행해지는 한국인에 대한 악랄한 범죄일 뿐만 아니라 주요한 한국인과 기독교인들을 한꺼번에 반역자로 만들어 낼 수 있는 방법이기도 했습니다.

일본을 아는 사람이라면 어느 누구도 그 나라에서 행해지고 있는 기독교에 대한 거의 세계적인 반감에 대해 모르는 척할 수가 없었습니다. 공적으로 기독교인들은 국가의 적이었습니다. 왜냐하면 기독교 그 자체에 대해서라기보다 기독교가 과거에 세계 곳곳에서 행해졌던 참상들을 환기시킨다는 이유 때문입니다. 터키인들이 저지른 아르메니아인 학살,[116] 러시아인들의 학살 사건,[117] 스페인인들이 쿠바에서 벌인 학살 사건,[118] 그리고 중국에서 벌어졌지만 세상에 알려지지 않은 참상들[119]이 그것입니다.

---

116) 역주-1894-1896년과 제1차 세계대전 중이던 1915-1916년 당시 이슬람 민족주의자들이 오스만 제국 내의 동부 지역에 거주하던 기독교계 아르메니아인들을 대규모로 학살한 사건을 말한다.

117) 역주-1939년 소비에트 연방 스몰렌스크 근처 그네즈도보(Gnezdovo) 마을 부근의 카틴 숲에서 소련 내무인민위원회가 폴란드군 장교, 지식인, 예술가, 노동자, 성직자 등 2만 2천 명에서 2만 5천여 명을 재판 없이 살해하고 암매장한 사건이다.

118) 역주-1492년 10월 27일 콜럼버스의 제1차 항해 시에 발견된 쿠바에는 5만 명 정도의 원주민들이 있었는데 스페인은 이들을 학살과 노예화 과정을 통해 식민지로 삼았다.

2. 종교는 진출의 걸림돌

한국이 아니었다면 일본은 국민들이 서양의 종교를 받아들이든 받아들이지 않든 이를 걸고넘어질 필요가 없었을 것입니다. 하지만 '조용한 아침의 나라'에 대한 '섭정'과 만주 일대로의 탐욕적인 진출을 꾀하고 있던 도쿄의 중앙 정부는 기독교의 모든 것들에 대해 반감을 가질 수밖에 없었습니다. 무슨 이유에서인지 아시아 대륙을 정복하려는 일본의 원대한 야망은 기독교가 그곳에 강력한 거점을 가지고 있는 한 실현되지 않을 것처럼 보였습니다.

그런 까닭에 반도 전체를 송두리째 점령하려는 전쟁이 현재 진행 중이지만, 일본 정부나 일본인들은 특히 한국의 기독교인들에 대해 남다른 적개심과 증오심을 드러내고 있습니다. 투옥된 123명의 '공모자들' 중에서 서울에서 곧 열리게 될 재판에서는 97명의 기독교인들이 판결을 받게 되는데, 거기에는 윤치호 남작이라는 주요 범죄자도 포함되어 있습니다.

윤치호는 한국에서 가장 지식이 높고 품위 있는 사람 중 하나입니다. 그는 또한 '토지조사'의 명목으로 재산을 몰수당하기 전까지만 해도 큰 갑부였습니다. 그 왕조에서 가장 뼈대 있는 가문의 한 사람으로서 각료이자 왕의 고문이자 사령관, 국무위원, 그리고 양반 농사꾼이기도 했던 그는 다양한 계층의 공직을 맡았던 사람이었습니다.

하지만 그는 종교에 관한 서양 작품을 읽는 실수를 저지르고 말았습니다. 바로 지금 한국에서 문제가 되고 있는 것이 서양의 종교인데 말

---

119) 역주-분서갱유 때 수많은 유학자들을 생매장시키는 등 진시황의 만행이 대표적이다.

입니다. 한국에서도 통용될 수 있는 작품인지에 대해서는 알 수 없는 일입니다. 서울에서 데라우치가 어떻게 통치하고 있는지에 대해 조사를 해야 한다는 주장이 상원에서 거론된 적이 있음을 들어 본 적이 있습니까? 누가 저 불쌍한 한국인에 대한 살육과 약탈에 대해 일본 언론에서 다룬 적이 있다는 말을 들어 본 적이 있습니까?

서울 사람들은 예정된 재판이 단지 국제 무대에서 관객들에게 보여 주기 위해 시행되는 연극에 지나지 않는다는 사실을 이미 알고 있었습니다. "피의자들이 정말 죄가 있을까?"라는 질문에 대해 대부분의 경우 이미 해답이 나와 있었습니다. "기독교가 나라를 지배하기를 원하는 한국인들이 아니면 누구란 말인가?"

나는 서울에 사는 미국 감리교 소속 의료선교사의 집에서 첫날 저녁 몇 시간을 보냈습니다. 이 사람은 북중국의 제임스 W. 바쉬포드 주교의 비서로 일하다가 한국에 온 지 8년이 되었습니다. 온화하고 신실한 사역자였고, 한국의 이곳저곳에서 수백 명의 개종자들을 만들어 냈습니다. 그는 당면한 문제들에 대해 이야기하면서 말했습니다.

> 나는 이 구역 담당을 면하게 해 달라고 요청할 예정입니다. 누구에게는 겁쟁이처럼 보일 수도 있겠지만, 일본 사람들을 2년간 경험한 결과 이 나라에서 기독교를 전파하려는 더 이상의 시도는 의미가 없는 일이라고 생각합니다. 정부의 태도 때문에 우리가 벌이는 캠페인은 한국 사람들에게 고통을 더하게 될 것입니다. 왜냐하면 현지 기독교인들은 이미 권력층에 의해 낙인이 찍힌 사람들이거든요.
>
> 말하기 쉽지는 않지만, 그럼에도 일본은 외국 선교사들이 모든 점에서 일을 성취할 수 있도록 해 주기로 결정한 첫 번째 나라라는 사실입니다. 그

이유가 전혀 종교적인 것은 아니지만, 일본에서는 남녀 기독교 선교사들이 괜찮은 조건으로 대우받아 왔습니다.

3. 선동(煽動)을 한 교사들

이 문제는 내가 경험이 없기 때문에 그리 잘 알지 못합니다. 동료 선교사들의 동역자의 자격으로 일본에 단지 3개월밖에 체류하지 못했기 때문입니다. 하지만 한국에서는 무척 달랐습니다. 그들은 우리를 불법 침입자들보다 더하게 여겼습니다. 실제로 그들은 전혀 호의적이지 않았고, 호의라는 단어를 사용하기에 이상할 정도였습니다. 오히려 우리를 그저 선동하는 교사들로 취급했습니다.

나는 내가 변화시킨 사람들 중 많은 이들이 반정부적이라는 사실이 유감입니다. 더군다나 가장 밝고 앞날이 창창하여 성직자가 되려고 준비하는 청년들 중에서 '살인 공모'라는 극악한 죄질로 불려간 이들이 있습니다. 내가 가장 아끼는 청년들 중 세 명은 학업에서도 매우 빼어난 사람들이었는데, 윤치호 남작과 함께 주모자로 재판을 기다리고 있습니다.

일본인들을 대상으로 하는 선교사업이 제지당하기 시작하고 있는 것에 대해 물었더니 이 의료선교사는 극동 지역 나라들의 정부 관료들이 일반적으로 가진 생각이라며 말해 주었습니다. 기독교가 단순히 서양의 정치적 침략 행위의 앞잡이에 지나지 않는다는 것이었습니다. 이것은 특히 중국인들의 생각에서는 실제로 그랬고, 중국에 사는 일본인들도 그런 생각을 그대로 흡수한 상태입니다.

하지만 그러한 생각은 일본에서 절대 지지를 얻을 수 없다고 생각합니다. 왜냐하면 일본은 언제나 자신들에게 찾아오는 사람들을 그대로 흡수하는 능력이 있다고 스스로 자부하는 민족이기 때문입니다.

그러나 한국에서는 상황이 달랐습니다. 수백 수천의 한국인 지도자들이 기독교인이었습니다. 그날부터 지금까지 교회에 나가는 현지 내국인들에 대한 활동과 허용 범위에 있어서 고발과 박해는 더 늘어났습니다. 총독은 우리 종교에 대해서 뿐만 아니라 일본의 이익을 받쳐 주지 않는 서양의 다른 모든 것들에 대해 질색을 하고 있습니다.

4. 앵글로 색슨에 대한 반감

그는 무엇보다도 앵글로 색슨 족을 싫어하고, 일본의 체면과 위엄이 영일동맹조약(English-Japanese treaty of alliance)에 의해 손상되었다고 믿는 사람들 중 대표적인 일본 사람입니다. 이상해 보이기도 하고 실제로 어울리지도 않지만 오늘날 일본 제국에는 거대하고 영향력 있는 요소가 있습니다. 그것은 그들이 현재 명목상의 동맹국들보다 그들의 지난 적대국이었던 러시아와 더 친밀하다는 것입니다.

나는 최근에 이 문제에 대해서 나가사키의 유명한 교육자에게 질문을 했고 내가 원래 가지고 있던 생각에 확신을 갖게 되었습니다. 이 교육자는 일본은 러시아의 움직임을 쉽게 관찰할 수 있다고 말했습니다. 왜냐하면 러시아 황제는 언제나 군대를 앞서 보내고 교회가 따라오든 말든 상관하지 않기 때문이라는 것입니다. 반대로 특히나 미국, 영국, 독일과 같은 다른 대부분의 국가들은 장로교, 감리교, 제수이트교 교도들을 해군과 육군에 앞세워 보낸다는 것입니다. 이런 속사정을 알게 되면 일본이 제국 안에서의 기독교 사역자들은 지지하는 반면, 한국에서는 외국 선교사들과 현지 지도자들을 괴롭히고 시달리게 하는 모순적인 상황을 설명할 수 있을 것입니다.

그래서 한국 선교사업에서 가장 유명하고 보수적인 사람 중 한 명이 자신의 이 소중한 책무에서 해방되고 싶다고 말했습니다. 그렇지만 그것은 또 요청 사항은 아니라고 했습니다. 언제든지 원하기만 하면 해결해 줄 수 있는 문제가 아니므로 영국과 미국에 있는 이사회에서 그것을 결코 허락하지 않을 것이라고 했습니다. 그는 또한 뉴욕과 보스턴과 런던에 있는 이사회에 일본 제국에서 기독교 사역자들이 받고 있는 대우에 대해 길고 주의 깊은 보고를 올린 바 있다고도 했습니다.

나는 서울에 있는 동안 살해 음모로 기소된 대규모 피고인들 중에 7명이 여성이라는 사실과 그들 중 3명이 한국인 기독교인이고, 한 명은 일본계 한국인 여성이라는 것, 그리고 그 사람이 He-pi에 있는 학교의 선생님이라는 사실도 알게 되었습니다.

5. 요주의 여성들

이들 여성 수감자들과 네 명의 보통 소년들은 대규모 음모에 연루되었다는 혐의를 받고 있습니다. 이들은 윤치호 남작이나 Peong Doo 남작, 그리고 다른 사람들과 함께 옛날 Ku'lun 감옥에 구금되어 있지 않고, 북문 근처 2층짜리 작은 건물에서 특별 감시를 받고 있습니다. 이들은 거의 모든 남성들이 중앙 교도소 어두운 감옥에 구금되어 있던 그 시간에 그 반역 음모에 공모했다는 자백을 이미 했다고 합니다. 이들은 거리로 치면 서울을 중심으로 남쪽 끝인 부산과 북쪽 끄트머리에 있는 Kling-hai-tse 만큼이나 먼 곳에서 끌려온 사람들이라고 하는데, 이 여인들이 그들의 이름도 알고 그들의 혁명 성향까지도 알고 있다는 것은 놀랍지 않습니까? 하지만 선생님인 So Duck 씨와 다른 사람들은 이미 자백을 했으니 한동안 멀리 떨어져 있던 고향 사람들에게 불리한 증언을 하게 될 것입니다.

나는 14세짜리 소년이 NSHS(Nothern Society of Happy Sons)의 설립자로 알려져 있는 루목(Lu Mock)에게 불리한 증언을 하게 될 대표적 증인이라고 들었습니다. 그 단체는 데라우치 총독과 그의 민간인과 군부 측근들을 밀어내는 데에 쓰기 위해 돈을 댔다는 혐의를 받고 있습니다. 이름이 Pun-nung인 이 소년은 여성 감옥에서 검찰에 의해 중요한 증인으로 기소되어 있는 어머니와 누나의 보살핌을 받고 있었습니다.

그는 평양 지역에서 온 무식한 시골 소년이었고, 이전에 반역죄로 체포된 적이 있는 그의 아버지는 현재 대동강을 왕래하는 자그마한 배의 선장이었습니다. 이 소년은 읽지도 쓰지도 못하고, 루목(Lu Mock) 같은 사람들이 속해 있는 양반 계급의 한국인들의 대화를 알아들을 리가 만무했습니다. 그런데 이 소년이 목(Mock)과 훈익(Fun-ik)이라는 양반들 사이에서 오갔다는 일본인 총독 암살 모의에 관한 긴 대화의 내용을 증언한다는 것입니다. 물론 다른 증인들도 있지만 이 14세짜리 소년이 가장 중요한 증인이었습니다.

기소된 사람들에 대해 불리한 이야기를 하게 될 증인들의 명단은 엄청났고 매일매일 늘어났습니다. 나는 700명이 넘는 남녀와 아이들이 '총독 각하에 대한 반역 음모자'들의 재판에서 증언을 위해 세워진다고 들었는데 이 중에 450명 이상이 일본 국적의 시민으로 노동자, 농부 등이었습니다.

    반도 땅 전역에서 모인 이 '시민'들이 남자는 일본 군인이거나 퇴역 군인이라는 것은 잘 알려져 있었습니다. 하지만 정부의 목적을 위해 그들은 '식민지 개척자, 농부, 노동자 혹은 상인'이 되어 있었습니다. 이처럼 이번 일은 한국 땅 전역에서 일어나고 있었습니다. 이 땅의 모든 곳은 군인들이 장악했습니다. 그들 중 대다수는 상급자의 명령에 따라 행동했습니다. 실제로 개인적인 목적에서 땅과 농토를 지키는 척 하면서 그들은 도쿄의 제국 정부를 위해 이 땅에서 나는 수확물을 모두 수탈하고 있었습니다. 한편 가난한 한국인들은 그들의 소작지, 마을, 도시에서 재산을 빼앗기고 있었습니다. 한국인들이 자기 땅에서 언제 사라지게 될지는 시간 문제였습니다.

[CHB, 197-202쪽]

7. 대구의 오 목사 이야기

필자, 장소와 날짜 미상

오종덕(Oh Chong Tuk)의 어머니는 그가 어렸을 때 아버지와 어린 남동생을 남겨 놓고 죽었습니다. 그래서 그는 어느 농사꾼의 머슴으로 일하게 되었는데, 마침 학교에 다니는 한 아이에게서 글을 배울 수가 있었습니다. 그 아이가 학교에서 배워 온 것을 밤마다 다시 배운 것입니다. 그렇게 공부를 해서 그는 9년간이나 작은 시골 학교에서 가르칠 수가 있었습니다. 그리고 마을 사무소에서 서기로 일할 수 있게 되었습니다. 그 후 일본으로 건너간 그는 식당에 취직을 했는데, 주인이 목사의 아들이었습니다. 덕택에 그는 아버지와 동생도 일본으로 건너오게 해서 일을 할 수 있게 했습니다. 6년 후 그는 다시 대구로 돌아와 쌀장사로 사업을 시작했습니다. 처음에는 1,000엔의 자본금을 날려 버렸지만 곧 회복하면서 전문적인 경험을 쌓게 되었습니다. 이렇게 하여 그는 다음 해에 자본금을 두 배로 늘렸고, 세 번째 해에도 그렇게 했습니다. 그리고 나서 아버지와 동생에게 전화를 걸어 신학교에 갈 테니 둘이서 사업을 맡아 자기 학비를 대 달라고 했습니다.

신학교에 다닐 때는 브루엔 목사가 소개하여 시골에 있는 두 교회를 봉사했습니다. 매년 3개월을 제외하고는 이 교회에서 전도사로 일했는데 교회에서도 그를 무척이나 좋아했습니다. 한번은 그중 한 교회가 그에게 월급을 제대로 지급하지 않는다는 사실을 브루엔 목사가 듣게 되었습니다. 브루엔 목사는 미안하게 여기며 교회 측에 편지를 쓰겠다고 했습니다. 그러나 그는 "그렇게 하지 마세요. 제가 직접 그곳에 가겠습니다. 그리고 제가 그들에게 설교를 제대로 하지 못한다면 그들에게 부담금을 내도록 재촉할 필요도 없는 일이지요"라고 말했습니다. 브루엔 목사는 편지를 쓰지 않았고, 오 선생은 돈을 받았습니다. 다음 해에는 그가 그 시골 교회에서 전임으로 일하고 싶다고 했지만, 그들은 월급을 더 올려 줄 수 없다고 했습니다. 이에 대해 그는 "저는 적은 돈으로 살아가는 것을 배웠으므로 약간만 더 있어도 살아갈 수 있습니다"라고 말했습니다. 그가 교회를 맡았을 때 교회는 거의 50달러의 빚을 지고 있었습니다. 하지만 해를 넘기기 전에 그는 빚을 갚아 주었고, 오히려 45달러의 잔고를 만들었습니다.

그의 나이 든 아버지도 그와 같은 독립심을 가지고 있어서 짚신을 만들어 장에 내다 팔았습니다. 아내는 콩나물을 길러 장에 내다 팔면서 가계를 도왔는데, 동생이 결국 그녀가 살 자그마한 농장을 사 주었습니다. 이런 상황에서 그는 한 건물에 세를 들어 집회를 하고 있던 도시의 자그마한 교회에서 초청을 받았습니다. 그 교회는 75달러의 빚이 있었고 교인 수도 30명 안팎에 지나지 않았습니다. 이것 또한 그는 승낙했습니다. 그의 집은 30마일이 떨어져 있었습니다. 몇 시간마다 다니는 대중교통이 있었지만 그는 언제나 돈을 아끼기 위해 자전거를 이용했습니다.

그는 즉시 집세를 내지 않는 다른 건물로 옮겼고, 스스로 빚을 갚았습니다. 그리고 그 도시 외곽에 허락받아 새 교회를 설립할 준비를 했습니다. 3개월 동안 4,500달러에 2층짜리 벽돌 건물을 세웠습니다. 그 대지 값은 2천 달러였습니다. 이것은 그와 사업으로 돈을 번 그의 동생이 기부한 것이었습니다. 이제 그는 건축비 모금을 시작했습니다. 도저히 불가능할 만큼의 모금을 이루어 냈습니다. 열정적인 사람만이 이룰 수 있는 꿈이었습니다. '입당예배'를 드리기는 했지만, '헌당예배'를 드리기까지 아직 갚아야 할 빚이 많이 남아 있습니다. 그러나 그는 반드시 해낼 것입니다.

[*CHB*, 196-197쪽]

8. 한국의 주일학교

브루엔, 대구에서 날짜 미상

브루엔 목사가 주일학교에서 만난 아이들에 관해 재미있는 이야기를 쓴 편지. 지금은 머나먼 한국에서 선교사 일을 하고 있는 헨리 M. 브루엔이 쓴 다음 편지를 읽고 이곳의 많은 친구들, 특히 뉴저지 벨비데르 제일장로교회 교인들이 크게 기뻐했다. 수신자는 교회 주일학교로 되어 있다.

고향에 있는 사랑하는 주일학교 친구들에게

여러분의 임무와 주일학교를 확인하기 위해 나오는 날이 언제입니까? 대구에 있는 교회는 이제 세 개의 학교를 세웠습니다. 가장 중심이 되는 학교는 지금 내가 맡고 있습니다. 겉으로 보기에는 학생들이 바닥에 앉는다는 점에서 고향 학교와 다소 다르지만 수업 과정을 비롯한 다른 면에서는 아주 비슷합니다. 좋은 선생님들을 구하는 것도 어렵지만 선생님을 충분히 확보하는 일도 어렵기는 마찬가지입니다.

2주 전 주일에는 우리 학교에 970명이 출석했습니다. 수업이 진행되는 동안 나는 그 광경을 여러분 가운데 하나를 처음 만났을 때처럼 보려고 했지요. 강단의 오른쪽에는 모두 75명의 남학생들을 교사 2명이 가르치며 북적대고 있었습니다. 6세에서 15세의 남자 아이 35명을 가르치려고 애쓰는 그 정신없는 모습을 상상해 보십시오. 다음은 31명의 학생들인데, 조사가 강단 가장자리에 앉아 수업을 진행하고 있었습니다. 그리고 다음은 남자들이 10개가 넘는 원으로 앉아 있었는데, 각각 25명 정도 되었고 이중, 삼중으로 원을 만들어 앉아 있었습니다.

교회당 가운데 아래쪽으로는 높이가 3피트인 나무로 된 칸막이가 쭉 세워져 있고, 그 위에는 2피트짜리 모슬린 천막을 쳐 놓았습니다. 그래서 반대쪽에서 누가 여학생들을 훔쳐보지 못하도록 보호했지요. 이런 학교에 어떻게 출석할 수가 있겠습니까? 교회 마당 역시 큰 벽으로 나누어져 있고 각각 다른 길로 난 대문도 있습니다. 그럼에도 불구하고 여러분이 출석한다면 나는 여러분을 현지 사람이나 최근에 교회에 왔었던 두 명의 몰몬교도들처럼 대하지 않을 것입니다. 마룻바닥에는 벤치도 하나 놓여 있습니다. 여러분에게는 강단의 좌석을 드릴게요. 여학생들 쪽은 15명의 여성 신도들이 교사가 되어 가르치는데, 그들은 매주 금요일 정규수업 때에 조사에게서 배웁니다. 나는 성경의 몇몇 부분을 이해하는 데 있어서 베드로나 바울마저 일어나 앉게 하거나 주목을 하도록 할까 봐 두렵기는 하지만, 이것이 우리가 할 수 있는 최선의 방법입니다.

전에 한 부자의 첩살이를 했던 어떤 선생님은 7세에서 20세까지 나이가 있는 60명의 여학생들을 가르치고 있었습니다. 그런데 한쪽 구석에서는 얼굴에 점이 있는 노파가 40여 명의 아주머니들에게 둘러싸여 이야기꽃을 피우고 있었습니다. 이것이 나의 첫 주일이었습니다. 하지만 지금은 20세에서 25세 사이의 결혼한 4명의 남학생들을 골라서 각각 아이들을 15명씩 맡겼습니다. 여학생 쪽에서도 나는 브루엔 선생의 나이가 많은 여학생들 중 4명을 뽑아 각각 15명씩 맡겼습니다. 수업 내용을 다 읽은 후에는 남학생들은 남성 교실이 있는 구역으로, 여학생들은 여학생 교실이 있는 구역으로 보냈습니다. 혼란을 줄이기 위한 것이었지요.

여학생들 중 한 명이 두 군데에서 꽤나 괜찮은 조건의 청혼을 받고도 거절했다고 합니다. 한 사람은 서울에서 학교에 다닐 때 감리교 목사님께 세례를 받았다는 면장이었습니다. 하지만 그의 사생활이 다소 미심쩍어 그 청혼은 받아들여지지 않았습니다. 또 한 사람은 로스앤젤레스에서 꽤나 좋은 직위를 가지고 있는 젊고 괜찮은 기독교 신자였습니다.[120] 로스앤젤레스에서 중국인들과 관련한 사업을 책임지고 있다는 그는 맥파랜드 부인의 아버지에게 딸을 통해 여자 한 명을 골라 달라고 부탁했다는 것입니다. 맥파랜드 부인이 이제 곧 고향으로 떠나게 될 텐데, '물품을 배달' 해 줄 수 있을 것이라고 생각되어 우리는 이쪽을 권장했습니다. 그러나 그 여성은 어머니 없이는 가고 싶지 않다고 했습니다.

주일학교 수업이 시작되기 전에 먼저 이전에 했던 수업 내용에 대해 질의응답을 한 후에 그날의 수업을 시작합니다. 흥미로운 점은 여학생과 남학생이 번갈아 가면서 큰 소리로 성경 구절을 교독하는 것입니다. 그들은 주어진 복음서와 장, 절까지 완벽하게 똑같이 외칩니다. 실

---

120) 역주-1902년 이후 하와이로 이민을 갔던 한국인들 중 현지생활을 견디지 못하고 로스앤젤레스, 샌프란시스코 등 본토로 건너가 자리를 잡은 사람들이 적지 않았다.

제로 그 조화는 찬송가를 부를 때보다 더 잘 어울리기도 합니다.

우리는 모든 아이들이 주일학교에 나올 수 있도록 하기 위해 시내에 사는 모든 기독교인들에 대한 조사를 하고 있습니다. 그리고 정해진 수업 과정을 아우르는 시험으로 점수를 매겨서 통과시키면 어떨까 토론하고 있습니다. 찬송가, 성경 혹은 연필을 부상으로 주고 싶습니다. 나는 주일학교가 더 이상 믿지 않는 아이들을 모으기 위한 기관이 아니라고 생각합니다. 남학생 선교사업을 처음 시작했던 초기 시절에는 거의 전적으로 믿지 않는 아이들을 대상으로 했지요. 우리를 위해 기도해 주십시오. 주일학교 수업에는 옛날 케참(Mr. Josiah Ketcham)[121]이라는 믿음 좋은 교사의 가르침이 그대로 남아 있습니다. "그들은 주님을 섬기고 그의 얼굴을 봅니다." 그리고 "그들의 한 일은 그들을 따릅니다."

헨리 M. 브루엔
한국, 대구
[CHB, 193-194쪽]

---

[121] 뉴저지 벨비데르의 신실한 주일학교 선생님.

찾아보기

ㄱ

가톨릭 35 40 183
강계 204 210 215 259
개령 33 34
게일(James Scarth Gale) 199 294 295
경신남자고등학교 236
경주 25-27 34 35 241
계성학교 59 64 192 205 212 213 226 227 259 260 274
고령 47
고요한 아침의 나라 37 41
고종 137 145 146 298
교회학교 27 53 94 114 149 222 238 283
국채보상운동 121
권서(勸書) 27 47 49 52 60 94 149 166 187 189 200 215 216 219 234 277
그로버(Grover) 228
기도처 20 26 27 33-35 46 47 49-52 54 60-62 72 74 77-81 92 93 99 114 119 127 135 155 158 220 234 278
길진형 301
김문일 47 49
김상규 49
김재수 27 46 47 49 51 61 128
김천 72 73 206 234
김천일 238
김호준 46 47 49

ㄴ

나병 75 80 165 216
낙동강 38 90

널(M. M. Null) 19 24 29 48 56 58 69 89 105
널, 로버트 팔머(Null, Robert Palmer) 89
노래 25 149 155 156 303 302
뉴욕 36 37 64 87 133 169 171 305 312
니저(Nijer) 221 222

ㄷ

다윗 87
달남(교회) 256
대구남산교회 250 264
데라우치 총독 236 299 304-307 309 313
도리스(Doriss) 215 220
도쿄 143 231 232 296 304 305 308 314
독노회(獨老會) 143 292
동계수업 97
동안리 51
동학 34

ㄹ

라이너(Reiner) 210 251 255 260 262 263 267 270 271 273
러시아 41 143 145 174 180 232 296-298 307 311
레베카(Rebecca) 40 87
룻(Ruth) 87
르닉스(Renicks) 211
리트거스(Rittgers) 158
립 밴 윙클(Rip van Winkle) 37

ㅁ

마구실 51
마펫(S. A. Moffett) 143 256

매켄지(McKenzie)　178
매켄지(Miss McKenzie)　209 210
맥파랜드(McFarland)　19 20 25 29 31 47 89 119 124 149 167 172 193 204 254 255 274
　　룻 더글라스 맥파랜드(Ruth Douglas Mcfarland)　89 204
　　매리 스튜어트 맥파랜드　32 169 210
목단　72
므두셀라　87
미국 공쥬(앨리스 루스벨트)　30-32 36 41
밀(Miss Mill)　164 215 272
밀러(F. S. Miller)　52
밀러 부인　200
밀스(Thornton A. Mills)　171 173 285

ㅂ

바느질　83 97 127 128
바렛(Barrett)　19 20 25 28 35 47 58 88 89 168 193
　　바렛 부인　69 100
바울　51 319
박영조　250
백낙준　145 174 177
베어드(Baird)　89
벨(Eugene Bell)　217 293
병원　19 24 46 56-58 90 107 115 128 141 150 157 158 160-162 164 169 198 210 217 223 234 252 256 260 269 274
보아스　87
보트　38-40
보호국　42 174
부산　18 23 32 38 40 41 49 57 59 61 72 85 89 91 104 106 107 116 167 199 206 209 215 216 218 272 274 305 313

부흥운동(대구)   121 130
불교   206 249
브라운(Brown)   18 22 24 33 56 112 121 130 132 155 189 204 209 262 268 271 273
브루엔 부인   19 21 28 69 102 128 173 211 259 265 284
　안나 밀러(혹은 난)   21 37 89 267
블레어(W. N. Blair)   215 259 281 293

ㅅ

사가랴   87
사경회   26 27 47 48 59-61 67 69 94 98 99 100 108 113-115 121-123 129 134 154 156 167 199 201 216 218 220 229 243 245 254 259 281 282 285 295
사냥   42
사동   34 51
사이드보담(Sidebotham)   18 38 59 61 88 104 116
　사보담   36 41 43
산적   20 288-290
상주   33 34 51 52 62
샤프(E. Rex Sharp)   52
서문교회   252 256
서문시장   23
서자명   141 150 161
서편(교회)   256
선산   33 47 48 77
성령   67 76 117 121-124 130 131 134 135 139 210
성미(誠米)   281
성주   46 47 49 51 233
소텔(C. C. Sawtell)   158 168 170 186 187 190 191 193-195 213 274
　소텔 부인   159 191 194 197 204
소학교   53 54 58 59 61 62 83 94 104 119 120 128 149 196 236 255 285

수로보니게 224
순종 146 167
순회전도 28 33 72 193 204 205 207 282
스미스 199 218
시어도어 루스벨트(Theodore Roosevelt) 30 31 175 297 298
   앨리스 루스벨트(Alice Roosevelt) 30-32 36 41
신명(여자)학교 211 240 257 259 264 265 284
신민회 301

ㅇ

아담스, 제임스(Adams, James) 20 25-29 31 33 35 46 57 59 83 88 92 104 109 115 119 134 140 147 154 158 164 168 192 191 192 197 205 210-212 214 219 238 250 254 255 260 262 266 268 271-273 274
   아담스 부인(Mrs. Adams) 19 27 67 69 89 90 96 184 195 199 274
   에드워드(Adams Edward) 31 89 267
   도로시(Dorothy Adams) 89 269
   벤자민(Benjamin Adams) 31 89 267
아담슨(Adamsn) 18
아볼로 51
아브라함 87
아펜젤러(H. G. Appenzeller) 199
안동 33 158 186 187 189-191 193 194 197 204 209-212 214 222 258-260 272 284
안중근 178
압살롬 87
약령시 22
어드만(Walter C. Erdman) 43 112 118 149 155 159 164 168 189 193 214 216 255 258 259 266 276
   어드만 부인 197 220 243 246 284
어빈(Irvin) 209 216

언더우드(H. G. Underwood) 33 221 224 231 292
에식(Miss Essick) 158 164 197 205 210
엘라 맥클렁(Ella McClung) 194
엥글(Engle) 18 216
연회(年會) 26-28 33 46 47 60 106 119 154 155 164 187 197 209 211 257 260 269 284
영수 33 34 35 49 50 52 74 77 79 99 104 109 114 122 155 156 215 234 278 289 290
영천 26 35 288
오가리(O-ga-re) 76-80
왕 146 167-170 308
월리스(Wallace) 231
월아골(War-a-kol) 78 79
웰본(Welbon) 193 204
윈(George H. Winn) 164 215 216
윈(R. E. Winn) 215
유성 51 216
윤치호 299 300 305 306 308 310 312
을사늑약 174 296
음정(音程) 156 244
읍성(대구) 20 22 87 105
의료사역 24 25 29 105 115 141 157 163 198 260
의주 72 182 216
의학 141 160 161 260
이성구 47 49
이영화 49
이토 175 236
일본 19 22 23 41-43 56-58 62 65 72 85 88 91 92 104 108 137 143 146 174-183 192 212 222 228 229 231 232 248 252 258 260 264 266 273 294 296-298 300 304-312 314 315

임금 94 179

ㅈ

자전거 48 73 77 94 95 160 316
전도부인 103 128 150 200 220 241 244 254 274
제물포 32 37 41 106 174 177 304 305 306
제2교회 252 256
제일교회 59 121 147 148 154 197 201 214 217 238 250 252 254 255 258 274-276
조곡 35 288 290
조사(助事) 18 23-27 34 46 47-52 54 55 60-62 74 80 81 94 99 109 114 123 128 134 135 148 150 154 155 161 166 186 187 189 207 208 215 216 219 238 249 250 254 255 277 278 280-282 319
조상 숭배 71
조선예수교장로회 217
존슨, 우드브리지(Johnson, Woodbridge) 19 56-58 72 82 88-90 105 108 109 115 128 132 136 141 160 161 184 198 210 217 237 260 267
　루스 존슨(Ruth Johnson) 19 63 87 241 267
　뉴턴 존슨(Newton Johnson) 89
　메리 파커 89
주호(Chu Ho) 27
지례 47 52

##

찬송가 80 117 122 149 162 189 202 321
『천로역정』 199
철도(철로) 19 36 37 41 42 48 98 106 133 158 175 177 182 222 274
청도 47
체푸(Chefoo) 225
침 106 165 166

침술 163

ㅋ

카메론(Christine Cameron)　32 48 69 89 108 128 161 168 209
카슨(Elisabeth Carson)　18 19 28 89
커(W. C. Kerr)　254
케이진(Kagin)　254
크로터스(John Y. Crothers)　189 194 204
클라크(Miss Clark)　209

ㅌ

태프트-가쓰라 조약　297 298
테니스　228 229
토지조사　248 308
톰스(Toms)　158 164 168-170 192 197 205 207 208 210
통성기도　121 125

ㅍ

평양 대부흥　121 301
평양신학교　238 250 258 276
평촌　80
포츠머스 조약(Treaty of Portsmouth)　175 298
폴라드(Pollard)　257 259 272 284
프린스턴(Princeton)　36 38 43
플레처(A. G. Fletcher)　193 210 252 255 256 260 269
피터스(Pieters)　218
필드(Field)　47 97

ㅎ

하와이　264 266

한우근 296
한의사 75 106
헌트(W. B. Hunt) 121 222
헐버트(H. B. Hullbert) 174 175 298
헤이그 137 145 176 298
현풍 47
호주 18 23 209 292
홍승한 250 275 276
황제 145 176 297 298
휘트모어(N. C. Whittemore) 221 224

105인사건 236 266 299
Moropsil 33 50 80 81
Peong Doo 304-306 312
YMCA 231

■ 자료를 수집하고 정리한 *클라라 헤드버그 브루엔(Clara Hedberg Bruen)*은

스웨덴게 간호사 신분으로 필리핀에서 의료선교를 하다가 한국으로 부름을 받아 1923년 12월 19일 대구에 도착하였다. 그녀의 한국 이름은 하복음(河福音)이며, 1925년 10월 12일 동산기독병원 내에 오늘날 계명대학교 간호대학의 전신인 간호부 양성소(The Hospital's School of Nursing)를 설립했다. 1930년 10월 20일 헨리 먼로 브루엔(Henry Munro Bruen) 선교사의 부인인 마사 스콧 브루엔(Martha Scott Bruen)이 죽자 1934년 9월 4일에 결혼을 하여 그의 두 번째 부인이 되었다. 1941년 11월까지 약 18년간 같은 병원의 간호 책임자로 근무했다.

■ 번역과 해설과 편집을 맡은 *김중순*은

계명대학교 독어독문학과를 졸업하고 독일 짜르브뤼켄 대학에서 비교종교학으로 철학박사 학위를 받았다. 현재는 계명대학교 한국 문화정보학과 교수로 재직하면서 지역학과 다문화 연구에도 천착하고 있다. 최근의 논문과 저서로는 「야쿠트의 현대화된 전통혼례에 관한 상징인류학적 이해」(2013), 「무속의 죽음에 대한 상징인류학적 이해」(2013), 「이슬람 근대주의의 이해」(2013), 『다문화시대의 이슬람 이해』(2013), 그리고 「근대화의 담지자 기생: 대구 지역 문화콘텐츠로서의 가능성」(2013), 『시대를 연 영남의 인물』(전 10권, 2010) 등이 있다. tsk@kmu.ac.kr